◇总主编：饶从满◇

世界公民教育史研究丛书
The History of Citizenship Education around the World

澳大利亚公民教育史研究

AODALIYA GONGMIN JIAOYUSHI YANJIU

郑富兴 著

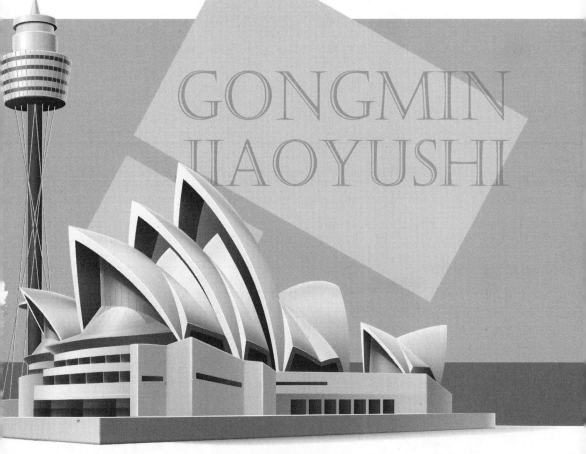

东北师范大学出版社
长 春

图书在版编目（ＣＩＰ）数据

澳大利亚公民教育史研究/郑富兴著. —长春：东
北师范大学出版社，2021.10

ISBN 978 - 7 - 5681 - 8470 - 0

Ⅰ.①澳…　Ⅱ.①郑…　Ⅲ.①公民教育—教育史—研
究—澳大利亚　Ⅳ.①D761.14

中国版本图书馆 CIP 数据核字(2021)第 209361 号

□责任编辑：黄玉波　□封面设计：隋福成
□责任校对：王玉辉　□责任印制：许　冰

东北师范大学出版社出版发行
长春净月经济开发区金宝街 118 号（邮政编码：130117）
电话：0431—85687213
传真：0431—85691969
网址：http：// www.nenup.com
电子函件：sdcbs@mail.jl.cn
东北师范大学音像出版社制版
吉林省良原印业有限公司印装
长春市净月小合台工业区（邮政编码：130117）
2022 年 8 月第 1 版　　2022 年 8 月第 1 次印刷
幅面尺寸：169 mm×239 mm　印张：13.75　字数：220 千
定价：70.00 元

丛书序言①

　　价值教育自学校教育诞生以来一直是学校教育的重要组成部分。与对价值教育的重要性有着高度共识形成鲜明对比的是，人们对于选择什么样的价值以及以什么样的方式将这些价值传递给下一代却存在较大的分歧。这种分歧不仅表现在不同个体之间、不同国家或地区之间，也表现在一个国家的不同历史时期。这种分歧在很多时候表现在话语体系的不同上。

　　就我国而言，1949年中华人民共和国成立以来，我国至少出现了三种价值教育话语体系：德育话语体系、公民教育话语体系和思想政治教育话语体系。德育其实原本是道德教育的简称，但是在我国德育话语体系中，德育是一个包含思想教育、政治教育、道德教育乃至心理健康教育等要素的广义概念。在德育话语体系下，偶有关于公民教育的讨论，但是无论在理论层面还是在实践层面，公民教育基本都被视为德育的内容要素。尽管道德教育只是广义德育的一个组成部分，甚至在某些时候只是微不足道的内容（如"文革"时期），但是给德育深深刻上了传统中国道德教育的印记——推崇"圣人"教育，强调高大上的理想人格的培养。在德育话语体系下开展价值教育的研究与实践，需要直面一些理论难题，包括：如何界定"德"这一核心概念？如何根据思想教育、政治教育、道德教育等各自的性质开发、选择和运用恰当的教育方式和方法？在德育话语体系下，教育工作者讨论比较多的话题就是如何提高德育的实效性。德育低效产生的原因固然很多，但是与这一话语体系内在的一些理论难题未得到解决也有很大的关系。

　　很多人在技术和方法层面思考如何提高德育的实效性，但也有一些研究者跳出已有的德育话语体系，转向公民教育话语体系寻求价值教育的出路。构成这一转向的背景包括我国由计划经济向社会主义市场经济转型以及社会主义政治文明建设等，但是构成转向的直接契机是有关国人道德水

---

　　① 本序言的部分思想曾经发表在《中国德育》2020年第17期。

准的反思和讨论：一个有着悠久道德教育传统的国度为什么还存在令人堪忧的道德危机？而那些没有像我们那样对道德表现出那么神圣推崇的国家，其国民为什么会表现出良好的道德意识？许多研究者指出，从扭转社会风气的角度来看，"公民"教育的效果较好于"圣人"教育，其主要原因即在于做一个合格公民容易，而做一个圣人比较难。于是，在世纪之交的一段时间里，公民教育成为热点话题。随着讨论的展开，公民教育不再仅仅被视为德育的内容要素，而是逐渐被看作价值教育的目标。一些研究者倡导中国价值教育由德育体系向公民教育体系转型，不是要在现有的德育体系中增加公民教育的内容，而是强调要将公民教育置于目标和价值取向层面进行思考。

学术界参与公民教育探讨的人群主要来自三个方面：一是政治学研究者；二是教育学研究者；三是思想政治教育研究者。政治学研究者更多地关心公民教育的政治哲学基础；教育学研究者或者进行原理层面的应然探讨，或者进行国外公民教育的引介；思想政治教育研究者则更多地基于实践需要，从思想政治教育的角度去审视公民教育。世纪之交有关公民教育的探讨存在一些问题：一是对公民教育的复杂性和多样性的理解不充分。公民教育源于西方，但是西方的公民教育在不同的国家和地区有不同的表现，在不同的历史时期各异。公民教育的思想基础不仅有自由主义，还有共和主义、社群主义、多元文化主义等。我们有部分研究者往往认为自由主义的公民教育涵盖复杂多样的公民教育理论与实践。对公民教育复杂性和多样性的忽略会导致对公民教育的片面理解甚至误解。二是未能将公民教育这一舶来话语进行必要转换，进而与本土的德育话语体系进行有机嫁接。公民教育话语毕竟是舶来品，与德育话语的生长环境与土壤不同，如何将这一新的话语转换成德育话语体系熏陶下的人们能够理解和接受的话语，是研究者不能回避的课题。当前，我国价值教育话语体系走向思想政治教育话语体系而非公民教育体系，固然有更大的社会政治背景的原因，但是也在一定程度上说明我们的公民教育研究还有很多工作需要去做。

当前的思想政治教育话语体系，虽然从内容要素上讲，与德育话语体系并不存在什么大的差别，但是在目标和价值取向上发生了巨大变化，那就是思想政治教育，特别是思想教育具有了统帅地位。换句话说，思想教育不仅是价值教育的内容要素，还是价值教育的目标，发挥着引领和规制价值教育方向的作用。在此背景下，我们需要思考公民教育的生长空间问题：中国到底需不需要公民教育？如果需要的话，需要什么样的公民教育？如何有效开展符合中国国情和发展需要的公民教育？

我赞同一些研究者的观点，在当前的背景下，我们尤其要坚定对公民教育的信念。公民教育是在现代民族国家中形成并发展起来的。它以培养公民在民主与法治的框架内参与社会政治生活所需的基本素质为主要目标，并以与公民作为法定的权利和义务主体相关的政治、法律、道德等方面的教育为主要内容，是为民族国家这一社会政治共同体培养合格成员的一种教育。公民教育事关国家稳定与社会发展的基础，是现代民族国家得以凝聚、延续、稳定与可持续发展的根本所在。因此，开展适合本国国情的现代公民教育已经成为世界各国的一个根本性选择。尤其是 20 世纪 90 年代以来，随着全球化的持续深入、国际竞争的加剧，公民教育在世界范围内又一次掀起热潮，如何培养负责任的、有效参与的主动公民成为世界范围内的热点议题。

改革开放 40 多年来，中国的现代化建设取得了举世瞩目的成就，社会发生了翻天覆地的变化。伴随中国现代化进程的不断深化，特别是进入新世纪以来，实施公民教育的必要性日益凸显。2010 年颁布的《国家中长期教育改革和发展规划纲要》中也明确提出："加强公民意识教育，树立社会主义民主法治、自由平等、公平正义理念，培养社会主义合格公民。"越来越多的学者和有识之士也呼吁加强公民教育。檀传宝教授就曾从积极与消极两个方面阐释了必须大力开展公民教育的理由。所谓积极的理由，在于"个人生活幸福和法治社会的建设"。从个人生活的视角而言，个人生活幸福"是任何一个社会都应该通过公民教育去完成的历史课题"；从社会发展的视角而言，"法治社会建设的基础在于公民教育的开展"。而所谓消极的理由，是指公民教育是"建立理性和牢固的国家认同、权利认同"的需要。概而言之，"要建设法治中国，要让人民生活幸福，高品质公民教育建构与实践势在必行"；"建立理性和牢靠的国家认同、权利认同，更需要高品质公民教育的建构与实践"。①

本人高度认同檀传宝教授的观点。中国要建设成一个民主、法治的现代化国家，实现中华民族的伟大复兴，对人类世界做出新的贡献，必须要有足够多的现代公民为之奋斗。而民主法治的现代化国家不仅要靠制度建

---

① 檀传宝. 总序［M］//刘争先. 国民教育与国家建构互动关系研究. 杭州：浙江教育出版社，2021：1-4.

设，更要靠公民意识的支撑。公民教育的民主法治取向也是我们的社会主义核心价值的重要内容，公民教育的构成要素也是我们的德育或思想政治教育的重要组成部分。公民教育是我们培养社会主义合格公民的必要措施。

在这样的信念之下，我们的研究者需要将我们作为研究者的信念变成教育决策者和实践者的信念，为此需要在以下两个方面加强研究工作：一是加强对公民教育的比较历史研究，深化对公民教育的复杂性、多样性及其本质的理解，并通过研究成果使教育决策者和实践者认识到：就像市场经济并非只属于资本主义一样，公民教育虽然源于西方，但是并非只属于西方；就像在资本主义世界里不同的国家和不同的历史时期有着不同的市场经济模式一样，公民教育在世界上不同国家、不同历史时期里也有各种不同的模式。对于公民教育的总体认识，对于公民教育内涵的各种分歧与争论，只有对公民教育的实际历史进程和大趋势有较好的把握之后，才可能得到解决。二是在深入理解公民教育的基础上，推进公民教育话语的本土化，将公民教育话语与我们的价值教育传统与现实进行有机嫁接，使其有效解决中国价值教育的问题。上述两项工作中前一项更具有基础性地位。正是基于如上认识，我们策划出版一套《世界公民教育史研究丛书》。

本套丛书计划以美国、英国、法国、德国、加拿大、澳大利亚、俄罗斯、日本、韩国和中国10个国家的公民教育发展史为主要研究对象，通过将各国公民教育的发展置于各自国家发展的大背景下进行立体考察，以揭示不同国家公民教育的产生与发展的基本过程，探寻各国公民教育在理念、目标、内容、组织形式及实施策略等方面的成功经验与深刻教训，并分析公民教育与国家发展之间的关系。之所以选取这10个国家作为研究对象，主要考虑到这10个国家在文化类型和现代化类型方面比较具有代表性，其中既有英美文化和欧陆文化的代表国，又有东亚文化特征的国家；既有先发—内源性现代化国家，又有后发—外源性现代化国家；既有现代化的"先行国"、现代化的"后进国"，又有现代化的"迟到国"。研究这些国家的公民教育发展史有利于揭示公民教育的发展与国家发展及文化取向之间的联系。

公民教育研究在我国开展的时间还不够长，无论是在研究的广度和深度上都是一个有待进一步发展的领域。虽然我们可以在学术期刊上找到一些关于世界主要国家公民教育史的文章，或者在某本著作中能够找到某个或某些国家公民教育史的章节，但是迄今为止系统深入地考察某个国家公民教育史的著作还不多见。

　　这套丛书从策划到目前的出版，经历了很长时间。丛书能够出版，有赖于作者们的辛勤努力，更得益于东北师范大学出版社特别是张恰副社长的鼎力支持，在此一并致谢！需要说明的是，由于众多原因，本套丛书需要分批出版。本次率先推出的是英国、法国、澳大利亚和加拿大四个国别的研究成果。衷心希望本套丛书的出版能够为我国公民教育研究的深入发展奠定一个坚实的基础。

2021 年 10 月 25 日
于东北师范大学国际与比较教育研究所

目　　录

第一章　引言：多元文化、国家建设与澳大利亚公民教育发展

　　全球化与现代化是一体两面的关系。一方面，经济全球化是西方现代化向世界传播与扩散的形式和条件，另一方面，现代化则是经济全球化实现全球联系和交往的内容和动力。[①] 自 20 世纪 90 年代以来，信息化助推全球化持续深入，国际竞争加剧，这不仅让世界各国之间产生了 "文明的冲突"[②]，也增强了每个国家内部的文化差异。在全球化时代，许多国家都置身于多元文化社会的情境中。外来移民、少数族群与主流群体之间如何和谐共处，成为各国国家建设的重要理论问题与实际问题。这一多元文化情境冲击和挑战了传统的民族公民身份认同，在新的多元文化背景下公民身份认同问题重新受到人们的关注。"公民教育" 主要是关于公民身份（citizenship）和公民品质的教育。公民身份认同成为当代公民教育的重要内容。因此，公民教育成为多元文化时代国家建设的重要途径和手段。

一、全球化进程中的澳大利亚国家发展与公民教育

　　澳大利亚是以多元文化著称的国家。澳大利亚是典型的移民国家，被社会学家喻为 "民族的拼盘"。据 2013 年 11 月统计，英国及爱尔兰后裔（即盎格鲁-凯尔特民族背景的白人）是澳大利亚的主流民族，占 74%，而

[①] 姜桂石，姚大学，王泰. 全球化与亚洲现代化 [M]. 北京：社会科学文献出版社，2005：71.
[②] 萨缪尔·亨廷顿. 文明的冲突与世界秩序的重建 [M]. 周琪，张立平，等译. 北京：新华出版社，2010.

亚裔占 5%，土著人占 2.7%，其他民族占 18.3%。① 土著人和移民成为澳大利亚政府不可忽视的社会组成部分。

澳大利亚也是目前实施多元文化政策较为成功的国家之一。1977 年，澳大利亚政府成立了民族事务理事会，出台了《作为一个多元文化社会的澳大利亚》的政策报告，提出了"社会和谐、平等、文化认同"的多元文化社会的三条原则。此后，伴随国内外情况的变化，澳大利亚成立了许多相关的组织，如 1977 年成立的多元文化事务研究院、2000 年成立的澳大利亚多元文化委员会，这些组织不断出台相关的多元文化政策。

澳大利亚的多元文化特性是全球化的产物。第一，全球化给澳大利亚带来了殖民者与外来移民。从历史的角度看，全球化过程可以追溯到新航线的开辟，即马克思所言的历史向"世界历史"转变的时代。澳大利亚就是在新航线开辟路上被西方人发现的。1770 年，英国海军上尉詹姆斯·库克航行到澳大利亚大陆的东海岸线，将其命名为新南威尔士，以英国君主的名义宣布拥有该地。1788 年，英国海军将领阿瑟·菲利普率领第一舰队到达悉尼湾，在澳大利亚开始建立殖民地。1788—1900 年，澳大利亚成为英国的殖民地。这些英国海军军官的拓殖行为是西方资本主义全球扩张的体现，带来了对澳大利亚土著人的驱逐和屠杀。

第二，全球化让澳大利亚卷入世界市场和国际政治，成了民族国家。英国社会学家吉登斯认为，全球化是现代性②从西方社会向世界的扩展，他把民族国家和世界资本主义经济视为全球化的两个维度。其中，全球化的世界资本主义经济维度实际上就是指称经济全球化。③ 不少学者都认为经济全球化实质是资本主义生产体系的全球扩张过程。然而澳大利亚最初并没要被卷入经济全球化的进程，而是作为英国的罪犯流放地。"养羊业""淘金热"让澳大利亚卷入了当时英国主导下的经济全球化进程。在资本主义经济的这种全球扩张中，民族国家起到了重要作用，因为民族国家是经济全球化的实现工具，而"殖民主义的组织者在民族国家的观念中找到

---

① 澳大利亚概况 [DB/OL]．"新华资料"，http：//news. xinhuanet. com/ziliao/2002—06/23/content_ 453206. html，2014-01-06.

② 现代性源于西方，是指自文艺复兴和启蒙运动以来在西方历史和文化中呈现的新的时代精神，以科学精神和人文精神为核心，以自由、民主、平等等为其核心价值，实质为自我的解放。

③ 安东尼·吉登斯. 现代性的后果 [M]. 田禾，译. 南京：译林出版社，2000：56.

了制定政策并为其提供保护的政治经济基础的道德神话基础"。^① 西方殖民者需要利用民族国家的保护和支持来征服世界，通过武力扩张和建立殖民地，寻求资源和廉价劳动力，打通世界市场。因此，澳大利亚作为现代国家的形成与发展是全球化进程的结果。

澳大利亚作为殖民地和移民国家，不同族群的人在同一国家疆域里生存生活，其间的冲突与和解自然产生了不少血腥的历史，如"排华风潮""被偷走的一代"。在处理外来移民和国内不同族群之间的关系上，澳大利亚不是一开始就实行多元文化政策的，而是经历了白澳政策、同化政策、多元文化政策的变化过程。多元族群文化之间的冲突成为伴随澳大利亚步入现代民族国家之林始终的重要问题。

对于如何解决国家内部的这种族群差异、文化差异带来的利益分配的冲突，公民身份的界定与公民教育成为重要的途径。公民身份日益成为维护社会正义、追求幸福生活与进行文化整合的重要工具。^② 作为一个典型的多元文化国家，如何利用教育把文化各异的外来移民与内部不同族群培养为新一代的公民，让他们更好地适应与融入国家的生活，一直是澳大利亚政府努力解决与优化的问题。

一般而言，公民教育是现代公共教育制度的重要功能，其最终目的在于培养年轻一代的国家认同感，达至社会整合。公民教育是现代国家主义的产物。现代国家是民族国家。现代民族国家是在共同的地域、文化、经济的基础上形成的。在现代民族国家里，民族文化为民族国家提供了基础，而民族国家是维护民族利益的一种暴力工具。因此，国家认同感包括了对民族传统文化和政治意识形态的双重认同。但是民族传统文化认同在多元文化国家里认同哪一个族群的文化呢？如何处理国家内部的共同文化与多元文化的关系？在现代民族国家的合法性遭到质疑的当代，这些问题是我们所不能忽视的。

澳大利亚人的公民身份也经历了澳大利亚英国人、澳大利亚人并扩展到土著人的复杂历程。相应地，澳大利亚的公民教育源自英国，学习美国，随着国际政治形势、政治思潮、教育思潮的变化，逐渐形成了自己的

---

① 三好将夫. 没有边界的世界？从殖民主义到跨国主义及民族国家的衰落 [A] //汪晖，陈燕谷，主编. 文化与公共性 [M]. 北京：生活·读书·新知三联书店，1998：489.

② ALASTAIR DAVIDSON. From Subject to Citizen: Australian Citizenship in the Twentieth Century [M]. Cambridge: Cambridge University Press, 1997: 1.

特点。尤其自 20 世纪 90 年代以后，全球化趋势进入新的阶段，随着《鉴于每一个人：公民学和公民教育》的公民学专家小组报告、《发现民主》计划、《澳大利亚全国学校价值观教育大纲》等政策的出台，澳大利亚的公民教育更是进入了一个富有活力的时期。依据 1997 年澳大利亚联邦政府《发现民主计划》的规定，从 1999 年起，澳大利亚所有学校中的 3—10 年级的学生必须接受公民教育。从教育机构来看，中小学一直以来都是澳大利亚公民教育的主阵地。[①]

但与此同时，澳大利亚教育也逐渐形成了一种公民观，即"经济公民"，"把教育看成一种拥有在市场上可以买卖的可销售产品的独立的经济体"[②]。这已为世人感受到了。2010 年，留学产业给澳大利亚带来超过 180 亿澳元的收益。由于目前中国留学生在澳大利亚人数最多，每年中国留学生在澳大利亚的费用支出在八大留学国家中高居首位。[③] 澳大利亚的公民教育也面临着世界各国普遍遇到的文化冲突、市场主导、政治离心带来的困扰。但更大的困扰是这种不考虑文化认同的"经济公民"带来了多元文化归属对国家认同、社会整合的冲击。

那么，澳大利亚公民教育是如何发展的？它的发展与澳大利亚的现代化和全球化历程、国家发展历程有着怎样的联系？澳大利亚的公民教育与其多元文化的现实与政策又有何联系？澳大利亚的公民教育又是如何在课程和方法上实现国家发展与多元文化协调的？它的经验和特点是什么？它是如何理解与解决全球化时代公民教育面临的文化冲突、经济同化、政治离心的困扰的？对我们理解现代性与多元文化公民教育有何启示？澳大利亚公民教育发展历程的探讨属于一种公民教育的文化研究。从文化角度来思考公民教育，既是关注多元文化对公民身份和公民教育的传统观点提出的挑战和批评，也是一种公民教育研究视角的转变。探讨现代化视野下的澳大利亚公民教育发展历程可以给我们一些解答。

---

① 何晓芳. 澳大利亚公民教育概观 [J]. 外国教育研究，2004 (7).

② 西蒙·马金森. 现代澳大利亚教育史：1960 年以来的政府、经济与公民 [M]. 沈雅雯，周心红，蒋欣，译. 杭州：浙江大学出版社，2007：中文版序.

③ 澳留学产业收入强劲 中国仍为最大市场 [DB/OL]. http://www.yeeyi.com/bbs/portal.php? mod=view&aid=6739, 2011-06-02.

二、公民身份的文化意涵与公民教育的文化转向

公民一般被视为一个政治概念，不是文化概念。公民是享有一定权利与义务的国家成员。公民身份（citizenship）或公民资格更多地被视为一种成员资格、归属、权利和义务。西方主要是从自由主义也就是个人主义的角度来理解公民概念，关注公民的政治权利，但是这一理解常常使公民的权利成为一种抽象的个人权利。另外，公民关注的是个人与国家的关系，即公民资格问题。个体只要是这个国家的成员就自然而然是这个国家的公民，据此推理，他可以享有法律赋予公民的所有权利和义务。无论从权利来说，还是从国家成员资格而言，公民似乎与文化都没有关系。

然而现实表明，个体公民由于群体归属，却不能获得权利和维护权利。仍然有许多弱势群体正受到强势群体的影响与压迫，这种现象并未随着现代文明的发展而消失，反而以不同的形式出现在生活中。公民身份决定着公民权利。公民身份往往先于公民权利。成为一个国家的公民并非抽象的，而是具体的。公民身份的有无是与文化群体的身份密切相关的。每个人不是自然而然地享有法律所规定的权利和义务的。比如，美国的少数族群移民获得公民权是经过几代人努力争取、抗争的结果。抽象的公民归属在实际中属于国家内部不同群体或团体的成员。公民不仅仅是国家这一最大的政治共同体的成员，而且是自己所属民族、地域、行业、阶层、宗教的成员。前一种成员资格是公民与公民教育所关注的，而后一种成员资格往往为人们所忽视。权利和义务赋予个体却使很多人并没有真正享有权利和承担义务。这说明，国家归属不是内部群体归属的总和。除了能力因素，还有国家内部亚群体之间的利益分配资格问题。

西方公民理论也开始反思和批判传统的基于自由主义的个人主义公民的理解。这体现在西方自 20 世纪 90 年代以来共和主义、社群主义、女性主义、多元文化主义等围绕"公民政治"等问题对自由主义的质疑与批评之中。共和主义强调文化传统，社群主义强调地区性的社群，而多元文化主义强调文化、价值观和传统不同的各种族群之间的权利与义务的平等。[①]

---

① 许纪霖，主编. 共和、社群与公民 [M]. 南京：江苏人民出版社，2004.

这些"不同的声音"主张"差异公民观",承认个人的文化差异和族群的成员资格,强调个人通过群体的力量去获得自己的权利。

加拿大社群主义者查尔斯·泰勒认为:"自由主义把无视差异的普遍主义原则看作非歧视性的,而差异政治认为'无视差异'的自由主义本身仅仅是某种特殊的文化的反映,因而它不过是一种冒充普遍主义的特殊主义。"① 他并不是站在某个群体的立场表达集体性权利的诉求,而是自觉地站在对话者的立场或者更为广泛的社会立场考虑这一问题,并由此提出"自由社会的制度设计如何才能(实质性地或非实质性地)保障公民的平等权利"。② 这就把问题从认同政治(politics of identity)转向承认政治(politics of recognition)。"认同"一词表达的是一个人对自己是谁,以及自己作为人的本质特征的理解,而"承认的政治"这一命题表明,我们的认同部分地由他人的承认构成;如果得不到他人的承认,或者只是得到他人的扭曲的承认,不仅会影响我们的认同,还会造成严重的伤害。在这个意义上,"社会"建立在一种对话关系之上,如果一个社会不能公正地提供对不同群体和个体的"承认",它就构成了一种压迫的形式。③ "承认的政治"要求不同文化群体之间通过追求社会正义的对话解决之前彼此的影响和压迫问题。

多元文化论者艾丽斯·杨认为,当前主流文化所主导的单一认同,对于多元的个人或族群的认同是相当不利的,因为现今社会乃是一个多元异质的社会,任何强调单一的认同,将不符合个人与族群之间的多元需求。在多元文化论者看来,不论自由主义强调的普遍平等、自由原则,或共和主义、社群主义的"公益",几乎都预设了"同质性"的逻辑,然而这种"同质性"无法契合人们的多元生活状态,因此,多元文化论提出"差异"的概念,并且为了解决族群的差异和不平等,必须实现"差异政治"的理想。④ 多元文化论的基本观点是,不同的社会群体都有维持其独特的文化认同,享有其文化特质的权利。合格的公民不仅能够良好地适应主流文化,也应该适应本民族文化和其他亚文化。

加拿大学者威尔·金里卡更是多元文化公民的倡导者。他在西方自由

---

① 陈燕谷,主编. 文化与公共性 [M]. 北京:生活·读书·新知三联书店,1998:18.
② 陈燕谷,主编. 文化与公共性 [M]. 北京:生活·读书·新知三联书店,1998:15-16.
③ 陈燕谷,主编. 文化与公共性 [M]. 北京:生活·读书·新知三联书店,1998:15-16.
④ 许纪霖,主编. 共和、社群与公民 [M]. 南京:江苏人民出版社,2004:290.

主义与社群主义争论的基础上指出，少数群体问题是多元文化主义政治的核心问题，而这些问题是当代自由主义长期忽视的。少数群体一般包括移民、少数民族、土著、在一国内居少数的种族群体及种族-宗教群体五种群体。他认为，少数族群的权利，既有公民个人所拥有的一系列共同的公民权利和政治权利，也有种族文化群体的独特身份和需要得到承认与包容的权利，如自治权利、多族类权利、特别代表权利。少数群体的某些集体权利符合自由主义个人自由和社会公正的基本原则。[1] 金里卡阐述了少数民族优待权利的哲学依据和深层观念，并提出了"群体差别公民身份"的概念。针对少数群体的自治权利，他在《少数的权利》一书里集中讨论了多元文化主义、少数群体的权利和民族国家的建构之间的关系。他认为多元文化主义不是自由主义的对立面，相反少数群体在追求自己的权利的过程中，很好地体现了包括个人自律重要性在内的基本自由民主原则。[2] 他还认为，少数群体的权利作为民族国家建构框架内整合少数群体的方式具有良好的效果，因为多元文化主义政策本身就是民族国家在全球化的背景下进行重新建构的方式，它在一定程度上满足了少数群体的权利要求，促进了多元文化国家内部的整合，使民族国家的建构更为深入。[3] 据此多元文化公民教育更有助于国家认同的形成。

因此，在批评自由主义的个人主义公民观的同时，西方的公民理论与公民教育实践也开始关注个体的文化权利，尤其是关注文化公民身份问题。其中，符号的对抗和排斥成为当代社会关注的中心内容。文化的公民是使用多种语言的人，能在不同的、多样的共同体之间自由迁徙，抵制寻求更纯洁、更简单的认同的诱惑。"文化"公民身份是商品和人员自由流动的产物，而不是用法律阐明的权利和义务。也就是说，文化公民这一说法的提出是后现代化和全球化双重过程影响的结果。[4] 文化公民观与差异公民观都是对西方现代公民观的批评，即承认差异，反对同质的民族文化

[1] 威尔·金里卡. 多元文化的公民身份：一种自由主义的少数群体权利理论. 马莉，张昌耀，译. 北京：中央民族大学出版社，2009：2.

[2] 威尔·金里卡. 少数的权利：民族主义、多元文化主义和公民. 邓红风，译. 上海：上海译文出版社，2005：8.

[3] 威尔·金里卡. 少数的权利：民族主义、多元文化主义和公民. 邓红风，译. 上海：上海译文出版社，2005：1-3.

[4] 尼克·史蒂文森. 文化与公民身份 [M]. 陈志杰，译. 长春：吉林出版集团有限责任公司，2007：2-3.

对文化的包容和文化的排斥。但是文化公民身份仍然需要传统公民观需要的一整套民主的、不受自由市场泛滥破坏的公共制度。[①]

强调公民身份的文化意涵是全球化与后现代主义的结果。全球化带来人们的观念突破民族国家的局限，在全球和国家内部两个层面的差异增大，而后现代主义反对现代性的普遍性，追求差异多元。这两股思潮对差异的强调使人们关注群体之间的文化差异给公民身份带来的影响。

当代公民的认识强调了其文化的含义。相应地，当代公民教育也逐渐强调文化方面的目标、内容与教学安排，公民教育由此产生了文化转向。

多元文化论产生了多元文化公民教育观。多元文化公民教育的主张大致为：（1）通过传递容忍文化差异的民主价值观，人们能够包容和尊重文化差异和价值多元；（2）通过承认文化的差异，培养青少年在其生活的社会中的跨文化适应能力。学校在学生社会化的过程中具有重要作用，它不仅要传递社会共同的文化和价值取向，也应该能够呈现多元的文化，把各种文化差异呈现出来的目的在于培养学生成为能够尊重差异，善于处理矛盾、冲突的未来公民。[②] 多元文化公民教育观所要达成的目标为：帮助公民了解并肯定其社群文化的价值，并且通过多文化的教学进一步使其免受自身所属文化的限制，以寻求一个可以使多元价值获得实践的理想社会，并且可通过民主的政体的支持，使与国家体系存在分歧的个人或族群文化价值获得认同与尊敬。

多元文化公民教育的代表人物就是美国学者班克斯。班克斯系统地归纳了多元文化公民教育的内涵。他驳斥了所谓对国家的忠诚必须使国家在文化上同质化的观点，认为公民教育应该强调对少数民族以及弱势群体独特的生活方式积极的肯定与尊重，以减少少数民族群体受到不公正的待遇，进一步承认民族之间的差异，帮助社会中多样文化的延续。"学校不是复制社会和阶级的不平等，而是帮助学生特别是少数民族学生，提高他们未来参与国家政治生活的信心和能力，培养他们真正的民主和平等的意识。不同文化背景的学生有不同的学习方式，应该在教学活动中考虑来自主体民族以及少数民族孩子不同的学习方式，并在教学过程中结合这些孩

---

① 尼克·史蒂文森. 文化与公民身份 [M]. 陈志杰，译. 长春：吉林出版集团有限责任公司，2007：4-5.

② 万明钢，王文岚. 全球化背景中的公民与公民教育 [J]. 西北师大学报：社会科学版，2003（1）.

子的特点施教。"① 基于这样的理念，多元文化取向的公民教育模式在教育目标、内容、手段等方面都与传统的公民教育模式有着显著的差异。

多民族国家的公民教育大都非常重视多元文化的公民教育，如加拿大重新定义公民教育，强调培育多元文化公民，新加坡则运用多元文化塑造好公民。1994 年，美国颁布了《2000 年目标：教育美国法案》（*Goals 2000：Educate America Act*），将公民教育作为国家最新的教育目标。该法案规定，美国公民教育的目标为：重视国家认同，宪法精神，本国史地，文化和民主价值；强调对世界历史、文化的了解及世界观的培养；尊重多元文化的差异和重视适应民主社会生活能力的培养；注重个人努力与潜能的发展及鼓励社区生活的参与；培养学生的政治参与能力等。②

在全球化时代，多元文化公民教育不仅强调民族国家内部少数族群的文化权利，更强调公民对国家外部文化的认同。"'有学者甚至认为民族国家的权威以及对公民的控制在一些基本层面上已让位于其他全球化力量，这些力量包括大众传媒、一些社会运动、全球化经济或全球化文化等。造成这种局面的因素包括跨国界迁移的增加，临时性、经常性和循环性的移民的增加，廉价而方便的旅行以及通过新的信息科技可进行的长期沟通。社会出现了所谓的'跨国的群体'和'世界公民'，他们的身份并不主要附着于特定的领土，生活游离于不同的国家政治体系之间，个人复杂的社会经验所造成的自我身份的多重认同中。因此他们的出现对民族国家个体归属的传统理念提出了强有力的挑战。社会凝聚力以及独特的人格文化认同的矛盾成为民族国家无法回避的问题。"③ 全球公民身份的认可成为未来社会公民教育面临的新问题。

---

① JAMES BANKS. Educating Citizens in a Multicultural Society [M]. New York：Teachers College Press，1997.
② 张英魁. 多元文化教育视角下的少数民族公民教育 [J]. 广西民族研究，2005（1）.
③ 万明钢，王文岚. 全球化背景中的公民与公民教育 [J]. 西北师大学报：社会科学版，2003（1）.

三、历史的叙述：何种公民？如何教育？

关于澳大利亚公民教育历史的研究，已经有了几部比较厚重的作品。韩芳的《从臣民到公民：澳大利亚公民教育发展研究》对澳大利亚建国到21世纪初的公民教育发展历程做了比较详尽的梳理。她认为："经历了几乎一个世纪的发展，澳大利亚公民身份实现了从臣民身份到公民身份的切实转变，……在这一过程中，形式与实质的公民身份也是始终贯穿澳大利亚公民身份发展的问题。"[①] "从臣民到公民"的确是澳大利亚公民教育发展的一个特点。但是，这一结论并没有揭示出澳大利亚公民教育在文化冲突、市场侵蚀、政治离心背景方面与这一变化的关系，没有探讨澳大利亚公民构成的变化及其与公民教育发展的关系，就教育而言，也缺乏教育学的分析。

澳大利亚学者西蒙·马金森的《现代澳大利亚教育史》是澳大利亚本地学者对现代澳大利亚公民教育史的研究。他探讨了20世纪60年代以来澳大利亚培养的四种公民类型，分别为现代公民1960—1975、反公民1975—1990、经济公民1985—1995、多元文化公民1990至今。他的探讨根据问题性质的发展时间而非物理编年时间来梳理现代澳大利亚教育的历史，富有特色和启发。该书的不足在于：一是缺乏长时段的审视；二是对于20世纪90年代的多元文化公民的探讨没有深入系统的梳理，留下一条"蛇尾"，随便几笔就草草收场。

本书拟从澳大利亚的现代化、全球化历程中，多元文化背景下的国家建设与公民教育的关系角度来审视澳大利亚的公民教育发展历程。我们关注的问题有：（1）澳大利亚人的公民身份是如何变化的？（2）这一变化与澳大利亚现代化历程、全球化卷入程度、国家建设有何关系？（3）这种关系如何体现在政策、课程中？（4）澳大利亚的公民教育方式又是如何变化的？（5）这些结论对于讨论多元文化、国家建设与公民教育的关系有什么启示？因此，本书以"何种公民？如何教育？"的问题来梳理澳大利亚公民教育的发展历程，同时把梳理的时间前后延伸，既梳理澳大利亚建国前

① 韩芳. 从臣民到公民：澳大利亚公民教育发展研究 [M]. 北京：光明日报出版社，2011：205.

的情况，更要梳理 20 世纪 90 年代至今的情况。

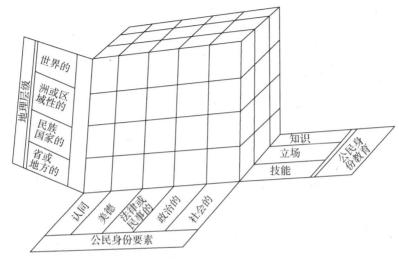

图 1-1　公民身份的立方体结构图

我们梳理和分析澳大利亚公民教育发展的具体框架为"何种公民？如何教育?"。关于这一框架，英国学者德里克·希特提出了一个"多元公民身份的立方结构"（见图 1-1)[1]。他认为，公民身份具有五个因素——认同感、美德、法律、政治与社会方面的因素，这五个因素彼此必定是相关且保持平衡的。但是这些因素中的每一个都必须在一种地理环境中才会产生，而且为青年公民做教育上的准备必须全面地包含前两个维度。"公民身份必须牢牢置身于人们的生活中，甚至就是生活的核心，只是围绕着这一核心还有许多私人目标的追求而已。"[2] 这样，对公民身份的理解从三个方面来展开：地理层次、公民身份要素、公民身份教育。澳大利亚公民教育涉及公民身份认同与多元文化、国家建设、教育的关系，本身需要一种多维度的分析。公民身份要素自然是西方传统的自由主义公民观。多元文化在澳大利亚主要强调两种少数族群的文化：土著人的传统文化、移民的传统文化。土著人 aboriginal 又译为"原住民"。原住民与移民，都指涉了一种空间的变化，而且是在民族国家疆域的内和外：原住民来自于内，移民

①　希特. 公民身份：世界史、政治学与教育学中的公民理想 [M]. 郭台辉，余慧元，译. 长春：吉林出版集团有限责任公司，2010：456.
②　希特. 公民身份：世界史、政治学与教育学中的公民理想 [M]. 郭台辉，余慧元，译. 长春：吉林出版集团有限责任公司，2010：456-457.

来自于外。这样，澳大利亚的多元文化自然就体现了一种地理层次的差异。本书的主题为公民教育，自然"教育维度"非常重要。因此，本书的具体分析框架大致用希特的公民身份的立体结构来指称"何种公民？如何教育？"的具体含义。同时，我们认为，通过分析澳大利亚公民教育发展，本书的结论会对希特的公民身份立体结构提出批评和完善。

　　公民教育是我国近年来学术界、社会各界、教育界都很关注的教育课题。当前我国公民教育研究大致是在哲学、政治学、法学、伦理学、心理学、社会学、全球化这七个视野下进行的，缺乏文化维度的考虑。当代西方公民教育已经存在一种文化转向。从多元文化角度探讨澳大利亚公民教育的发展历程，不仅有助于我们在多元文化时代重新反思以往强调个人权利与国家认同的公民身份，探讨基于社会主义核心价值观的共同文化与不同群体（包括族群、地域）的文化之间的合理关系的公民身份问题，而且为探索中国特色的公民教育模式提供了重要理论资源以及若干有效模式和改革建议。

第二章　荒野中的"公民"与建国前澳大利亚公民教育雏形

一般讨论澳大利亚公民教育，大都从澳大利亚建国开始。因为现代公民教育都源于民族国家产生。在澳大利亚殖民地时期甚至更早，公民教育似乎无从谈起。但是，本书从澳大利亚前殖民时期开始讨论澳大利亚公民教育的发展。澳大利亚前殖民时期和殖民时期的人与群体主要为土著人与殖民者。殖民地时期的囚犯和官员等都是英国公民，而且这一时期澳大利亚已经引入了英国的公民教育，殖民者的公民教育理念几乎决定了澳大利亚建国后的公民教育实践。我们认为，公民不只是一种国家框架下的法律概念，它还是一种价值概念。这种价值包括平等、自由、独立等。这是公民最核心的内涵，是与臣民人格相对的价值属性。从这个意义上说，澳大利亚的土著人与殖民者，他们是"荒野"中的公民。

第一节　前殖民时期土著人的公民神圣性

关于澳大利亚的历史怎样开始以及从哪里开始，一个最常见的说法是：澳大利亚历史开始于文明到达澳大利亚之时，即 18 世纪末。1770 年，英国海军上尉詹姆斯·库克到达东海岸线，将该地域命名为新南威尔士，以英国君主的名义宣布拥有该地。1788 年，英国海军将领阿瑟·菲利普率领第一舰队到悉尼湾，建立殖民地。这一说法曾在相当长时期内出现在澳大利亚的学校教育、文学艺术、回忆录和种种周年庆典之中。

但是，在承认多元文化主义的今日，这一说法已经没有多少说服力了。澳大利亚的一些考古学家和人类学家开始把澳大利亚的历史开端确定为距今至少 5 万年或 6 万年。他们提供了另外一种版本的故事：澳大利亚最初的文化是被欧洲的暴力、疾病和无知摧毁的文化。这一观点把澳大利亚土著人作为澳大利亚的历史开端。① 这是一个毁掉澳大利亚人三观的观点。

从多元文化的角度来重新审视澳大利亚公民教育的发展，即是把澳大利亚土著人的历史及其教育纳入现代公民教育的思维、概念和理论体系来分析。这是一种世界主义的观点。

也正是在前殖民的背景衬托下，我们才更能看清公民身份及其教育的一些问题。英国公民学者德里克·希特这样评论苏格拉底之死："苏格拉底的死亡真实反映了一种无私的公民身份。即便如此，他也感到有能力在最大程度上拥护一种相当于对人类自身的忠诚。"② 世界主义的观点是对现代民族国家公民身份的一种替代性模式和补充。

世界主义的公民观并不局限于西方文明。孔子极力宣扬"大同"观念，主张一种普遍的福祉与和谐。从汉字的字面意义来理解，天下为公是"公民"的本义。这种天下视野下的公民意识，不同于现代民族国家视野下的公民观。剥离了这一时代背景，"公民"这一概念的世界意识就显现出来了，即展现了多元文化延展与融合下的公民形象。

一、土著人的命运沉浮

澳大利亚的土著人是澳大利亚这片土地的发现者和使用者。他们也不是一开始就在这里的，也是外来移民。澳大利亚历史学者皮尔和托梅（Mark Peel，Christina Twomey）认为，澳大利亚土著人是世界上规模最大的移民，但是这一点鲜为人知。第一个住在澳大利亚的人是从海上过来的，他们很有可能是从横亘在帝汶岛海槽群岛的水道和浅湾，乘着小木舟或筏子，从连接大陆和新圭亚那、塔斯马尼亚的大陆桥来到这里。现在这些大陆桥早已被广袤的海洋淹没。③ 他们迁移到大陆来定居，成为这里的

---

① MARK PEEL，CHRISTINA TWOMEY. A History of Australia ［M］. New York：Palgrave Macmillan，2011：1.

② 希特. 公民身份：世界史、政治学与教育学中的公民理想 ［M］. 郭台辉，余慧元，译. 长春：吉林出版集团有限责任公司，2010：13.

③ MARK PEEL，CHRISTINA TWOMEY. A History of Australia ［M］. New York：Palgrave Macmillan，2011：3.

土著。历史统计学者估计，在英国人来之前，居住在这个大陆的土著人人口规模大约有一百多万。①

18 世纪末，英国丧失了美洲殖民地，这迫使他们转向东方，殖民地澳洲成为英国对亚太地区扩张的一部分。英国人来到澳大利亚后，也转变他们传统的殖民地管理方式，从军事保护贸易转变为殖民地自给自足发展，开始建立移民型殖民地。② 因此，他们重视的是移民，而非土著人。为了独占土地和财富，英国人对土著人采取了种族屠杀政策。土著人开始遭受殖民者的压迫、驱逐甚至毁灭性的杀戮。这样，土著人或者被杀，或者被同化，整个群体人口急剧下降。在塔斯马尼亚，约 7 000 名土著人居民被惨杀殆尽。③ 土著种族的萎缩和白人主导地位的确立产生了"土著注定灭绝"的观念，并长期支配着澳大利亚白人政府对土著人的态度和政策，如澳大利亚建国后的"白澳政策"与种族隔离政策。

20 世纪 30 年代，由于土著人的坚强与抗争，以及人类学家的呼吁和白人社会的同情，澳大利亚政府改变了屠杀政策，转为同化与保护。1931年，澳大利亚成立了土著保护协会。1937 年，澳大利亚联邦和各州政府对土著混血儿童采取同化政策，一直持续到 20 世纪 60 年代。这一同化政策也让土著人产生了"被偷走的一代"。

1973 年，澳大利亚放弃同化政策，开始实施多元文化主义政策。土著人的权利、自由和独立性逐渐得到恢复和重构。1974 年，联邦政府组建了专为土著人合作购买土地的土著人土地基金委员会（1980 年改为土著发展委员会）。整个澳大利亚的土著人逐渐获得了很多土地。④ 1978 年，联邦政府成立了联邦多元文化教育委员会。

自此之后，澳大利亚土著人得到了政府较好的保护与照顾。

有人说，澳大利亚土著人的历史是从动物到人的困难历史⑤。但我们认为，澳大利亚土著人的历史是从天下为公的自由民到被殖民地政府贬低

---

① MARK PEEL，CHRISTINA TWOMEY. A History of Australia [M]. New York：Palgrave Macmillan，2011：2.

② 斯图亚特·麦金太尔. 澳大利亚史[M]. 上海：东方出版中心，2009：17-18.

③ 骆介子. 澳大利亚建国史[M]. 北京：商务印书馆，1991：36.

④ 石发林. 澳大利亚的土著人研究[M]. 成都：四川大学出版社，2010：297.

⑤ 薛洪涛. 澳洲土著：从动物到人的苦难历史[DB/OL]. 法治周末. http://www.legaldaily. com. cn/zmbm/content/2010－08/05/content _ 2222266. html？node＝7578，2010-08-06.

为动物，然后再到由动物转变为人并被承认为公民的曲折困难历史，即由人变动物，由动物变人，再由人变公民的过程。这一苦难历程揭示了公民的自由独立是一种群体的自由独立，而不仅仅是个人的自由独立。这恰恰是多元文化视角下土著人的命运沉浮。

二、土著人的自然观与财产意识

1. 神之土地与无主之地

英国人否定他们到来之前澳大利亚的历史，一个主要的理由就是："澳洲本是一片无主之地"，即"直到 1788 年英国人定居为止，澳洲是无人居住的，缺乏法律、政府或历史的地方"①。对澳大利亚历史的这一定性淡化了澳大利亚的历史起源问题。因此，土地的归属成为理解澳大利亚土著人公民性的重要因素。

土地对于土著人不仅仅是生存资料的来源，还是他们重要的精神源泉。土著人对待土地的传统方式就是一种神圣化的理解，认为大地是神之土地，这迥异于西方的占有个人主义的理解。"土著认为自己属于土地，土地不仅是他们神话的有机部分，还是他们的家园、狩猎场所、宗教场所和法庭、墓地以及死后灵魂回归之处。"② 他们没有私有权的意识，是没有权利意识的天下公民。自然，这对英国殖民者来说是"无主之地"，但对土著人来说则是"天下为公"。

澳大利亚土著人的"公"与我国传统文化思想里的"公"有相通之处。在中国文化里，"公"是与"私"相对的。檀传宝认为，"公民"主要相对的应该是"私民"，一个是"私有"的"私"，另一个是"私人"的"私"。③ 陈弱水认为，中国传统思想中的"公"具有四个观念：（1）与民间相对而言，最初的含义是统治者或政府之事，公家即官家；（2）与私相对而言，指具有普遍或全体之义，即平均、平等；（3）代表"善"或世界

---

① 斯图亚特·麦金太尔. 澳大利亚史 [M]. 上海：东方出版中心，2009：3.

② A P ELKIN, The Australian Aborigines [M]. New York：Doubleday & Company, Inc.，1964：340. 转引自：杨洪贵. 澳大利亚的多元文化主义研究 [M]. 成都：西南交通大学出版社，2007：100.

③ 檀传宝. 论"公民"概念的特殊性与普适性：兼论公民教育概念的基本内涵 [J]. 教育研究，2010（5）.

的根本原理，如义、正、天理；（4）"共"的含义，包括共同、共有、众人等义。① 我们日常生活中的"天下为公""大公无私""公而忘私"等词汇都反映了这一点。

从土地的归属来看，澳大利亚土著人的"公"，既具有社会含义，指"普遍或全体之义，以及共同、共有"等意义，也具有宗教含义，类似于天理、超验的世界。对土著人而言，土地并非无主，这个主不是人，而是神。土地是属神的土地，不是属人的土地。土著人的世界观有两个中心主题：一切事物都是活生生的而不是僵死的；一切事物都是相互联系的而不是孤立的。② 这种土地的宗教理解是西方人的主客二分思维所无法理解的。西方殖民者只是把土地当作占有的对象，把土地私人化、工具化，在他们眼里，土地压根儿不具有超验的宗教意义。因此，英国殖民者所说的"无主之地"，是指归属于某个个体或群体拥有的土地，但对土著人而言，"神之土地"天下为公，是所有人都享有的土地。

从现代性的角度来看，"神之土地"与"无主之地"恰恰是传统性与现代性这两种思维方式的结果。现代社会是一个去除了神圣性的社会，是一个现世的人义论社会。在伸张人类主体性的同时，却鼓励人与人之间失去外在束缚后的互相争夺与占有。现代社会中的种种产权制度旨在约束这种争夺和占有带来社会的动荡失序、战争杀戮。权利与占有在现代社会里几乎是同义词。这暴露出西方传统公民的狭隘性和先天缺陷。

2. 生存权：大自然中的"自由民"

当代人总认为澳大利亚土著人很懒惰。土著人的传统生活方式就是"四海为家"。③ 土地是土著人的经济基础，也是其生活方式的根本。"他们没有养家禽，也不会农业生产，过着以采集和狩猎为生的游牧生活，在干旱少雨而又荒凉的澳洲大陆四处游荡，寻找食物和水源。……人口与自然

---

① 陈弱水. 公共意识与中国文化 [M]. 北京：新星出版社，2006：74-94.

② 许美德. 国际与比较教育导论 [M]. 徐辉，王正青，译. 北京：教育科学出版社，2009：74.

③ 大约在两万年前，土著人就已经生活在澳洲各种各样的环境里。澳洲是块"幸运的土地"，他们能很容易地获取食物。在条件好的湿润地区和沿海，一个土著人只要一个小时就能获取足够一天的食物。在环境恶劣的干旱内陆也只需要四五个小时。而且，土著人的食物种类多、营养充足。也许正是因为这种容易得到的富足，澳洲土著人始终没有跨出人类发展中极为关键的一步，即从猎人和采集者变为牧人和农夫。薛洪涛. 澳洲土著：从动物到人的苦难历史 [DB/OL]. 法治周末. http：//www. legaldaily. com. cn/zmbm/content/2010－08/05/content_2222266. html? node=7578，2010-08-06.

的平衡是他们生存的条件，生活完全依赖于土地，人口总是随着土地提供的生活资料的多少而增减。"①

土著人在这片大陆上生活得自由自在。"他们知道怎样追踪捕捉到动物，知道什么样的植物可以食用、可以入药，还知道怎样制造工具、网、袋子、容器和小船，还会就地取材，建造房屋。"② 这种"自由自在"反映了我们现代异乡人"超越利害"的一种浪漫主义想象。

澳洲土著人的这种顺应自然的生存状态和生活方式，对已经处于现代生活方式和机械化生存状态的现代人来说，无疑具有很强烈的后现代意味。对于处于现代化前期的中国来说，这种针对大自然而言的"生存权"要比针对人类社会而言的生存更加单纯且令人向往。澳洲土著人对土地和自然怀有神圣的感情。"在土著人的规矩中，土地是非常重要的。人们都很崇拜每块土地上的精神力量，而且都遵守规矩，维持那里原有的秩序。梦幻时代的规矩也赋予人们土地的权利——有权生活在特定的地方，靠那里的自然资源为生，照看好土地，也准许人们分享土地和穿过特定的区域。许多土著人现在仍然相信这些传统的土地规矩。"③ 这就是大自然中人类的生存权利。

3. 公民身份、财产权与国家边界

澳洲土著人的生活是简单自然的，也是自由自在的，但是在外族的入侵下这一切又都是那么脆弱。澳洲土著人也没有私有财产意识，或者说没有权利意识，但是作为他们命根的土地从无主之地变为他族财产。这说明了什么？答案是，公民的权利和自由、平等、独立等深层价值的实现需要政治共同体的保护。

西方意义上的公民概念早在古希腊罗马时期就已经出现了。西方近代建立现代民族国家后，公民的概念又被重新提出来，各国宪法普遍地使用了公民的概念。宪政制度与市场经济成为公民的重要制度保障。公民这一概念反映了个人与国家之间的固定法律关系。具有某国国籍的人就是该国的公民，而成为该国的公民，就享有该国法律所赋予的权利，而且国家应该保护其权利，同时负有该国法律所规定的义务，并接受国家的管理。因此，权利是一个政治共同体内部赋予的。如果不是这个政治共同体的一

① 石发林. 澳大利亚的土著人研究 [M]. 成都：四川大学出版社，2010：102.
② ANNE BARTLETT. 澳大利亚的土著人 [M]. 北京：中国水利水电出版社，2004：28.
③ ANNE BARTLETT. 澳大利亚的土著人 [M]. 北京：中国水利水电出版社，2004：42.

员，自然没有资格来赢得权利和履行义务。

　　公民总是与国家等政治共同体联系在一起的。脱离了这一前提谈自由、谈独立人格都是白谈。澳洲土著人的"无主之地"在全球化进程中终归要划出边界。以前他们认为的"无主之地"其实是有主的，就是文化相同的各个部落之间的共有。"无主"的感觉是因为他们在这个共同文化内，就像鱼儿在水缸里感觉不到水的存在一样。今日澳大利亚土著人能够获得土地，正是因为他们被强大的政治共同体（国家）认可为公民，成为国家的一员。

　　澳洲土著人的无主之地的权利问题及其与公民的关系可以从法国社会学家涂尔干的财产权思想中得到部分回答。涂尔干认为，"劳动说"无法有效解释财产权的起源，因为财产的价值并非完全来源于劳动，而且财产取得的方式不是完全依靠劳动。在批判了康德等人的财产权理论的基础上，涂尔干提出了建立了财产权的宗教起源说。他首先认为，财产权的本质特征是所有权人排除其他人使用的权利，财产和圣物之间都具有排他性和传染性，这让人们有理由相信财产的起源是以某些宗教信仰的本性为基础的。涂尔干以土地财产为例验证了这一观点。他说："土地本身是一种圣物，是神的财产，人们通过祭祀等仪式将土地的神圣性推移到土地的边界，这块土地从公共领域中被分离了出来，执行祭祀的人获得了豁免权，可以使用这块土地，而其他人仍然不得侵犯这块土地。作为一种赎罪，使用土地的人要向神灵奉献牺牲，例如他要将土地上最初收获的果实奉献给神灵。神不过是以物质形式人格化和结晶化了的集体力。人们对神的崇拜无非对集体或社会崇拜的象征。当幻想的神灵消失以后，人们向神奉献的牺牲就表现为向社会缴纳的赋税。"[①] 占有物的神圣性意味着私有财产是身体的租让。个人财产的神圣性来自这种土地的集体神圣性。侵犯了个人私有财产，即是对集体的侵蚀。集体保护个人财产的占有意味着一种具有力量的共同体的出现。国家就是这种形式。

　　涂尔干关于财产权的神圣起源不仅肯定了澳洲土著人的公民特性，也证明了公民权利需要国家的支持和保护。保护自己私有财产需要能力。如果不能保护，就委托人来保护。这就是现代国家的价值。现代国家有义务

---

① 谢艳. 财产权的神圣起源及其演变：论涂尔干的财产权思想 [J]. 社科纵横，2012 (10).
又见：爱弥尔·涂尔干. 职业伦理与公民道德 [M]. 渠东，付德根，译. 上海：上海人民出版社，2006.

保护这个能够保护个人私有财产的制度。但是，我们也不能丢掉公民身份的神圣性。公民的信仰本身就是社会整合、国家意志的体现，公民的形成最终得依赖于共同体凝聚力的提升和信仰的重建。

公民身份的民族国家边界给我们讨论世界公民及其教育提出了一个比较有意义的问题。世界公民主要是针对全球化时代民族国家的界限遭到了质疑而提出来的。许多研究者都提出了世界公民教育。这一点在"世界公民"这一概念的历史梳理中得到了证明。"世界公民"是一个古老的概念，它的谱系可以追溯到古希腊斯多葛学派的世界主义（cosmopolitanism，也译为"全球主义"）。近代启蒙运动以来，涌现了一些超越狭隘的民族主义、国家主义的思想家。例如康德提出了"世界公民"，黑格尔提出了"世界历史个人"，马克思在19世纪中叶敏锐地意识到"民族历史向世界历史"转变的趋势，也提出了"世界历史性的个人"。[①] 但是公民身份的形成是需要外部社会条件的，那就是国家的支持。历史已证明，这种世界主义的教育主张一旦实现，往往容易蜕变为民族国家里的公民教育，世界主义则转变为民族主义。没有政治共同体的保护，公民的权利是非常脆弱的。今日人类各国面临着诸如全球生态危机、气候变暖、恐怖主义等共同问题，为了人类自身的生存发展，世界各国必须协调统一起来，共同解决全球性问题。但是，这种解决也是依托各个民族国家来实现的。也就是说，世界公民及其教育也必须依靠民族国家的提供和保护。

三、澳大利亚土著人的教育

从教育发展的世界历史来看，大规模的学校化教育只是近代工业化和教育普及之后的事情，时间非常短。义务教育制度及其移植使目前世界各国的教育结构千篇一律，但是自然的、非制度化的学习方式从原始社会一直流行到今天，可谓历史悠久、源远流长。[②] 澳大利亚土著人的教育就属于这样一种自然的、非制度化的教育方式。澳大利亚土著人的这种社会教育方式，以及对土地的神圣化态度，对今日公民环境教育倒有诸多借鉴之处。

---

① 冯建军. 全球公民社会与全球公民教育 [J]. 高等教育研究，2014 (3).
② 联合国教科文组织国际教育发展委员会，编著. 学会生存：教育世界的今天和明天 [M]. 华东师范大学比较教育研究所，译. 北京：教育科学出版社，1996：27.

澳大利亚土著人的教育目的就是传递现存文化给下一代。这种传承不是同等对待、一视同仁的，而是只传递给那些愿意接受并且有能力接受的年轻人。①

澳大利亚土著人的教育内容主要有四个知识领域：关于社会制度和社会责任的详细知识、关于自然的事实知识，职业技能，法的知识，以及构成他们的意识形态和文化传统的信息、技术和信仰，如传说和仪式。② 其中，"社会制度知识相当于土著人的公民教育。教育必须把部落的态度融入部落成员和事物之中"。从他们的第四种知识可以看到，"公民"的神性特征得到维系。

第二节　殖民时期的自由：追求自由与民主权利

1788 年，英国海军将领阿瑟·菲利普率领第一舰队到悉尼湾，标志着澳大利亚进入了殖民时期。但是，澳大利亚作为殖民地的开端是与众不同的，它是以流放犯人为目的而建立的英国殖民地。这让澳大利亚的国家建设和公民教育发展有着与美国、加拿大不同的特点和路向。根据澳大利亚流放制度的废除，我们可以将澳大利亚殖民地时期划分为犯人流放殖民地时期（1788—1830）和公民殖民地时期（1831—1900）。从公民的价值特性来看，流放犯人追求的是公民身份的恢复，即恢复自由身，外来移民则追求经济自由与政治独立。在殖民时期，无论是流放犯人，还是自由移民，两个群体都主要来自英国，都是英国臣民，而自由、平等、独立人格是他们共同追求的价值观，他们追求自由、平等、独立人格的斗争汇聚成了澳大利亚殖民时期的自治运动和联邦运动。正如王宇博认为："1901 年前澳大利亚现代化的主要内容是旨在争取自由与平等的权利，最终导致澳大利亚联邦的成立。出现于 19 世纪上半叶的澳大利亚自治运动是澳大利亚现代化发展的重要阶段。起伏于 19 世纪下半叶的联邦运动是澳大利亚

---

① ALAN BARCAN. A History of Australia Education [M]. Oxford：Oxford University Press，1980：2.
② ALAN BARCAN. A History of Australia Education [M]. Oxford：Oxford University Press，1980：2.

现代化进一步渐进发展的产物，是一场上承自治运动与下启民族国家建立的社会运动。"①

一、流放殖民地时期：恢复公民身份

澳大利亚最初的殖民者主要为殖民地军人和官员，他们的公民身份都是英国臣民。英国臣民就是一个享有合法权利的自由公民。而流放犯人有待恢复英国臣民身份。伴随殖民地的发展，来澳大利亚的自由移民也逐渐增加，与流放犯人的后代一起，在争取澳大利亚成为正常公民社会的过程中，也让澳大利亚开始走向自治。

1. 流放犯人的权利

澳大利亚最早的殖民地为新南威尔士。新南威尔士不同于英国在印度、北美等地以商业利益为目的和内容的其他殖民地，它是一个流放犯殖民地，成为英国的"越洋监狱"。正因为如此，英国的各种制度和体制被系统地移植到新南威尔士。殖民地政府按照英国的模式成立了刑事法庭和民事法庭，构成了新南威尔士流放犯殖民地的司法体系。② 这些殖民者在不知不觉中再造了一个英国社会。

殖民地的军人和官员都以英国人自居，他们的公民身份是英国的臣民。他们不同于为谋求生计和追求自由而前往北美的英国移民。美国的殖民者则摒弃了英国的传统和制度，而澳大利亚的殖民者和流放犯始终保持着强烈的"我是英国人"的意识，忠实于英国和英王。派驻新南威尔士的这些英国军人和官员处处从英国移植现成的体制。③

流放犯人也是拥有合法权利的英国臣民。虽然流放制度的重要内容是强制劳动，但是有许多犯人认为这是一片乐土。对于流放犯人来说，在澳大利亚被视为一种获得自由和新生的机会。"对于大多数囚犯而言，澳大利亚代表着一个瞬间出现的机会。摆脱大不列颠等级制度的束缚，他们的生活欣欣向荣——白天他们完成政府要求完成的工作，到晚上他们开始自己小型的创业过程。"甚至很多犯人写信回家，催促家人朋友想方设法把

---

① 王宇博. 澳大利亚现代化历史探析 [J]. 苏州大学：哲学社会科学版，2004 (5).
② 王宇博. 澳大利亚：在移植中再造 [M]. 成都：四川人民出版社，2004：20.
③ 王宇博. 澳大利亚：在移植中再造 [M]. 成都：四川人民出版社，2004：26.

自己遣送到澳洲这块希望之土。①

流放犯人刑满释放就恢复犯人的公民权利。1810—1821 年新南威尔士总督麦夸里执政期间，公开宣称凡是改造好的犯人，应即恢复其公民身份，并在政治上享受一切平等待遇。② 获释犯人通常被授予土地。1789 年11 月，犯人詹姆斯·鲁斯在 7 年刑满获释后，得田 30 英亩，成为澳大利亚第一个独立的农民。他对总督说，他可以自食其力。③ 麦夸里以政治民主和优待犯人政策来发展新南威尔士。这与此前对流放犯人的严苛迥然不同。

虽然流放犯人被释放后获得了自由，但是刑释人员的身份很难去掉。所以，"那些刑满被释的犯人们不断呼吁要建立陪审制度和司法机构，以尊重他们的基本权利，保障他们个人财富的增长；而且他们公开争论说，他们已为整个社会经济的发展和财富的增加做出了贡献；因此，他们应成为受尊敬的公民。他们争辩的核心，实质上是由奴役地位变为一个享有合法权利的自由公民"④。

2. 走向自由民社会：流放制度的废除

1797 年，英国移民约翰·麦克阿瑟从好望角带了 6 只西班牙美利奴绵羊到澳大利亚。美利奴羊在澳大利亚繁殖很快。澳大利亚的养羊业开始发展。1805 年，国务大臣卡姆登授予约翰·麦克阿瑟 5 000 英亩土地，用以饲养美利奴羊。约翰·麦克阿瑟在悉尼以南的大片土地上建立了"卡姆登牧场"。美利奴绵羊逐渐成为誉满全球的"澳洲美利奴羊"。

养羊业逐渐成为当时澳大利亚的一个支柱产业。这一变化引起了英国政府的重视，改变着或改变了他们对这个流犯殖民地的观念。他们开始认识到，澳大利亚不仅仅是一个流放犯人的殖民地，而且有可能成为一个提供原料、进行投资和销售工业品的场所。对这一变化的认识也改变了澳大利亚殖民地的性质。

英国政府开始大量投资澳大利亚的细羊毛生产。这一时期，不少拥有巨额资本的资本家也移民到澳大利亚经营牧羊场。这使澳大利亚出现了史家所称的"牧羊业大跃进"（the Great Squatting Rush）。1810 年新南威尔

---

① 王宇博. 澳大利亚：在移植中再造 [M]. 成都：四川人民出版社，2004：26.
② 骆介子. 澳大利亚建国史 [M]. 北京：商务印书馆，1991：28.
③ 王宇博. 澳大利亚：在移植中再造 [M]. 成都：四川人民出版社，2004：22.
④ 骆介子. 澳大利亚建国史 [M]. 北京：商务印书馆，1991：30.

士开始出口羊毛，但出口额仅为 167 磅，第二年（1811）就猛增 1 000 余倍，出口了 17.5 万磅，真可谓"大跃进"，到 1830 年已经上升到近 200 万磅。[1]

澳大利亚养羊业和羊毛贸易的发展，使劳动力数量不足，产生了增加大量自由移民的客观需求。同时由于流放犯人是被强迫劳动，所以生产率很低。于是澳大利亚殖民地政府就到英国招募工人。从 1831 年起，英国政府动用土地收入金，资助运送新的"自由"移民。来澳大利亚的自由移民越来越多。20 世纪 30 年代，澳大利亚的自由移民人数增加到 3 万人，20 世纪 40 年代增加到 8 万人。[2] 自由移民的比例增加，使澳大利亚人口构成发生了巨大变化，促进了流放制度的废止。

与此同时，流放犯人的第二代以及后代已经长大成人。为了洗清自己的原罪和父辈的身份污点，"犯二代"们利用各种机会呼吁恢复罪犯的公民身份。他们要求扩大自由的范围，发行不受控制的报刊，建立范围更广的陪审员制度和更有代表性的立法体系。"19 世纪 30 年代逐渐兴盛起来的大众运动，提出殖民地人民不分出身或贫富如何，一律平等，以更为开放和包容的社会取代由富裕阶层控制土地和劳动力为内容的等级社会。大众运动的参与者称自己是澳大利亚人或本地人。"[3] 身份认同的自觉逐步产生了澳大利亚白人最初的民族意识。

回应经济发展的要求以及"犯二代"们的社会要求，英国政府逐步开始废除流放制度。1819 年，为调查针对麦夸里总督的指控，英国委派专员约翰·托马斯·比格（John Thomas Bigge）前往澳大利亚实地调查，根据实际情况决定到底采用什么样的社会制度和文化途径来改造和发展澳大利亚，以及澳大利亚是否适合于管制囚犯并使用他们的劳力来创造一个殖民地社会。[4] 1822 年，比格提交了一份报告，提出了澳大利亚殖民地应当成为自由移民定居地的建议。

1852 年 12 月，英国政府宣布结束流放制。最后一批犯人于 1853 年到达范迪门领地。澳大利亚的流放制于 1868 年被废除。从此，澳大利亚正式

---

① 骆介子. 澳大利亚建国史 [M]. 北京：商务印书馆，1991：42.

② 斯图亚特·麦金太尔. 澳大利亚史 [M]. 上海：东方出版中心，2009：67.

③ 斯图亚特·麦金太尔. 澳大利亚史 [M]. 上海：东方出版中心，2009：66-67.

④ 骆介子. 澳大利亚建国史 [M]. 北京：商务印书馆，1991：28.

成为自由民社会。[①] 结束流放制度后，澳大利亚走向正常公民社会。这一过程本身就是一种公民社会教育。

3. 趋于世俗化的学校教育

殖民地早期的正规教育移植自英国的教育制度。1811 年兰卡斯特导生制也被引入澳大利亚。1812 年悉尼引入第一所公共学校。到 1815 年，澳大利亚新南威尔士几乎移植了英国教育制度。

众所周知，在英国，政府对教育没有责任，社会底层孩子的教育是教会和慈善家的事情。不同于英国，澳大利亚教育是由殖民地政府承担的。在新南威尔士殖民地，情况却不一样。由于新殖民地没有英国那样多的独立慈善家，所以不能维持免费教育，只能由州政府承担这个责任。到 1814 年的时候，新南威尔士已有 13 所小学，全部或部分由政府出资。大多数学生都来自社会底层。这些学生的家长根本不重视教育，因为在当时的澳大利亚，他们不受教育也能找到好的工作。

这一时期的澳大利亚学校只有初等教育。学校的任务就是让孩子们熟悉圣经，培养他们的宗教情感和道德价值观。学校教学的方式只是读书。早期的教师都是女犯人。学校的条件也非常简陋。学生在帐篷、茅舍和其他临时搭建的破屋里上课。[②]

这一时期的殖民地教育发展离不开澳大利亚新南威尔士总督麦夸里的功劳。1810—1815 年，新南威尔士总督麦夸里对教育进行了改革。当时新南威尔士有 3 091 名儿童。[③] 教育需求是相当迫切的。而此时教育的财政供给也有所改善，公共学校的经费得以增加。孤儿学校和公共学校的教师也由州政府发薪水。在麦夸里的支持下，新南威尔士教育的宗教目的、社会目的和道德目的非常突出。

这一时期非常值得注意的教育事件是，1814 年 10 月成立的一所学校招收了土著孩子。这一做法试图影响新南威尔士的土著文明。不过事实说明，土著孩子很难保证他们的学习时间。[④] 1814 年末和 1815 年初，麦夸里

---

① 吴祯福. 澳大利亚历史（1788—1942）. 北京：北京大学出版社，1992：176.

② 王斌华. 澳大利亚教育 [M]. 上海：华东师范大学出版社，1996：5.

③ ALAN BARCAN. A History of Australia Education [M]. Oxford：Oxford University Press，1980：19.

④ ALAN BARCAN. A History of Australia Education [M]. Oxford：Oxford University Press，1980：20.

总督曾经希望通过开设土著人学校和成年人土著农场来"开化"土著居民。作为对白人政策的反抗，很多土著人拒绝去帕拉马塔的土著学校，那里的入学人数从未超过 20 人。

1815 年，麦夸里离任。由于没有了总督的支持，学校又回到英国国教会手里，教育的责任由政府又转到教会。英国委派来调查麦夸里的专员约翰·比格批评了麦夸里的教育政策，他非常强调道德教育在罪犯流放地的重要性，强调用自由人替代犯人当老师，而且主张把儿童与他们父母的负面影响分割开，让家长尽量少控制儿童的时间、习惯或倾向。① 但是，这时的澳大利亚已经出现了教派之争，国教会垄断教育的企图已经不可能实现。

二、公民殖民地时期：新土地上的自由、平等与权利

1. 淘金热、移民浪潮与公民社会

1830 后，澳大利亚的移民猛增。在新南威尔士，1788—1830 年期间，移民总数达 1.4 万人，罪犯达 6.3 万人。在 19 世纪 30 年代，英国一个政治人物韦克菲尔德（Edward Gibbon Wakefield）提出了一套殖民地发展理论。他主张："一个土地广阔的殖民地更应该把土地紧紧控制，并应当高价出售。这样穷人买不起土地就只好做雇工给富人干活，而政府也可有更多的财力帮助更多的移民来殖民地，于是资金和劳动力都不成问题了。"② 英国政府和新南威尔士殖民地政府都很相信他的建议，即利用殖民地出卖土地的收入来资助英国的移民。在这个理论指导下，总督芮福·达令（Ralph Darling）宣布把新南威尔士殖民地限制在以悉尼为中心 200 公里以内的范围。从 1831 年开始，政府不再无偿批给任何人土地，而公有地出售的最低价为 5 先令一英亩（0.4 公顷）。英国政府在 1831 年首次对移民进行了资助，还增加了奖励金制度。在政府的鼓励和支持下，澳大利亚移民迅速增加。到 1850 年，澳大利亚的移民总数有 18.7 万人，而犯人只有

---

① 骆介子. 澳大利亚建国史 [M]. 北京：商务印书馆，1991：28.
② 澳大利亚殖民史 [DB/OL]. http：//bbs. tiexue. net/post2_4175328_1. html，2010-
   04-04.

1.46 万人。① 这意味着澳大利亚已经不再是流放之地，而是移民社会了。

19 世纪 50 年代，澳大利亚新南威尔士和维多利亚发现了金矿。这一消息传遍全世界，使澳大利亚的移民得到史无前例的增加。在 1851 年到 1960 年的"黄金热"时期，澳大利亚的人口由 34 万人剧增到 116.8 万人，平均每年入境移民 7.3 万人。② 但是，新增移民大部分都涌向金矿，使城市、牧场、农场劳动力短缺，所以，原来的移民计划依然没变。直到 19 世纪 90 年代的东部殖民地的经济萧条，才使移民速度降了下来，几乎停止，并出现了迁出情况。

淘金热极大地推动了澳大利亚的民主运动。这主要是指淘金矿场的民主化影响进一步加强了澳大利亚人争取政治平等、独立的要求。1856 年，南澳大利亚带头实施成年男子选举，并采取了无记名投票的方式，选举成立了澳大利亚第一个责任制议会。维多利亚和新南威尔士也相继效法。至今，英国和北美有时仍把无记名投票称作"澳大利亚投票"。到 1858 年底，澳大利亚人口最多的三个殖民地维多利亚、新南威尔士和南澳大利亚都已制订了当时世界公认的较为民主的宪法。

淘金者争取政治平等权利的斗争也推动了 19 世纪澳大利亚的工会运动。维多利亚的工会运动成功地争取了八小时工作制。淘金者争取平等土地权的运动则导致了各殖民区土地政策的改变。19 世纪 60 年代，各殖民区纷纷制订"土地开放"的法案。

社会的转型使这一时期的澳大利亚成为社会关系变化迅速的地方。淘金热导致了澳大利亚东部流放制度的结束。自由移民的增加改变了澳大利亚殖民地的社会结构和性质。澳大利亚殖民地从一个罪犯流放地成为一个自由人的寻梦天堂。伴随着澳大利亚经济的发展，自由移民的增加，自由民成为澳大利亚社会的主流群体，中产阶层在各殖民区的势力也得到扩大，为澳大利亚成为公民社会做了准备。

为了拥有稳定的社会秩序，殖民地民众重建为他们所熟知的公民社会。他们极力推崇公民自愿精神，但是对政府的支持也不拒绝。自愿行为让社会规范得到更为充分的表达，因为个人之间平等相待，为了共同的目标走到一起。自愿的主观能动性将对个人自主的期望与对相互依存需要相

---

① 澳大利亚殖民史 [DB/OL]. http：//bbs. tiexue. net/post2 _ 4175328 _ 1. html，2010-04-04.

② 郑寅达，费佩君. 澳大利亚史 [M]. 上海：华东师范大学出版社，1991：36.

结合，后者在一个满是陌生人的地方尤为重要。^① 这种"自愿"是为了满足殖民地人们的归属感的需要。

2. 国家建设与民族意识的产生

自由移民的涌入改变了澳大利亚殖民地的性质，即从一个罪犯流放地成为一个自由民社会。移民对自由和民主的追求促进了澳大利亚自治运动，也开启了澳大利亚国家建设的大幕。骆介子先生说，1860—1890 年，所谓 30 年的政治建设，可以说是澳大利亚各殖民地在此期间与母国英国的一部政治斗争史。这是澳大利亚国家建设的关键时期。^②

澳大利亚成为羊毛生产基地后，澳大利亚人就强烈要求自主管理自己的事务，反对英国向澳大利亚继续流放犯人，要求各殖民区享有自治权，以保护澳大利亚殖民地的公民权。1842 年，英国政府颁布了《土地公卖法》^③，又颁布了《澳大利亚地方自治法大纲》，在新南威尔士试行有限自治。这是澳大利亚初期的宪法原则。^④ 1850 年，英国政府又颁布了澳大利亚殖民地宪法与地方自治大纲，新南威尔士人民即根据宪法大纲要求完全自治，并组成责任政府，以行使地方自治权。不过，这一时期的所谓地方自治，只是空有其名。殖民地议会本身对于澳大利亚土地公卖及土地收入，仍然没有过问的权力。总督是行政首长，其所咨询意见之人员，又仅限于由英国殖民部派来的高级行政官吏，于是地方议会形同虚设。王宇博认为："平等意识成为澳大利亚社会意识的突出内容，自治运动实际上就是'澳大利亚的英国人'向英国的英国人争取平等权利的斗争过程。……在澳大利亚人眼里，保障和维护'在故乡生而就享有的权利'的责任政府是英王'赐予'的礼物，是'（英国）对责任政府的认可……给了英属殖民地以管理他们内部事务的权利'。在英国法定的管理体制上，此举使殖民地的责任政府与英国的政府部门平起平坐了。"^⑤

---

① 斯图亚特·麦金太尔. 澳大利亚史 [M]. 上海：东方出版中心，2009：105.
② 骆介子. 澳大利亚建国史 [M]. 北京：商务印书馆，1991：65.
③ 《土地公卖法》的内容要点由英国议会规定于下：（一）本法适用于全澳各殖民地；（二）撤销土地恩给制；（三）实行土地公卖制，以最低价格将土地售卖给人民；（四）每年土地公卖之收入，至少以其一半划为英本国移民至澳之用，另一半则在英政府指导监督下，用于当地社会事业；（五）凡因特殊情形占有公地尚未出资向政府购买者，只能作为暂时领用。骆介子. 澳大利亚建国史 [M]. 北京：商务印书馆，1991：56.
④ 骆介子. 澳大利亚建国史 [M]. 北京：商务印书馆，1991：57.
⑤ 王宇博. 对澳大利亚公民权利概念与实践的历史考察 [J]. 法制现代化研究，2006（11）.

澳大利亚自治运动本身是澳大利亚国家建设的开始。澳大利亚随着人口的增加，殖民地自治区经济的繁荣，民主意识和政治制度构想的不断加强，民族主义运动开始蓬勃发展起来。应该说，1880 年以后，澳大利亚的民族主义是澳大利亚政治生活中的一个重要组成部分。1851 年以前得到资助澳大利亚移民的人中有一半以上是爱尔兰人。在澳大利亚，他们一般是非技术工人。他们带到澳大利亚的是天主教信仰和对英格兰的仇视。与享有特权的牧地借用者和官员相比，爱尔兰移民比较倾向民主和自由。他们与流放犯人及土生土长的澳大利亚白人一起，把澳大利亚当作自己的祖国，并在增进澳大利亚民族主义感情方面起了很大的促进作用。他们要求澳大利亚尽快结束流放制度，建立陪审团等制度并争取早日脱离英帝国，赢得独立。

19 世纪 90 年代，在澳大利亚兴起了新的民族精神，一种普遍滋长的民族主义情绪要求成立一个与母国平起平坐的独立国家。随着澳大利亚资本主义经济的发展，土生人口的增长、移民问题、劳工关系与国防事务等都要求各殖民区在政策法律等方面实现一体化，这一切直接导致了澳大利亚各殖民区的联合。他们开始抛弃旧的传统习惯，对已不再陌生的澳大利亚培养起一种认同感。澳大利亚的民族意识开始形成。

澳洲民族意识的形成是由以下几方面因素促成的。

第一，最根本的原因在于澳大利亚经济的良好发展。此时的澳大利亚已经成为重要的羊毛生产基地，金矿的开采更使它为全世界所知。经济上的自给独立自然产生了政治上的自治要求。

第二，在人口构成上，本地人成为澳大利亚人口的绝大多数。1881 年澳大利亚 232.3 万人中，60％以上是在澳大利亚出生的，出生于英国的只占 34％。人口构成的变化促进了澳大利亚民族的形成。[①] "虽然从 1880 以后直到 1900 年这一段时间内，澳大利亚社会仍然受到英国思想及其在旧大陆成长起来的移民的影响，但是澳大利亚人民的心理是在新环境里形成的一个特有产物。据新南威尔士统计学家统计，在 1880—1899 年期间，澳大利亚社会总人口中约有四分之三是城区和乡区的工资收入者及薪俸收入者。这就意味着各种类型的工人和资本家占据社会人口的大多数，从而也为民族主义运动的发展奠定了组织方面的基础。"[②]

---

① 郑寅达，费佩君. 澳大利亚史 [M]. 上海：华东师范大学出版社，1991：148.
② 姜天明. 澳大利亚联邦史略 [M]. 沈阳：辽宁大学出版社，2000：91.

第三，经济贸易的协助与交通通信条件的改善。在19世纪澳大利亚各殖民地以外，畜牧业和矿业为主的经济成为沟通各地人们思想的重要条件。不同殖民区的大多数人有着类似的文化背景，他们共同的创业经历为各地人口的交融进一步创造了条件。而19世纪80年代交通和通信事业的发展进一步消除了澳大利亚各殖民地之间的隔绝状态。如1883年，新南威尔士和维多利亚的铁路接轨。①

第四，报纸杂志的宣传。依据本尼迪克特·安德森的观点，大众传媒是营造"想象的共同体"的重要手段。"在19世纪最后二十年间，澳大利亚各地的报纸杂志成为民族主义者陈述民主和倡导自由的阵地：一些资产阶级激进派开始为悉尼的《悉尼公报》等报纸、布里斯班的《飞旋镖》等杂志撰写文章，鼓吹独立运动。《悉尼公报》提出了著名的'澳大利亚是澳大利亚人'的口号，充分表达了分离主义的倾向。与此同时，文学、艺术、音乐等形式也直接步入了表达澳大利亚独特意识的天地。这些均为澳大利亚民族主义运动的发展奠定了思想理论基础。"②但是具有强烈民族主义特色的刊物是周刊《新闻公报》。该周刊创立于1880年。《新闻公报》发表了19世纪90年代澳大利亚著名作家的大量作品。《新闻公报》强烈的民族主义倾向，对澳大利亚公众的民族共同体意识形成有着重要的影响。例如，1893年6月17日的《新闻公报》开宗明义，向读者表明其政治主张，其中包括：

建立共和形式的政府；

选举时一人一票；

实现国民教育彻底世俗化和自由化；

改革法典和监狱制度；

统一全澳，实施保护主义政策；

保持澳大利亚人的纯粹性；彻底排斥廉价的华人，黑人和欧洲穷人；

建立国家银行，垄断钞票的发行；

由议会直接选举部长，消除党派政府；

建立新的议会制度；沿袭目前由各选区选举一院的制度；

另一院由整个国家作为统一选区选出；

实行普遍人生保险制度；

---

① 吴祯福. 澳大利亚历史（1788—1942）[M]. 北京：北京大学出版社，1992：241.

② 姜天明. 澳大利亚联邦史略 [M]. 沈阳：辽宁大学出版社，2000：91.

彻底废除土地私有制；

实行公民投票复决制；

废除所谓的"贵族"头衔。①

　　上述主张对当时广泛流行的民族主义情感做了比较全面的概括。《新闻公报》用政治术语表达了畜牧工人希望人人平等，争取民主独立等要求。其中一些主张也反映了对非盎格鲁-萨克森血统的种族歧视和盲目排外等言论。这些倾向成为澳大利亚建国后实施"白澳"政策的心理基础。

　　第五，文学艺术的力量。19 世纪 90 年代，澳大利亚人的形象集中在"丛林人"的特点之上。"丛林人"以其蔑视权贵而著称，还具有忠实于伙伴和独立民主意识。例如"伙伴情谊"被视为澳大利亚的重要价值观。因此，澳大利亚美术界、新闻界、文学界都争相表达这种价值观。② 文学家、艺术家激发了澳大利亚人的民族情感。19 世纪 80 年代，澳洲民族文学在澳洲民族主义运动中应运而生。1880 年成立的《公报》（The Bulletin）极大地唤醒了澳大利亚的民族自我意识，主张"澳大利亚特性"，具有里程碑的意义。有人这样评价道："这一时期的文学作品散发着丛林的质朴气息，洋溢着民族独立的精神，将人对自然的崇敬与征服、澳洲人的乐观豁达与坚忍不拔，以及患难与共的'伙伴情谊'提升到民族性格与民族精神的高度。"③ 1908 年，22 岁的澳大利亚诗人麦凯勒在伦敦《旁观者》（The Spectator）杂志上发表了题为"我心中的至爱"的诗歌。这首诗后来被改名为"我的祖国"，流传至今。这首诗是推动澳大利亚民族主义运动的代表性作品。"诗人十几岁时随父亲游历了欧洲许多国家，受过良好的教育。小时候在澳洲牧场的一景一物已在她的心里烙上了深深印迹，对这片土地强烈而深沉的爱正是澳洲大陆孕育的潜在的民族认同感。诗作节奏感很强，后有人将其改编成歌曲传唱，客观上对当时民族主义运动起到了积极的推动作用。"④ 由于客观现实和自身发展的需要，尽管澳大利亚人是英国臣民的意识当时依然存在，但民族认同感正日益凸现。

　　第六，澳洲移民本身具有独立自主的意识。一般而言，移民往往都是

---

① 吴祯福. 澳大利亚历史（1788—1942）[M]. 北京：北京大学出版社，1992：244.

② 吴祯福. 澳大利亚历史（1788—1942）[M]. 北京：北京大学出版社，1992：243-244.

③ 许道芝. 《我的祖国》：澳大利亚诗歌赏析 [DB/OL]. http：//asc. ruc. edu. cn/？show－27－1/，2013-10-09.

④ 许道芝. 《我的祖国》：澳大利亚诗歌赏析 [DB/OL]. http：//asc. ruc. edu. cn/？show－27－1/，2013-10-09.

不满于原有的生活环境而出外闯荡、谋求新的机会，追求较好的生活，因而都有着比一般人更多的勇气、魄力，更强的独立自主意识。就英国移民而言，澳大利亚内地的恶劣环境迫使英国移民改变生活方式，以便能在新的环境中求得生存。就总的情况而言，一般的劳动阶层不再与母国英国的文化维持密切联系。而对于爱尔兰移民而言，由来已久的英格兰与爱尔兰之间的民族矛盾使澳大利亚的爱尔兰移民及其后代比其他移民更倾向于接受非英或反英的民族精神。①

在澳大利亚民族意识和民族情感的推动下，澳大利亚联邦政府的建立在19世纪最后十年逐步完成。1891年3月全澳联合会议正式大会在悉尼市举行，商讨各殖民地自治政府统一问题，澳大利亚各殖民地的政治人物大都出席，对于统一问题既有赞成也有反对。1894年4月9日澳大利亚宪法草案原则正式通过并正式公布，以供澳大利亚人民研讨，广泛征求各方的意见。1897年3月22日，澳大利亚国民大会第一次会议在南澳首府阿德莱德举行。1897年，经过各殖民地议会通过，全澳人民投票赞成澳大利亚宪法。1900年8月17日，澳大利亚宪法由英国议会通过，并经英女王维多利亚批准公布，成为澳大利亚联邦宪法。1901年1月1日，澳大利亚联邦政府根据"宪法"正式成立。② 联邦改制扩大了澳大利亚人的自治权。联邦成立的过程尤其是联邦宪法产生的过程本身就是一种社会公民教育的过程。

3. 澳大利亚殖民地的种族歧视

淘金热带来的移民浪潮使澳大利亚人口的构成多样化。金矿区成为当时世界上各类人种混杂程度最高的地方。这一时期的移民主要是由英国的英格兰人、苏格兰人、爱尔兰人、威尔士人以及德意志人构成。不过其他非白人民族也开始进入。一个主要的变化就是"中国人的进入"。"1840年，由于流放制的废除，新南威尔士开始招募华人契约劳工。1848年，第一批华工（约100人）到达悉尼。澳大利亚发现黄金后，华人与别国的许多人一样，也被吸引到澳大利亚的金矿中来。1855年和1856年之间，他们开始大批进入维多利亚。这些华人主要来自中国南部地区，一般是为了偿还在家乡所欠债务，与工头订立契约并在工头的命令下工作。到1857年，维多利亚金矿中的华人数字已达23 623人，到1859年，数字增长为

---

① 吴祯福. 澳大利亚历史（1788—1942）[M]. 北京：北京大学出版社，1992：241.

② 骆介子. 澳大利亚建国史 [M]. 北京：商务印书馆，1991：128.

24 062 人。到 1859 年，华人已占维多利亚男子总人口的 20％。"但是，华人很快成为澳大利亚种族偏见和种族歧视的目标。

（1）澳大利亚殖民地的土著政策：从屠杀到保护

英国人到澳大利亚之初，力量孱弱，故而持一种和平政策。第一任总督菲利普曾标榜其民族政策，声称他们与土著居民以和平友好交往为主。而土著人的态度确实是友好的，他们把其中的一些欧洲人当作他们起死回生的同胞。他们看到罪犯受到酷刑，还表示同情。

然而由于犯人、移民与土著人的摩擦冲突，渐渐形成了总督派兵赶走种族纠纷发生生地的土著人的惯例。土著人口的急剧下降导致原有的部族、文化、宗教也遭到了严重破坏。"随着畜牧时代的到来，白人对土著居民土地的霸占和对土著人的残杀更是变本加厉。牧地借用者向内地的不断深入迫使土著居民向更贫瘠的地带迁徙，土著人的传统部落领地进一步丧失，土著人的文化随之受到更大的摧残。由于土地的丧失，土地与宗教的神圣关系被破坏，很多宗教仪式无法进行，传统的风俗习惯毁于一旦。不少部落的婚礼与葬礼仪式逐渐消失，有些部落本身被消灭。最初土著人以偷窃牲畜、焚烧房屋等方式骚扰牧地借用人以示反抗，而牧地借用者以各种残酷狠毒的手段对付土著居民。到 19 世纪 30 年代，许多殖民者公开杀害土著居民。麦艾尔溪大屠杀可谓 19 世纪白人种族歧视暴行的最好见证之一。"[1] 除去大规模的公开屠杀外，还有被毒死的。有资料记载的最大规模的冲突和最惨烈结局的是塔斯马尼亚黑人的灭绝。[2] 土著人失去了土地，失去了食物，只依靠白人给的粮食度日。有的殖民者则把毒药放在给土著人的食物或水中。造成土著人死亡的另一原因则是白人带到澳洲的种种疾病，如天花、麻疹、猩红热等使大批的土著人失去了生命。

土著人也开始了零星的反抗。"最初的反抗是分散的，类似于游击战一样。他们手持长矛，趁欧洲殖民者上子弹之际，他们一次可抛出半打长矛。最初，土著人在与欧洲殖民者冲突时占了上风。然而，土著居民因疾病、饥饿、死亡，人口急剧下降，力量大大削弱。持有现代化武器的欧洲殖民者很快处于优势地位。在早期双方的交战中，土著居民损失惨重，2万人死于与殖民者的战斗中。"艾霍威特写道："土著人的鲜血标志着新殖

---

① 吴祯福，主编. 澳大利亚历史（1788—1942）[M]. 北京：北京出版社，1992：192.

② 张建新. 谁是造成塔斯马尼亚人种灭绝的罪魁祸首 [J]. 中南民族学院学报：哲社版，1999（4）.

民据点的建立。在土著人的反抗被镇压后，他们又以新的方式对抗欧洲传教士的'文化进攻'。在'保留区'，很多土著人坚持他们的风俗习惯和宗教仪式。他们说自己的语言，信仰自己的宗教。在工作时间，他们离开白人指派的工作参加宗教活动。白人传教士的工作也未能取得明显效果。"①

　　19 世纪 30 年代末，由于人道主义者的呼吁，英国政府决定采取措施保护新南威尔士和范迪门领地的土著居民。英国下院的特别委员会竟然声称：澳大利亚土著居民是澳洲最早的合法土地所有者。但是殖民者既已占用其土地，唯一实际可行的补偿办法是让土著居民从英国文明中得利。英国的文明给土著居民带来了基督教，带来了英国的语言文化与教育，带来了英国人的衣物等等，而土著居民失去的却是他们肉体与精神赖以存在的土地，失去了祖祖辈辈相传的宗教、文化、习俗、传统，丧失了部落和亲人。正如一位土著人所述：

　　没有土地就没有生命。在梦幻时代，土地孕育了我们的祖先；我们也将返归我们祖先生长的地方——土地。土地把我们和我们的先辈、我们的后代联系在一起。一旦土地丧失，我们的生命和灵魂也将随之消失。

　　澳大利亚殖民地政府也采取了设立若干保留区的政策。"土著部落的居民被驱赶到'保留区'。'保留区'的土地所有权属于政府，政府可随时缩小、扩大或者取消'保留区'。'保留区'的土著人受到白人殖民者和传教士的管制。名为宗主国臣民的土著人不能与其他白人臣民一样享受宗主国的法律所规定的权利，他们没有行动自由，没有自己管理自己种族事务的权利。凡有明显土著血缘的人都必须在'保留区'居住。土著人的后代常常被迫与父母隔离，被送到欧洲人居住区的孤儿院接受欧洲文明教育。1898 年昆士兰通过了一项法律，这项法律成了澳大利亚歧视、控制、隔离，剥夺土著居民自由权利的鼻祖。一个独立的民族蜕化成为不能自主，依附于殖民者的分散居民。"② 这些保护政策开始于 1788 年，持续了 130 多年之久。

　　关于澳大利亚土著人的土地权和生存权，殖民地的政策也经历了从"无主之地"到"定居殖民地"的变化。英国政府一直遵循库克的航海日志所提供的简单资料，依据国际法上的"无主土地"规则（原为罗马法的概念）行事，这导致了三个法律后果：一是土著人不具备与英国缔约的资

① 吴祯福，主编. 澳大利亚历史（1788—1942）[M]. 北京：北京出版社，1992：189-197.
② 吴祯福，主编. 澳大利亚历史（1788—1942）[M]. 北京：北京出版社，1992：189-197.

格，即土著人不成其为国际法主体；二是土著人的土地所有权被抹杀了；三是土著人的国籍长期不明，不受普通法保护。澳大利亚土著人与英国移民之间的暴力冲突就在所难免了。[①]

土著人就土地所有权诉澳大利亚政府的案例持续不断。"在土地权之外是土著人的生存权。如果澳大利亚土著人国籍不明，就难于受到法律的保护。如上所述，英国和殖民政府长期以来充当着土著人的'保护人'这一角色。19世纪末就采取过所谓的保护措施，把'纯血统'的土著人隔离保护起来，而对'混血的土著人'进行同化。这样的措施丧失了基本的人道主义原则，因此见之于资料的把土著人当作英王的臣民的言论，是难于取信的。盎格鲁-澳大利亚普通法之履行于殖民地，很难保护作为二等臣民的土著人。这种状况直到自治运动兴起才有所改观。"[②]

在澳大利亚殖民地时期，种族属性与公民权的关系是如此的密切。这也预示澳大利亚人的公民身份的多样性与内在的文化矛盾，并持续至今。种族问题与公民身份的关系就像混入身体里的异物，即使没有什么大的影响，但是总是不时地出来作怪。

（2）澳大利亚殖民地的反华浪潮

在淘金热期间，中国人也大量涌入澳大利亚。"但在淘金时期，澳大利亚的种族歧视在反华浪潮中日益公开化、政策化。华人与欧洲人不同的相貌、衣着和习惯引起了澳洲白人的敌视。但反华的主要原因是由于淘金华人的到来所引起的竞争。华人吃苦耐劳，愿意接受低工资的工作，甚至到欧洲人废弃的矿中重新翻挖矿渣、找寻黄金。有时，他们也以团体形式与别的淘金者竞争。"[③]

澳大利亚殖民地反华行为表现在对内和对外两个方面。对外方面，澳大利亚殖民地政府限制中国人入境。"1855年6月，维多利亚立法会议通过《限制移民条例》，规定凡经登记的船只，每吨位只可携带一名华人，每运入一名华人必须交纳10英镑人头税。1857年11月，为了进一步限制华人入境，维多利亚政府通过新条例，规定每名成年华人必须付每月1英镑的居住税，以后又把居住税改为每年4英镑。同年南澳大利亚政府也通过类似法令。1861年11月，新南威尔士议会也通过类似条例，对华人移

① 郑寅达，费佩君. 澳大利亚史 [M]. 上海：华东师范大学出版社，1991：20.

② 郑寅达，费佩君. 澳大利亚史 [M]. 上海：华东师范大学出版社，1991：21.

③ 吴祯福，主编. 澳大利亚历史（1788—1942）[M]. 北京：北京出版社，1992：184.

民规定各种限制。"①

对内方面,排华事件频频发生。下面是一起澳大利亚白人所做的典型而残忍的排华事件。1854 年,一些白人淘金者企图把华人赶出本迪戈金矿场。

"1857 年,维多利亚的巴克兰河畔发生排华事件。2 000 名华人遭到不同程度的抢劫和伤害。但事后只有 3 名白人受审,而且其中两人被判无罪释放。1861 年 6 月 30 日,新南威尔士附近的莱明低地发生令人发指的排华暴行。1 000 多名白人手持大棒和锄头在写有'不要华人'的旗帜下集合,然后组成一列纵队,在乐队伴奏的军乐声中,冲向莱明低地的华人区。这些人狂呼乱唱以发泄他们的排华情绪。据《悉尼先驱晨报》报道,这些歹徒骑着马,挥舞着大棒和鞭子,拽着华人的辫子把他们拖到马后,然后剪掉他们的辫子,让周围的人对华人拳打脚踢。这次暴行整整持续了一天,直到附近的军警接到口信后赶到现场才使事态终结。同年 9 月,古尔本的陪审团宣告被控参与这次排华事件的所有欧洲人无罪。"②

"在许多年间,澳洲的反华事件成为人们街谈巷议的话题,多数白人把反华暴乱看作普通澳洲白人矿工抗议异族移民问题上最早最重要的种族歧视表现之一,它在很大程度上导致了以后'白澳政策'的制订。但是,华人在澳洲金矿区备受凌辱,腐败的清政府却对此不闻不问,在英国侵略中国的鸦片战争的淫威之下,清政府一再退让,签订奴役中国的不平等条约。"③ 这再一次印证了公民权利需要政治共同体保护的历史经验。如果受歧视群体个人的公民权没有得到政府保护,自然就会成为那一政治共同体的奴隶。

第三节　第一次教育改革中的公民教育雏形

澳大利亚殖民地进入公民殖民地时期,尤其是六个殖民地成立自治政府之后,建立现代公共教育体系成为澳大利亚的教育大事。1857—1885

---

① 吴祯福,主编. 澳大利亚历史 (1788—1942) [M]. 北京:北京出版社,1992:184-186.
② 吴祯福,主编. 澳大利亚历史 (1788—1942) [M]. 北京:北京出版社,1992:184-186.
③ 吴祯福,主编. 澳大利亚历史 (1788—1942) [M]. 北京:北京出版社,1992:186.

年，澳大利亚掀起了第一次教育改革浪潮，教育改革的主要目的是推行世俗、义务和免费的教育制度。各个殖民地政府采取措施将儿童从社会即劳动力市场上吸引到教室里，在人烟稀少的边远地区开办州立小学，并且呼吁废除对教会学校的资助。那么，这一期间的教育变革与澳大利亚国家形成、公民身份有何关系呢？

一、公立学校：促进联邦的统一

作为现代公民教育的重要组织，澳大利亚公共教育体系和公立学校的产生过程与其他欧美国家都有相似之处，都经历了教育的世俗、免费、义务（强制）的过程。

澳大利亚教育的世俗化首先体现在如何处理公立学校与教会学校的关系上。淘金热开始以前，澳大利亚各殖民区大都由教会掌管学校教育。各殖民地政府则资助圣公会、罗马天主教、福音派及美以美会等教派组织学校，开展与宗教道德有关的教育活动。但各教派对宗教在教育中应起的作用这一问题上矛盾重重，互相倾轧，形成狂热的派系斗争。1859 年达尔文《物种起源》的出版削弱了各教派的力量，也使人们对教会控制教育的现象开始怀疑和日益不满。当时的城市资产阶级、工人阶级以及牧地借用者一致相信，教育是人们在事业上有所作为的保证。在过去，人们赞同"世界属于勇敢者"的说法，19 世纪 60 年代，人们相信，在工业文明中世界属于受过良好教育的人。除了极少数人以外，大家都赞成实行免费义务教育制度。由于教派制度的日趋崩溃，教育的非宗教化也成为人们热衷的话题。[①] 国家控制学校教育是世俗化的根本特征。南澳大利亚殖民地是世俗化教育运动的先驱。1851 年南澳大利亚通过《教育法》，废除殖民地政府对教会学校的资助。[②]

到了 1867 年，除了西澳大利亚殖民地以外，世俗化教育运动在所有殖民地都轰轰烈烈地开展着，改革运动开始超越了世俗主义目的，开始讨论义务教育和免费教育。这是由几个因素促成的。第一，政治意识形态。自

---

① ALAN BARCAN. A History of Australia Education [M]. Oxford：Oxford University Press，1980：76.

② 王斌华. 澳大利亚教育 [M]. 上海：华东师范大学出版社，1996：8.

由主义者相信，国家有责任确保所有儿童接受基本的读写算甚至可能包括简单的职业训练的教育。他们也相信，普遍素养将有助于犯罪的减少。民主主义者相信，国家应该培养年轻一代公民素质，正常入学是造就公民素质的必要手段，课程之中必须包括历史科目。第二，学校里的教育压力也产生了改革的冲动。儿童正常入学是有效教学的前提。儿童上学非常随意，不仅影响儿童自己的学业，而且影响其他儿童的学习进度，还干扰了学校和教师的正常教学秩序。第三，实施义务教育制度将是结束童工现象的必要手段。①

在澳大利亚实现教育的世俗、免费、义务（强制）的过程中，维多利亚殖民地比较具有代表性。维多利亚是殖民地中第一个同时实施世俗、义务和免费教育的地区。1850 年，英国议会两院一致通过了《澳大利亚殖民区政府条例》。该条例把菲利普港地区从新南威尔士殖民区分离开来，成立了维多利亚殖民地，这是澳洲最小的殖民地。新南威尔士由成员提名和选举并存的制度推广到范迪门地区、南澳大利亚和维多利亚三个殖民地。这意味着这三个殖民地获得了民主。关于民主公民和社会稳定的教育成为殖民地政府的重要事务。一种新的世俗精神被激发起来了，而教派和国家在教育中的相对位置的问题为人们所关注。②由于是黄金热的中心，维多利亚迅速成为领头的殖民地。维多利亚的主要教育问题就是国家学校支持者面对的问题。1870 年 1 月，维多利亚教育委员会决定，为了实施义务教育，鼓励农村地区开办学校。该殖民地的学校数量从 1866 年的 330 所上升到 494 所，新开办的学校大多设在农村地区。天主教学校也增加了 15 所。1872 年 12 月，维多利亚颁布了《教育法》，取消政府对教会学校的资助，建立由政府辅助和控制的国民教育制度，确定了维多利亚世俗、义务和免费的教育制度。在国民教育制度下，不去民办教会学校上学的儿童必须入政府开办的学校学习。从 1873 年 1 月 1 日起，政府结束对教会学校的财政支持，取消了教育委员会，建立了教育部，直接向议会负责，建立学区，由纳税人选举学区顾问委员会，如果没有特殊理由，6—15 岁的儿童每半年必须入学 60 天以上，学生学习基础科目是免费的，学习高级科目要缴纳

① ALAN BARCAN. A History of Australia Education [M]. Oxford：Oxford University Press，1980：76.

② ALAN BARCAN. A History of Australia Education [M]. Oxford：Oxford University Press，1980：76.

费用，教师薪水取决于所收学生的考试成绩。①

　　澳大利亚的世俗、免费、义务的教育运动催生了公立学校的诞生。1866 年，悉尼最有影响的政治家亨利帕克斯提出《公立学校法案》，建议成立管理教育的理事会以培训、指派、解雇教员，同时帮助建立和维持公立学校。帕克斯的法案很快在议会通过。

　　公立学校制度提出了公民教育的任务。民主社会需要公民教育来加以维系。但是澳大利亚与英国不同。在英国，民主后于初等教育，但是在澳大利亚，民主先于初等教育。有了民主，于是为投票者提供基本素养和公民身份概念成为必然的事了。② 1843 年公布的《新南威尔士政府法案》是新南威尔士自治的宪法大纲。这一法案对澳大利亚的教育有着几点影响。第一，选举产生的立法会提出法案，这意味着一个表达教育的公共观点的新渠道产生了。代议制政府的产生强化了激进者和辉格党关于公民教育的信仰，也增强了人们对教育的重要性的认识。该法案还把英国的地方自主的理念引入澳大利亚，对初等教育制度进行分权，把教育经费提供者也从中央政府转移到地方政府。初等教育是地方政府学区理事会的责任。不过，这是一个不太成功的尝试，因为澳大利亚地方政府对教育不太感兴趣。③ 但是，对公民教育的重视是影响深远的。澳大利亚在 19 世纪 50 年代到 60 年代出现了自由、民主和世俗化运动。这首先是在东澳。因为自由运动得到了中产阶级和非国教教派的强烈支持。自由主义支持宪政主义，欢迎代议制政府。这一制度促使通过定期选举一些公民能够选出代表来在议会里表达他们的观点。由此南澳、维多利亚和新南威尔士获得了民主。这都是公民教育的目的。因此，公民教育成为公立学校的重要任务和教育目的。

　　国家控制教育为培养国家建设者提供了重要保证。公立学校的产生，政府控制的国民教育制度形成，客观上促进了澳大利亚联邦的形成。从教育世俗化、自由化，逐步演进到公立学校的产生，这些教育改革激励了澳大利亚走向联邦和统一。

---

　　①　王斌华. 澳大利亚教育 [M]. 上海：华东师范大学出版社，1996：9.

　　②　ALAN BARCAN. A History of Australia Education [M]. Oxford：Oxford University Press，1980：96-97.

　　③　ALAN BARCAN. A History of Australia Education [M]. Oxford：Oxford University Press，1980：49.

二、作为教育目的的公民教育：走向世俗

这一时期的澳大利亚公民教育只是一种教育目的，即澳大利亚的公共教育体系旨在培养公民。一般人们常常只将公民教育看作学校德育或者学校教育的一个组成部分。这样一种思路虽有利于学校公民教育任务的落实，但是过于看低了公民教育的意义，窄化了公民教育实施的可能空间。公民教育并非只有工具性的一面，就目的性而言，公民教育乃是全部现代教育的终极目标，公民教育的倡导意味着教育性质的改变、教育目的的改变。公民教育实际上应该是、也必须是全部教育的转型乃至整体社会的改造。

1869 年，塔斯马尼亚的《塔斯马尼亚高级与普通教育现状的专员报告》（*Report of the Commissioners Inquiring into the State of Superior and General Education in Tasmania*）提到未上学的儿童人数，强调公立学校是供所有社会阶层的学生上学。因此，国家能够有效地帮助学校提供一种更高或更好的教育。委员会界定了公共教育的目的。他们认为，公共教育不是教育那些没有能力上学的人，只是强调抑制犯罪也太狭隘，没有提到公民身份。公共教育的主要目的是"影响整个身体政治；提升全部人的智力标准；培养和促进那些四处散落神赐的天才；整体提升国家自身到一个道德优秀和理智优异的更高可能的状态"。[①] 当然，当时的经济萧条阻碍了如此雄心壮志的目标。

1880 年到 1901 年，在澳大利亚除了西澳，都在实施世俗、免费、强制的新教育制度。新教育制度的教育目的是培育好公民，也包括培养好人，即公民教育与道德教育的共同进行。澳大利亚的世俗、免费、强制教育也可以说是公民教育。

1894 年，悉尼大学的沃尔特·司各特发表了题为"论作为学校教学的一门学科的公民身份"的论文。他认为："学校教育不仅仅是训练学生的读写能力，而且需要为学生做更多的事，他强烈倡议在中小学进行公民教育，并认为澳大利亚公民教育的目标，是使学生了解与其'邻居和公民伙伴'的关系；理解公民和政府'将被要求什么'；养成'通过加快他对公

---

① ALAN BARCAN. A History of Australia Education ［M］. Oxford：Oxford University Press，1980：102.

众利益的兴趣意识；去做所被要求的事情'的一种意识倾向；明确理解一些术语的含义，如国家与民族、民主、自由与平等、爱国主义与忠诚、权利与责任、法律与公正、议会与内阁、财产、税收、工作与报酬等。"① 这些论述就是当时的人所理解的公民教育目标和公民品质要素。

三、公民教育的萌芽

在澳大利亚引入世俗、免费和义务的教育后，教育的内容也逐渐发生了变化。澳大利亚历史和英国历史被列为小学科目。在这以前，由于英国国内对 16 世纪欧洲的基督教改革运动和宗教斗争持不同的观点，所以在课程表中删掉了历史。在 19 世纪 80 年代，大英帝国掀起了爱国狂潮，在中小学恢复了历史课。历史科目也成为澳大利亚政治教育和道德教育的重要手段。1880 年，历史课走进了维多利亚和塔斯马尼亚的课堂。昆士兰于 1883 年正式将历史课列入课程表。新南威尔士于 1884 年开始了历史教学。② 另外，尽管学校教育的内容世俗化了，但是宗教教育的内容仍在公立学校存在。只不过是由神职人员进行宗教教育。

澳大利亚公立学校的教材和教法均来自英国。在教学组织形式上，英国的导生制在澳大利亚被广泛运用。教学的方法强调背诵记忆模仿，依重教材，相对忽视口头作业。③ 总的来说，教古典语言和现代语言、历史和英语的方法强调记忆，重点是学习语言的法则和结构，忽略学科的人文性和文化的内容。④ 一些来自欧洲的现代教育理论也传到了澳大利亚，如裴斯泰洛齐的直观教学法、能力理论以及能力心理学（faculty psychology）等。但是殖民地教育的决定性因素不是教育理论而是当代的社会现实。澳

---

① HECK，D A. Discovering Discourses of Citizenship Education：In the Environment Related Section of Australia's 'Discovering Democracy of School Materials' Project [D]. Griffith：Griffith University，2003：77. 转引自：韩芳. 从臣民到公民：澳大利亚公民教育发展研究 [M]. 北京：光明日报出版社，2011：35.

② 王斌华. 澳大利亚教育 [M]. 上海：华东师范大学出版社，1996：10.

③ ALAN BARCAN. A History of Australia Education [M]. Oxford：Oxford University Press，1980：157.

④ ALAN BARCAN. A History of Australia Education [M]. Oxford：Oxford University Press，1980：170.

大利亚学生的学习时间短，考试压力大，以及许多教师的能力有限，这些都决定了澳大利亚学校教育的成效有限。1872 年，悉尼语法学校校长韦格尔（A. B. Weigall）反思了当时广泛存在的"理性的价值有限"的看法。他评论道："虽然理论家们在争论，实践的教师们却能够安静且忠实地走自己的路，不时地来做经验和常识允许的改进。"对于许多学生来说，脱离事实的记诵学习成为他们接受教育的主要部分。但是他相信，一个重要的教育考量是教授原则，而不是叙述事实。①

在公民教育方面，一些社会活动人士也开始编写教材。凯瑟琳·海伦·斯彭斯（Catherine Helen Spence，1825—1910）是 19 世纪末 20 世纪初澳大利亚的一位社会和政治改革家、传教士、作家和记者。为了对学生进行公民权利和义务的教育，她于 1878 年为他们编写了澳大利亚第一部普法教科书《我们生活中的法律》。②

总的来说，这一时期澳大利亚公民教育实践处于萌芽阶段，其教学方法仍是典型的直接教育，不过在内容上却有着诸多的更新，如强调了历史课是公民教育的重要内容。在近代民族国家形成的过程中，历史课都是培养国家认同的重要教育内容。根据丹尼尔·贝尔（Daniel Bell）的三种共同体的划分，民族国家属于记忆性共同体，拥有共同的历史记忆和道德传统。③ 这种记忆是集体的记忆、历史的记忆，是国家认同的前提，是在历史中形成的。许多国家都设有历史地理课程，旨在让学生了解自己的国家和民族及其与世界的关系，从而确立自己的公民身份。

---

① ALAN BARCAN. A History of Australia Education ［M］. Oxford：Oxford University Press，1980：173.

② 吴庆宏. 斯彭斯与澳大利亚现代化［J］. 学海，2010（4）.

③ 俞可平. 社群主义［M］. 北京：中国社会科学出版社，1998：52-53. community，本书采用"共同体"的译法。

第三章　英国臣民与移植英美的公民教育（1901—1950s）

1901 年澳大利亚联邦成立。20 世纪的澳大利亚现代化致力于建设自由与平等的社会。民族意识和国家意识不仅是国家内部整合的结果，更是在国际交往之中的冲突与碰撞的产物。完成了国家统一之后的澳大利亚通过移民政策、参与世界大战来确证自己在世界中的位置。伴随着澳大利亚国家意识的逐渐形成，澳大利亚的公民教育也在目标、内容和方法上形成适合澳大利亚本土环境的道路。

第一节　形成中的澳大利亚国家

20 世纪上半叶的两次世界大战激发了澳大利亚的国家意识。如果说公民殖民地时期是一种内压式的国家意识形成，即内部各个利益团体促成联邦统一的结果，那么，两次世界大战时期则是一种外压式的国家意识形成。在外部压力下，国家趋于独立的澳大利亚才真正开始面对国家内部的移民和族群的公民身份和公民权利问题。这一时期的澳大利亚人纠结于澳大利亚人与澳大利亚英国人这两种公民身份之间的取舍和选择。

一、英国中心时期的半独立国家（1901—1941）：矛盾的自然

美国学者杰拉林·迪加克里（Geralyn DeJaeghere）说："澳大利亚的

第一个五十年，是一个民族国家，当然是英国意义上的民族。"① 在这个
"英国的海外国家"里，澳大利亚人的公民身份是英国臣民。"英国臣民"
揭示了澳大利亚政府潜伏着的殖民者心态，决定了澳大利亚公民身份的族
群属性和构成，也影响了这一时期澳大利亚土著人和其他非白人群体、女
性群体的生活。

从 1901 年澳大利亚联邦成立到 1941 年工党总理约翰·柯廷发表新年
献词寻求美国的庇护，这一阶段可以称为澳大利亚国家建设的英国中心
时期。

澳大利亚联邦成立之初，外交、军事仍是由英国替他们负责。澳大利
亚联邦实现君主立宪制，英国女王拥有立宪权力，协商议院法案，各个殖
民地成为联邦的州，各个州的首脑是对女王负责的总督（Governor
General）。"澳大利亚的上诉法院是英国枢密院；总督和大部分主教来自英
国；澳大利亚对外贸易谈判由英国政府的代表代劳；澳大利亚的海防仍由
英国皇家海军来维护；移民事务虽由澳大利亚控制，但有关谈判协定则需
有英国认可……"。② 澳大利亚人愿意由英国人来掌管国家管理大权。这种
半独立或者依赖英国的管理状态是澳大利亚的自愿选择，不是英国强迫
所致。

很多人认为，这种状况是源于澳大利亚的历史。因为澳大利亚联邦国
家是由英国政府推动促成的，是和平统一的结果。澳大利亚联邦国家是英
国责任政府制和美国联邦制的混合物。不仅澳大利亚的政治制度来源于英
国，从文化上来说，作为英国的移民殖民地，澳大利亚在种族上基本是单
一的英吉利民族，具有不可分割的血缘和传统的关系，澳大利亚人认同英
国是澳大利亚的母国非常自然。澳大利亚人（实际为澳大利亚白人）也认
为澳大利亚是英帝国不可分割的一部分，对英国保持高度的文化认同。从
某种程度上说，澳大利亚对英国的这种依赖是心甘情愿，并且认为是理所
当然的。他们以种族亲情为纽带，维系着与英国的种种关系。一般而言，
诸多殖民地及自治领视帝国主义与民族主义为水火不相容。但与之不同的
是，澳大利亚人普遍接受这样一种观念："澳大利亚是一个帝国主义与民

① JOAN GERALYN DEJAEGHERE. Citizenship and Citizenship Education in Australia：
New Meanings in an Era of Globalization ［D］. Unpublished PhD Dissertation.
Minneapolis：University of Minnesota，2003：40.

② 王宇博. 澳大利亚：在移植中再造 ［M］. 成都：四川人民出版社，2004：123.

族主义幸福的联合体"，并长期保持。因此，第一次世界大战时期，澳新军团成为澳大利亚政府效忠女王的机会。由此形成的纪念日更成为此后澳大利亚公民教育的重要内容。

　　但是，从多元文化角度来审视澳大利亚白人的这种"母国情结"，我们就会发现，这种"母国情结"对澳大利亚国内其他族群而言是一种殖民者心态。在同一个国家内，澳大利亚白人对于其他非白人群体、土著人有着一种优越感。也就是说，哪怕他们只是英国的二等公民，但是也比国内的这些非白人移民和土著更高级。

　　1901年的《澳大利亚宪法》并没有用直接的方式谈及少数族群的问题，只是宣称土著人在涉及选举等政治活动时不被计算为澳大利亚人口。[①]这说明，澳大利亚政府建国伊始不仅没有认真面对国家内部的族群关系，没有思考在这个新联邦国家里如何解决或处理对待这些不同族群之间的关系，尤其是非白人群体和土著人的公民身份，而且自视为英国文明的海外代表。这不是一个民族国家应有的意识。那种所谓的"帝国主义与民族主义的幸福联合"只是澳大利亚政府与白人群体的观念。因此，澳大利亚人对英国的依赖和认同是澳大利亚还未独立、民族国家意识没有形成的表现。

　　澳大利亚人对英国的这种心甘情愿、理所当然的依赖意味着这一时期澳大利亚人的公民身份只限于白人群体，这在臭名昭著的"白澳政策"中体现得淋漓尽致。在这种狭隘的国家意识下，澳大利亚人的公民身份是英国臣民或者说自甘于英国的二等公民。他们希望自己为"比英国人还英国"（more British than the British）[②]。

二、美国中心时期趋于独立的国家（1941—1972）：身份的纠结

　　两次世界大战打出了澳大利亚的民族意识和国家意识。第二次世界大

---

①　ALASTAIR DAVIDSON. From Subject to Citizen：Australian Citizenship in the Twentieth Century ［M］. Cambridge：Cambridge University Press，1997：52.

②　ALASTAIR DAVIDSON. From Subject to Citizen：Australian Citizenship in the Twentieth Century ［M］. Cambridge：Cambridge University Press，1997：50.

战让澳大利亚改变了对英国的依赖。战争中的生死存亡让澳大利亚政府认识到对英国的依赖和认同是一厢情愿的单相思，开始正视自己国家内部的现实情况，逐渐走向心理的独立，并且转向与美国结盟。

第二次世界大战爆发以后，如同在一战中的情况一样，澳大利亚作为英国的一部分参加了战争，并且将军队的指挥权交给了英国。但是这时的英国没有力量来保卫澳大利亚的安全。英国由于非洲殖民地、大西洋和本土都受到纳粹德国的进攻而自顾不暇。面对日本的攻势，英国放弃了亚洲的殖民地，英国的远东舰队也全军覆没。

而在二战时期，澳新军团赴希腊本土作战，损失惨重，而日本军队到达澳大利亚以北，空袭达尔文，却没有人来保护澳大利亚自己。面对英国的节节败退、空前的外来威胁和事关国家生死存亡的危险境地，澳大利亚出于安全利益的考虑，第一次做出了外交政策上的重大转折——寻求与美国合作。1941 年 12 月 29 日，新任联邦总理柯廷在新年献词中阐述了澳大利亚新的国策。他直接指出，今后澳大利亚只有指望美国了。当然，他也不忘补充一句话，"这对我们与联合王国的传统血肉关系丝毫也没有损害"①，以免激怒丘吉尔。二战的残酷经历使澳大利亚认识到美国而非江河日下的大英帝国才是自身安全的重要所系，在战后英国力量愈加收缩并且越来越面向欧洲的时候，澳大利亚必须寄希望于美国的保护。②

其实，早在第一次世界大战的时候，澳大利亚与英国之间就产生了矛盾。当时澳大利亚的帝国部队由英国将军指挥，主要承担前线作战任务。但是，战争中不断产生的摩擦暴露出了英国的帝国战略与澳大利亚的国家利益之间的冲突。一个重要的事件就是"澳新军团"。澳新军团是澳大利亚军队与新西兰军队联合组建的一支部队。他们的任务就是击退土耳其的进攻和迫使土耳其退出战争。具体的战役是 1915 年 4 月 25 日的加利波利战役。澳新军团在土耳其半岛地区的作战行动被宣传为表现英雄主义的不朽神话。这一天成为澳大利亚的爱国纪念日。但是这种"国"是在英帝国统治下的半独立国家，终究存在合法性问题。此后的战争与牺牲遭到澳大利亚人的质疑，他们从最初的巨大的热情转变为冷漠的退缩。后来的澳大利亚人质疑：澳大利亚与英国和欧洲相隔高山大洋，前辈们为什么跨越半

---

① 陈驰. 试论澳大利亚国家角色的演变 [D]. 北京：外交学院，2007：12.
② 陈驰. 试论澳大利亚国家角色的演变 [D]. 北京：外交学院，2007：12.

个地球与一个远方的敌国交战。①

两次世界大战让英国丧失了绝大部分海外殖民地，是遭到战争削弱最大的国家。而澳大利亚作为英国在太平洋地区最大的前哨基地，在战争中也遭受重大损失。更让澳大利亚人生气的是，这种损失却并未换来应有的利益。

对英国的这种质疑打破或者动摇了澳大利亚人对英国的心理依赖和文化认同。他们开始关心自己的国家安全。1942 年 2 月，日军攻占新加坡并袭击澳大利亚北岸，澳大利亚政府不再把维护母国的尊严当作自己的天职，而把维护本国安全放在首要地位。澳大利亚开始寻求经济基础雄厚、军事实力强大的美国的军事支持，以建设长期依赖英国导致的脆弱国防。"为了加强澳美合作，澳大利亚政府主动要求美国将西南太平洋战区司令部设在澳大利亚，这一建议被罗斯福总统采纳。美军进驻澳大利亚后，柯廷总理与麦克阿瑟将军之间建立了良好的合作关系，澳大利亚政府把本国的武装力量交给美军指挥，为美军提供口粮、生活用品，修建铁路、医院、仓库、机场、港口等，并同美国签订了关于成立'盟国供应委员会'的协定，该委员会的任务是协调对西南太平洋地区联合国家军队的供应工作，并在该地区实施适应战争需要的经济政策。与会的只有美澳两国代表，英国被排除在外。"② 澳大利亚的国家建设从此步入美国中心时期，直至今日。

这一独立趋势让澳大利亚开始反思自己在国家建设中的殖民者思维。随着澳大利亚国内其他非白人群体被纳入国家建设之中，澳大利亚公民身份也逐渐拓展到非白人群体，澳大利亚民族国家建构开始步入了同化时期与多元文化时期。

三、民族国家的建构与白澳政策

谈及澳大利亚的建国历程，"白澳政策"是一个绕不开的话题，尤其是在谈及澳大利亚公民身份问题的时候。

---

① 斯图亚特·麦金太尔. 澳大利亚史 ［M］. 上海：东方出版中心，2009：153.
② 郑寅达，费佩君. 澳大利亚史 ［M］. 上海：华东师范大学出版社，1991：235.

　　所谓"白澳政策"，是指澳大利亚联邦成立后发布的一系列限制、禁止非白人群体、土著人与非欧洲移民各种权利的政策。1901 年，澳大利亚联邦议会通过了《移民限制法》，运用语言测试来阻止非白人移民（特别是非盎格鲁-凯尔特人）进入澳大利亚。"1901 年，联邦议会还通过了《太平洋岛屿劳工条例》，规定从 1904 年 3 月起禁止太平洋岛民进入澳大利亚，并在 1906 年底以前把定居在澳大利亚的喀那喀人全年世纪部遣回原籍。此外，联邦和各州立法在其他方面也都歧视有色人种。1902 年，澳大利亚联邦议会通过了《联邦选举权条例》，该法案给了白人妇女以选举权，但是规定亚洲、太平洋诸岛（除了新西兰）血统的人和土著居民无选举权，但具有或取得州选举权者，仍有权在联邦议会选举中投票。"① 1903 年，澳大利亚联邦议会又通过了《归化法案》（the Naturalisation Act），把亚洲人和黑人排除在相关的福利配给之外。1908 年，澳大利亚联邦议会通过的《残废恤金和养老金条例》又规定："亚洲人和澳大利亚、非洲或太平洋岛屿的土著居民不得领取残废恤金和养老金。"② "白澳政策"致力于维护种族纯净性和将澳大利亚发展成为一个文明的和自立的社会。

　　这些政策及其实施，没有基于英国臣民或公民身份，而是建立在族群、种族、性别之上，形成了臭名昭著的"白澳政策"。

　　民族认同是澳大利亚国家建设过程的重要内容。塑造澳大利亚民族认同的因素有两个：一是对外来侵略的恐惧，一是对种族纯洁的担心。澳大利亚白人成立联邦的最强烈动机就是保持理想化民族的存在。阿尔弗雷德·迪金说：如果澳大利亚不是一个统一的种族，那么其国家统一就毫无意义。③ 可见，澳大利亚联邦运动时期所说的民族主义、民族情感是指盎格鲁—凯尔特人。

　　"白澳政策"说明这时的澳大利亚政府是白人政府，具体而言是盎格鲁-凯尔特背景的白人组成的政府。尽管他们出生在澳大利亚，但是他们认为自己拥有双重认同。他们虽然是澳大利亚这一社会环境与地理环境的人，同时他们希望与母国大不列颠保持联系，因此也保持一种英国认同。④

---

　　① 郑寅达，费佩君. 澳大利亚史 [M]. 上海：华东师范大学出版社，1991：170.

　　② 郑寅达，费佩君. 澳大利亚史 [M]. 上海：华东师范大学出版社，1991：170.

　　③ 斯图亚特·麦金太尔. 澳大利亚史 [M]. 上海：东方出版中心，2009：132.

　　④ JOAN GERALYN DEJAEGHERE. Citizenship and Citizenship Education in Australia：New Meanings in an Era of Globalization [D]. Unpublished PhD Dissertation. Minneapolis：University of Minnesota，2003：41.

对于土著人来说，这种政府仍然是殖民地政府。澳大利亚联邦是白人的国家，他们只是奴隶、被压迫者。

作为殖民者，澳大利亚白人认为自己是英国人，作为澳大利亚联邦的统治者和公民，他们是澳大利亚人。其中"澳大利亚人"意味着他们出生在澳大利亚。但是，在澳大利亚，"native"主要指那些盎格鲁-凯尔特人背景的白人，而不用于描绘具有同样意义的土著人。"土著人成为其他的'native'，是低劣层级的不同族群"。描述土著人的立法术语是"aboriginal native"，这是一个具有排斥性的术语，aboriginal 意味着一个最初的居民或者他的后代，"native"则是指出生在特定的空间，如澳大利亚。①

总之，在澳大利亚建国后到第二次世界大战结束的这一段时期里，澳大利亚人的自我界定标准变得越来越具有种族主义的特性。"白澳政策"就是一个重要的衡量标准。"基于血缘和地缘联系形成的民族国家这一理念成为澳大利亚政策制定与言论表达的理念。"②

澳大利亚白人也不把土著人当人。《明安津》（Meanjin）③ 编者克里姆·克里斯特（Clem Christesen）叙述了这一个故事：

他看到一个受伤的土著妇女正在等待飞机救助医治，她孤独无助地躺在行李上。很明显，她是在打斗中被"拉努拉斯"（nulla nullas）④ 刺伤的。后来，他和机站一位管理人员谈及这事。这个管理人员说：好的，我马上固定她。如果他们来这里已经是粉碎性的手指，我就拿着剪刀把吊着的部分剪掉。在我的机站，他们不敢打架。克里斯特感到非常吃惊，也非常困扰。这个管理人员只是一个普通人，而且是一个非常讨人喜欢的家伙。他说："他们在内陆待一段时间后似乎就已经习惯这种对待土著人的方式了。他们或许正在遵循已经发展起来的一些做事方式，或者他们担心自己表现得比邻居们更脆弱，更敏感。我不得而知。但是，我说：过了一

---

① JOAN GERALYN DEJAEGHERE. Citizenship and Citizenship Education in Australia: New Meanings in an Era of Globalization [D]. Unpublished PhD Dissertation. Minneapolis: University of Minnesota, 2003: 41.

② ALASTAIR DAVIDSON. From Subject to Citizen: Australian Citizenship in the Twentieth Century [M]. Cambridge: Cambridge University Press, 1997: 82.

③ *Meanjin* 是澳大利亚最有名的文学作品和文艺评论杂志，创刊于 1940 年。这个杂志的刊名来自土著语言，是布里斯班这个城市所在的这片土地的名字。1945 年该杂志从布里斯班迁到墨尔本，现为墨尔本大学的期刊。*Meanjin* 是艺术与人文引用索引期刊。克里姆·克里斯特为澳大利亚文学批评的"自由传统"的代表人物。

④ 一种原住民的武器。

段时间，他们不再意识到土著人也是人类，不会期待他们拥有人类的情感。"①

因此，澳大利亚要打破英国的母国情结，在文化上获得自立，废止"白澳政策"是实现澳大利亚国家建设中的精神独立的关键一步。

第二节　澳大利亚英国人

一、英国臣民、白人公民与英国文化认同

1901 年的《澳大利亚宪法》没有出现明确的"公民"词汇。为什么澳大利亚联邦对此保持沉默呢？韩芳归纳了三个原因：第一，对"公民身份"的含义理解不明确，不能满意界定身份；第二，考虑到联邦和州的权力；第三，出于忠诚者的情感。② 其实，最重要的原因为澳大利亚联邦国家并非完整意义上的现代民族国家，它仍然是英国的殖民地。国家的性质不明，个人与国家的关系自然飘忽不定，导致澳大利亚政府在联邦形成之初并没有正视澳大利亚公民身份问题，因此公民身份问题成为一个敏感的问题或者不必要的概念。

在这一时期，臣民是澳大利亚宪法的正式用语，即澳大利亚人是正式的英国臣民。而公民的用法是在日常社会中的非正式说法。早期"公民"的非正式含义是指生活在特定空间的人，其他含义指在该空间拥有特殊权利和责任的人。英国学者希特说，英国一直倾向于把公民看作君主的臣民。1914 年的英国《帝国法》第一次对公民身份做了规定，所有领地和殖民地的居民应视为忠诚于君主因而都是英国的臣民。③ 就澳大利亚而言，这一直持续到 1948 年。1948 年，澳大利亚在《国籍与公民法》中使用了

---

① ALASTAIR DAVIDSON. From Subject to Citizen: Australian Citizenship in the Twentieth Century [M]. Cambridge: Cambridge University Press, 1997: 194-195.

② 韩芳. 从臣民到公民：澳大利亚公民教育发展研究 [M]. 北京：光明日报出版社，2011：200-203.

③ 韩芳. 从臣民到公民：澳大利亚公民教育发展研究 [M]. 北京：光明日报出版社，2011：155.

"澳大利亚公民身份"术语。这一概念使澳大利亚人第一次成为正式的"澳大利亚公民"，从澳大利亚英国人转变为澳大利亚人。

即使在美国中心主义时期，澳大利亚也没有改变这种英国文化认同。二战后，虽然在国际战略上，澳大利亚依赖于美国，但是对美国的这种依赖不同于以前对英国的心理依赖。一方面对英国的依赖是一种类似于婴儿对母亲的依赖，尤其是一种文化归属和情感依附上的依赖。这一种依赖现在开始慢慢减弱。这既有战争的影响，也是澳大利亚成长的结果。另一方面，经历了对英国依赖的教训，尤其是军事依赖，澳大利亚也不可能重蹈覆辙，澳大利亚与美国的合作不可能复制对英国的依赖。

因此，澳大利亚的公民身份实则是英国的臣民，其范围局限于白人群体。非白人群体则与奴隶无异，还谈不上二等公民。对非白人群体而言，公民权就是一种特权。第一个联邦选举权法《联邦选举权条例》（1902）规定不得将土著人的姓名列入选民名册。《澳大利亚宪法》第五十一条规定："议会将遵循宪法，拥有制度法律赋予的权力，……关于：（16）任何种族的人，而不是任何州的土著种族，有必要为他制定特殊的法律。"《澳大利亚宪法》第一百二十七条明确排除了土著人的共识和归属感，以及政府中拥有代表的可能性。这两条规定没有用权利来明确界定公民身份，但是它们提供了一种关于谁被视为民族国家成员的隐含理解。[①]《澳大利亚宪法》本身就没有少数族群的人参与起草，甚至没有白人女性参与起草，因而被视为一种族群中心、男性中心的法案，是白人男性为少数族群和白人女性立法。1944年，西澳大利亚州制定的法律明确规定土著人没有公民身份的权利。所以号称人人平等的澳大利亚人，他们的平等只是针对"自己人"——白人群体而言。

在这一时期，澳大利亚公民身份都是建立在英国文化的基础上的，强调英国的利益优先，而不是建立在权利平等的基础之上。获得澳大利亚公民身份的前提是对盎格鲁—凯尔特文化的价值观、政治传统的承诺与效忠。

也许有人会问：既然是臣民，为什么澳大利亚人在许多地方都用"citizenship"呢？这实际是古代公民概念与现代公民概念的差异。有人比较了古希腊的公民观念与近代公民观念，认为："西方近代公民观念源于

---

① JOAN GERALYN DEJAEGHERE. Citizenship and Citizenship Education in Australia: New Meanings in an Era of Globalization [D]. Unpublished PhD Dissertation. Minneapolis: University of Minnesota, 2003: 43.

社会契约理论。根据这种理论，国家是平等独立的个人的集合，公民权是受法律保障的个人权利。然而希腊公民是'属于城邦的人'，他们也就没有与城邦分离的意识和要求。在他们的心目中，'公民资格不是拥有什么，而是分享什么，这很像是处于一个家庭成员的地位'。⑤在西方，权利概念形成于罗马私法，希腊人还没有权利观念，他们所谓公民权，只是指公民资格或公民身份而言，还不是一种个人权利。"①澳大利亚人是英国臣民，具有英国的公民资格。澳大利亚联邦的公民观与雅典式的城邦国家类似，强调公民对某一政治团体的"归属"，保护传统和特定群体，而现代民族国家的公民观源自法国大革命时期的《人权宣言》，强调自由与民主，保护个人的权利和财产。建国时期的澳大利亚公民身份与其说是属地主义的性质，不如说是血统主义的性质。基于血缘的公民身份规定自然具有了排他性了。

二、爱国主义、国家意识与公民教育目标

一般而言，近代西方国家的公民教育主要致力于民族国家认同教育，是民族国家建构的重要手段②。英国学者希特对这一观点做了系统的总结：

---

① 丛日云. 古代希腊的公民观念 [J]. 政治学研究，1997 (9).
② 学界一般认为，公民与民族这两个概念的合并是法国大革命的遗产。（参见：希特. 何谓公民身份 [M]. 郭忠华，译. 长春：吉林出版集团有限责任公司，2007）"公民资格"是与民族国家相对应的一个概念，通过"公民资格"可以确定一个民族国家的成员身份、权利与义务，以及公民与国家、公民与公民之间的关系，反映共同体成员的共享认同，并维系共同体的存续发展。……它总是紧密关联着民主、民族主义和民族国家等政治概念。历史地看，当 18 世纪末欧洲公共教育体系开始出现的时候，其主要目的是欲把所有公民都纳入同质的民族中来，多强调国家的目的。但值得注意的是，这一响应民族国家的同质化过程并不排除自由、平等、个人权利与价值的传播。在这个意义上，公共教育的出现一方面标志着民族国家的出现，另一方面民族国家又"必须保证平等的、包容的、同一的、面向所有人的教育"，从而使"所有的公民，包括弱势群体与少数民族，都意识到自己的权利与自由"。所以，在发生学意义上，政治国家（民族国家）的公民教育就体现出了自由与民族价值的双重内涵和目标。人们希望通过教育的国家化来培养具有作为公民所必备的知识、技能和忠诚美德的国民：热爱祖国的真挚情感、民族意识和公共道德，对内能够维护人民自由权利和国家统一，对外则保障国家主权和独立。公民教育的发展被看作塑造公民资格，巩固公民权利、自由和责任的必要条件的同时，更是被视为强化民族国家意识的重要途径。暨爱民. "公民教育"与"民族国家"诉求：以近代中国知识分子的公民教育观为分析对象 [J]. 教学与研究，2011 (1).

"在整个 19 世纪，西方国家逐渐对学校感兴趣，并且控制了学校教育，其重要任务就是培养人们的国家和民族认同。他们也试图把教育体制发展成为培养公民的重要手段。"① 也就是说，西方国家公民教育的目的在于为民族国家培养合格的国家成员。

虽然澳大利亚公民教育发展了一种澳大利亚国家认同，一种政府制度和民主的参与意识，但是，公民教育的这一价值在澳大利亚有着不同的表现。爱国主义曾经是澳大利亚学校的目标，实际上是公民身份的一方面。早期的澳大利亚爱国主义教育倾向于掌握关于大不列颠的简单知识和培养对大不列颠的忠诚，也就是对英国的忠诚，而不是对澳大利亚的忠诚。这是与欧洲国家的民族国家认同教育背道而驰或者相互矛盾的。这种对英国的忠诚是由澳大利亚人的公民身份（即英国臣民）决定的。"白澳政策"避免了民族认同与国家认同的错位和潜在的冲突。

因此，在澳大利亚联邦的公立学校教育中，英国认同与澳大利亚认同的关系使澳大利亚公民教育面临着内外冲突或者两难困境。如果澳大利亚联邦强调对英国的认同，这必然会对国内各族群的自由、平等、包容、共处产生冲击。而强调一种自由、民主、平等的国内利益分配，会冲淡澳大利亚政府赖以为荣的英国人和英国臣民的荣耀。

但是，伴随着澳大利亚日益独立，尤其是二战对英国的失望，澳大利亚人的情感归属和文化认同逐渐"去英化"。"到1914年，爱国主义中的帝国层面已经逐渐变得不具有中心地位，澳大利亚的爱国主义正在受到更多的重视。"②对更多的人尤其是年轻人来说，澳新军团日代表着"澳大利亚传奇"。他说它代表了"忠于职守和为坚定的信仰而献身的精神"。澳新军团日已超越它的军事意义，成为整个民族的代表，无论在国民感情还是所具有的价值上，都比澳大利亚国庆日更有意义。澳新军团日比起澳大利亚国庆日来说，更能激起人们深层次的情感共鸣，它代表了澳大利亚最深层次的价值观，那就是同伴之谊、幽默、坚韧和勇敢。③

① 希特. 公民身份：世界史、政治学与教育学中的公民理想 [M]. 郭台辉，余慧元，译. 长春：吉林出版集团有限责任公司，2010：121-124.

② ALAN BARCAN. A History of Australia Education [M]. Oxford：Oxford University. Press，1980：234.

③ PHILLIP COOREY. 澳新军团日展现了澳大利亚民族价值观 [DB/OL]. 刘少广，编译. Sdney Morning Herald，2011-04-26，http：//www. smh. com. au/national/day — embodies—the—nations—values—says—gillard—20120425—1xlis.

澳大利亚教育更加澳大利亚化，这是澳大利亚国家建设与发展的需要与结果。"人文主义者—现实主义者的课程普遍流行，尤其在小学。人文类课程包括英语文学、历史、现代或古代语言，现实类课程包括科学、数学、地理和技术科目。这一折中是中产阶级价值与农村和都市工人阶级价值的并存。这一教育的目标包括传递文化传统、培养公民责任感和良好品格，培养适合澳大利亚的西方价值观和伦理规范。"①

形成完整独立的国家意识，尤其实施内部多元文化政策，澳大利亚公民教育更能兼顾自由、平等、民主的教育与民族认同教育的双重价值，让公民教育与民族认同教育合二为一。

三、女性的公民意识

澳大利亚联邦最初只把公民身份赋予白人男性。白人女性一开始没有在议会或其他权力部门出现，因而没有公民身份。即使她们在 1902 年的《选举法案》中拥有了选举权，但是她们并没有拥有完全的公民地位。直到 1967 年，已婚妇女才在法律上不再被排斥在公共领域之外。②

因此，早期澳大利亚政治是一种男权政治。从性别的社会差异来看，男性生来就是要保家卫国，阳刚之气通常与军事连在一起。一战以前，澳大利亚 12—18 岁的男子按照国家军事准备要求，都要进行军事训练。那时，就连刚兴起不久的男童子军运动的训练内容都包含军事内容，实际上已经是半军事化了。一战爆发以后，尽管澳大利亚青年人对这场战争一无所知，他们还是踊跃报名参军，这种状况直到 1939 年第二次世界大战爆发也没有多大改变。

学校教育也一直坚持"男女有别"的教育原则。学校公民权利与义务教育的一些内容强调以性别为主。学校教育传统上存在分裂，特别是运动和体育。对于澳大利亚男子来说，体育文化就是为成年生活中的竞争与合

---

① ALAN BARCAN. A History of Australia Education [M]. Oxford：Oxford University Press，1980：240.
② JOAN GERALYN DEJAEGHERE. Citizenship and Citizenship Education in Australia：New Meanings in an Era of Globalization [D]. Unpublished PhD Dissertation. Minneapolis：University of Minnesota，2003：42.

作做准备的，而对于女性来说，体育是为了让女性更加适合扮演母亲的角色。除了学校之外，志愿机构同样履行着公民权利与义务教育的责任，比如男童子军和女童子军，都在向年轻人反复灌输纪律、秩序，强化性别差异，为年轻人成长为未来公民做好准备。[①]

因此，什么人构成澳大利亚民族，这涉及澳大利亚人的公民身份问题。这一时期具有公民身份的澳大利亚人是澳大利亚白人男性，而不是澳大利亚的白人女性、土著、非欧移民。

第三节　学习英美的公民教育实践

伴随澳大利亚国家建设的英国中心转向美国中心，澳大利亚公民教育实践也依次学习和借鉴英国和美国的公民教育。

一、英国课程的引进：公民学教育

澳大利亚联邦成立后直到 20 世纪 50 年代，公民学课程一直是澳大利亚公民教育的主要内容，在澳大利亚学校课程设置中占有举足轻重的位置。所以这一时期公民教育的英文词汇为 "civics education"。

1902 年到 1916 年，澳大利亚进行了第二次教育改革。这次教育改革的目的是实现教育机会均等，提高办学层次，培养学生的公民民主意识，提升澳大利亚教育的数量和质量。新教育的理论家们认为公民教育是一门学科，目的在于培养独立思考和积极参与的公民。这一改革与新兴专业人士组成的中产阶级的成长密切相关。正在扩张的民主给予了中下阶层家庭儿童们更多机会通过教育制度来获得社会地位。[②] 在这种改革中，社会关注渗透到改革运动中，支持了所有学校培育学生的道德价值和公民素质。这种关注和支持既是对民主发展的回应，也是社会地位逐渐上升的中产阶

---

① 安钰峰，董子宁. 澳大利亚公民权利与义务教育概况：上 [J]. 基础教育参考，2007 (8).
② ALAN BARCAN. A History of Australia Education [M]. Oxford：Oxford University Press，1980：203.

级的意识形态的产物。澳大利亚经济的发展增强了商业、工业和专业中产阶级的重要性。新的意识形态以盎格鲁—澳大利亚爱国主义的精神为标记，在新兴学校的教育理论和管理制度中得到了表达，尤其是在历史、公民学、文学、道德和宗教等课程的教学之中。①

1904 年，新南威尔士州小学出版发行了第一份教学大纲②，其中就包含"公民学与道德"课程。公民教育课程名称为"公民学与道德"，是由于当时认为公民学与公民权利和责任紧密相关，好公民是有道德的公民。这一课程是一些讨论话题和学习科目的混合物，包括历史、圣经、道德责任、公民身份。英格兰和大英帝国历史是课程的重要内容。课程内容体现的价值和美德包括尊重财产、勤劳、宽容、言行一致、准时、礼貌、善待动物和爱国主义等。该课程也常常利用著名政治家的传记为学生提供模仿的榜样并强调重要的价值观。

澳大利亚也出现了很多公民学教育方面的教材。一战 后至今，高级中学一般把爱丽丝·霍伊的《澳大利亚学校公民》，瓦特·默多克的《追求自由》，以及后来的《澳大利亚公民》，马歇尔和霍伊的《澳大利亚公民教科书》，桑和瑞格斯的《公民手册》等作为公民教育的参考书籍。③ 当时，瓦特·默多克编写的《追求自由》是一本非常流行的课本。到 1911 年为止，《追求自由》已经再版 6 次。尽管该课本强调英格兰和大英帝国，但还是展示了对民族主义的复杂微妙的态度。良好的公民形象不仅被人格化为像战场上勇敢的战士，还被描绘成因反对一场自认为没有必要的战争而冒着巨大风险的作家。

这一时期的澳大利亚公民教育主要依靠文学、历史的教学以及学校氛

---

① ALAN BARCAN. A History of Australia Education ［M］. Oxford：Oxford University Press，1980：221.

② 大纲也对公民教育课程的教学做出了详细规定：公民学与道德课的教学应使儿童接触其社会环境；个人对家庭、社会和国家的道德义务和权利关系通过《圣经》、历史课以及有关道德责任和公民制度给予介绍；需要更详细地阐述公民制度的课程以及个体公民与这些制度的关系；公共制度和公民义务的学习应该成为真正的爱国主义教育的基础；教学的内容和方法应该适应儿童的智力发展阶段；课程以制度和政府的功能开始，从学生的直接环境中提取具体的事例，随着教育细节的增多追溯公共制度的发展，并将过去与现在相联系，提供"详细说明历史的基础知识"；当学生达到认识公民权利的年龄时，他们应该认识到这些权利所涉及的责任。韩芳. 从臣民到公民：澳大利亚公民教育发展研究［M］. 北京：光明日报出版社，2011：35-36.

③ 安钰峰，董子宁. 澳大利亚公民权利与义务教育概况（上） ［J］. 基础教育参考，2007（8）.

围的影响。公民学教科书运用了历史课、文学课来强调实践的公民能力和伦理能力。这些课都是道德训练和身体训练的综合，通过学生自编自导戏剧和实践活动等教学技术，以塑造学生完善的人格。[①]

"公民学教育"主要指关于公民学知识的学习，传递关于公民身份的知识，如关于政治学中的民主、利益与参与等知识，为形成关于公民身份的态度和行为奠定基础。公民学是澳大利亚公立学校公民教育的核心课程，它常常和历史教学紧密联系在一起，内容包括背诵法律、认识政治机构、伦理规范训练、日常生活行为。[②] 公民学课程的主题包括未来公民的"权利"和"义务"，澳大利亚联邦在英帝国联邦中的角色、政府的作用等。这些公民教育的内容涉及从政治生活中的选举制度到老百姓日常生活中的衣食住行方方面面，如行政部门和内阁、秩序和司法、选举制度、工作、住房等。

许多人认为，公民学教育对培养民族国家相关的认同感有作用，因而对澳大利亚国家建构有着重要作用。"在澳大利亚建国后的 60 多年时间里，公民教育在澳大利亚基础教育中发挥着不可或缺的作用。特别是在最初的 20 多年当中，公民教育起着一种非常重要的凝聚作用，可以使学生深深地理解澳大利亚人的内涵。"[③] 有人认为，公民学教育试图传达这样一种理念：民主政府依靠其公民的积极参与，以及好公民行使自己的权利和承担自己的责任。[④]

但是更多的人对公民学教育持批评态度。他们认为，公民学教育通过强调澳大利亚和大英帝国的主题让学生无条件地接受现状，是以一种极端的爱国主义形式来让学生政治社会化。同时，公民学教育的实践主要通过考试来检查学习效果，以一种没有想象力的方式来教授，内容比较乏味，

---

① TERRI SEDDON，LAWRENCE ANGUS. Beyond Nostalgia：Reshaping Australian Education [M]. ACER press，2000：18.

② 西蒙·马金森. 现代澳大利亚教育史：1960 年以来的政府、经济与公民 [M]. 沈雅雯，周心红，蒋欣，译. 杭州：浙江大学出版社，2007：203.

③ PRINT，M，GRAY，M. Civics and Citizenship Education：An Australian Perspective [EB/OL]. http：//www. abc. net. au/civics/democracy/ccanded. html，2006-06-12.

④ JAIME S DICKSON. How and Why has Civics Education Developed to its Current Situation [EB/OL]. http：//www. abc. net. au/civics/teach/articles/jdickson/currentsit. html，1998.

如对政府机构的知识就解释得非常狭隘和死板，不能吸引学生的兴趣。①

　　值得注意的是，虽然公民学教育强调知识的学习，但是由于它强调国家认同，强调爱国主义教育，而对民族国家来说爱国主义本身就是一种民族情感，这意味着这种公民教育也强调情感方面的教育，通过历史、文学等方面的知识让学生获得一种民族情感。不过，这只限于盎格鲁—凯尔特人内部情感归属。

二、进步主义教育的影响与社会学习课程的引进

　　澳大利亚学习美国教育不是受澳大利亚追随美国的影响，而是美国教育理论发展对世界的影响日渐增加的结果。1937 年至 1947 年，澳大利亚开始了第三次教育改革。这次改革的主要目标是发展中等教育，为了实现这一目标，澳大利亚提高了最低离校年龄、取消了小学升中学的入学考试，并且免除了学费。"这些措施迎合了较低学术能力的学生的需要，也导致了学校课程的变化。这场教育改革进一步推动了教育的民主化，其理论基础是美国杜威等人的进步主义教育理论和实用主义教育理论。"② 这说明，澳大利亚教育民主化改革的指导思想就是美国进步主义教育理论。该理论强调学生的活动，整合学科课程与儿童中心的学校，强调公民责任和职业训练。

　　这一时期的澳大利亚也发生了从传统教育到现代教育的变革。澳大利亚的第三次教育改革在公民教育领域的重要举措就是引进了美国社会学习（social study，又译为"社会研究"）课程。社会学习不是学科课程，通常为历史、地理的学术领域与公民权利与义务教育的整合。"在社会研究这门课中，公民权利与义务教育集中讲授政府结构的形成与运作，公民的

---

① 安钰峰，董子宁. 澳大利亚公民权利与义务教育概况（上）　[J]. 基础教育参考，2007（8）.

② 王斌华. 澳大利亚教育 [M]. 上海：华东师范大学出版社，1996：58-59. 这种理论特别强调学生活动、综合学科和儿童中心学校，它驳斥传统教育的"三中心"，以生物化、生活化的活动教学代替传统的课堂讲授，以儿童的亲身经验代替书本知识，以学生的主动活动代替教师主导。实际上，是以现代教育的"三中心"代替传统的"三中心"。澳大利亚在引进这套教育理论的基础上，开展了一场"进步主义教育运动"，实施了这套教育理论提出的一些教育要求。

权利与义务，参与的价值等内容。此外，社会研究还包括了解宪法、公共服务与内阁的作用、秩序与正义、选举体制、澳大利亚政府三级体制结构——联邦、州、地方议会。"① 社会学习课程追求的是给所有的学生，特别是那些能力较差的学生，提供一种有趣的、当代的、相关的社会—公民教育。例如，社会学习被期待为让学生为解决在一个变化迅速的民主社会里如何生活的实际问题做准备。

社会学习课程主要是在小学和技术学校里实施。维多利亚州最先引进社会学习课程。1938 年，社会学习被引入维多利亚州的普利斯顿（Preston）技术学校。1945 年，维多利亚将这门课列为毕业考试科目。同年，维多利亚学校委员会还编了一本小册子，叫《学校开设社会学习课程》。该册子数次重印，有一定的影响。1944 年，新南威尔士州的中学也开设了社会研究课程，但是，历史和地理只是作为选修课程。1947 年，南澳大利亚州的技术学校开设了社会研究课程，但是中学拒绝引进这门课程。同年，这门课程进入了塔斯马尼亚州的现代中学，不久在塔斯马尼亚州的所有中学里，它取代了历史和地理课程。除了西澳和昆士兰，其他各洲都引入了社会学习课程。②

社会学习课程是如何被引入澳大利亚的呢？这是澳大利亚与美国教育界交流的结果。这一时期，许多美国教育学教授都到澳大利亚来宣传进步主义教育教学理论，促成了社会学习引入澳大利亚。其中一个重要的中介组织新教育联谊会（new education fellowship，简称 NEF）发挥了重要作用。1937 年，新教育联谊会在澳大利亚各地召开主题为"为完整的生活而教育"的系列会议。这些会议由澳大利亚教育研究协会筹划和主办。而澳大利亚教育研究协会是由美国卡耐基公司慈善基金会赞助的。因此，许多美国教育学者到了澳大利亚。在这些会议上，来自美国的教育学者质疑了澳大利亚传统学术课程在有效处理儿童个性方面的能力，提出了进步主义教育假设和社会相关问题。如进步主义教育者、哥伦比亚大学师范学院的教育学教授哈罗德·拉格（Harold Rugg），他支持把历史、地理和公民学

① 安钰峰，董子宁. 澳大利亚公民权利与义务教育概况（上）　[J]. 基础教育参考，2007 (8).

② ALAN BARCAN. A History of Australia Education [M]. Oxford：Oxford University Press，1980：281-282.

学科融合进社会学习和进步主义教学途径的运用，强调学生中心的学习。①
L. 齐利亚克斯博士阐述了社会学习课程的原则："在比较激进的新学校里，
各自独立的传统科目已经废除，它们融合进一门单独的'社会研究'课程
中。在这门课程中，从政治文化史、经济学和地理学等不同的角度探讨人
类生活某个阶段的某个问题。"②

为什么澳大利亚要引进社会学习课程呢？直接原因是传统的公民学教
育教学死板、内容乏味。为了改变这种现状，给公民教育这一领域的学习
带来全新的感觉，澳大利亚的教育家们开始着手引进社会学习这门课程。③
间接原因则是这一时期澳大利亚人将效率奉为金科玉律，除了工业效率和
行政效率之外，社会效率也成为追求的目标。他们从美国进步运动中汲取
经验，进步主义运动得到广泛运用，如市镇规划、国家公园、社区卫生、
科学育儿、幼儿园、儿童福利和教育。就教育而言，"新式教育取代了旧
式死记硬背的教育，强调了个人创造性和为成年的使命做好准备：培养动
手技能、考察自然、保持身体健康和学会文明礼仪，从而促进形成具有社
会责任的伦理观"④。

社会学习课程引入澳大利亚后的效果怎样呢？到 20 世纪五六十年代，
对社会学习课程的批评越来越多了。有人批评社会学习的课程结构不充
分。有人批评社会学习非常功利，缺乏学术性。有人批评社会学习不是学
科中心课程，而与学生的兴趣和经验密切联系。有人认为社会学习只是时
尚。还有人指出，州立小学的社会学习课堂的教学主要是教师中心的，强
调记诵，使用教材。技术限定在基本的绘制地图，以及关于知识的陈述
上，很少关注互动和整合的尝试。⑤ 这表明，社会学习课程已经在重蹈公
民学教育的覆辙了。怪不得澳大利亚教育史学者阿兰·查赞说，不能夸大

① LINDSAY J PARRY. Origins and evolution of elementary social studies in Australia，
1930-1970 [J]. The Social Studies，1998，89（2）.

② 王斌华. 澳大利亚教育 [M]. 上海：华东师范大学出版社，1996：26.

③ 安钰峰，董子宁. 澳大利亚公民权利与义务教育概况（上） [J]. 基础教育参考，
2007（8）.

④ 斯图亚特·麦金太尔. 澳大利亚史 [M]. 上海：东方出版中心，2009：143.

⑤ JULIE MCLEOD，KATIE WRIGHT. Education for Citizenship：Transnational
Expertise，Curriculum Reform and Psychological Knowledge in 1930s Australia [J].
History of Education Review，2013，42（2）.

进步主义教育对澳大利亚的影响。①

　　总的来说，这一时期澳大利亚公民教育课程经历了从公民学课程到社会学习课程的变化，基本形成了澳大利亚公民教育实践中的两大课程类型。这一变化与澳大利亚两次教育改革的重心转变是一致的，即教育重点从知识与教材转向学生的生活与学校的文化。

三、两次世界大战之间澳大利亚公民教育的国际化

　　澳大利亚的第三次教育改革引入社会学习课程，不是空穴来风、无缘无故的。一个重要的原因是 20 世纪 30 年代澳大利亚教育界与美国教育界频繁的国际交流。20 世纪 30 年代，许多美国教育学者来到澳大利亚，如伊萨克·康德尔、康南特。这些来访专家的教育领域分布很广，从早期儿童教育到高等教育，都有涉及。

　　实现这一国际教育交流的重要中介就是新教育联谊会。新教育联谊会是欧洲新教育运动的产物。欧洲各国共同背景下的教育实验使他们的新教育运动走向联合。1921 年，来自英国、法国、德国的一百多位教育家在法国加来举行了国际教育研讨会。会议决定成立一个国际教育组织"新教育联谊会"，主办《新教育》杂志。新教育联谊会还与美国进步教育协会建立联系，进行合作与交流。新教育联谊会定期举行国际教育研讨会。② 其中，1937 年，新教育联谊会就在澳大利亚举行了国际教育研讨会。

　　1937 年的新教育联谊会的国际教育研讨会是澳大利亚教育史上最令人激动的国际教育交流事件。该会议的主题是"为完整的生活而教育"，体现了典型的新教育和进步主义教育的特点。这次会议提出了一套指导学校公民教育实践的理念，强调了培养"综合的公民"，把公民资格不仅视为公民学和相关事实的获得，还作为个体完整发展的一部分，以及成为一个

---

①　ALAN BARCAN. A History of Australia Education [M]. Oxford：Oxford University Press，1980：273.

②　单中惠. 欧洲新教育联谊会的沿革 [J]. 外国教育资料，1986（2）. 1966 年，新教育联谊会改为世界教育联谊会。

好公民的一部分。①

　　新教育联谊会成为澳大利亚教育发展的外部力量。正是在这一国际教育组织的影响下，尤其是新教育联谊会与美国进步教育协会的交流与合作，为澳大利亚的公民教育带来了社会学习课程，也影响了澳大利亚公民教育的实践走向。

　　20世纪30年代，关于好学生和好公民的认识也逐渐受到心理学知识的影响，这反映在对年轻人的精神生活与情感适应的逐渐关注之中。20世纪30年代的重要教育争论和改革，部分来源于儿童中心的进步主义和心理学理论。如哈罗德·拉格提出了新心理学，为新的课程类型和学校组织提供了基础。他支持"全人教育"作为学校教育的重点，还主张把学校建构为一种"自我治理的学校共同体"，为学生提供创造性表达与社会合作的大量机会。在创造儿童中心的课程中，拉格督促教育者要对现有的学科课程持怀疑的态度。他提出了一个更加具有综合性的课程观，作为真正完整的学校工作规划与教育的基本手段。② 在心理学的影响下，澳大利亚的公民学教育也开始致力于培养"品格和能力"。20世纪30年代，进步主义、民主主义和国际主义，这些支持关于公民教育争论的理念，与心理科学提供的学生的测量和分层的个体化是相互对立的。然而，心理学知识也开始把重点放在一些青少年认同、情感生活、青少年适应等问题上，以帮助形成关于好学生和问题学生的规范。③

　　促成澳大利亚教育国际交流的力量是一些国际组织，如国际联盟和慈善组织（如卡耐基公司）发挥了主导作用。这也体现了澳大利亚公民学教育的国际因素。其中国际力量一直是澳大利亚公民身份和公民教育变革的重要力量。如战后国际组织对澳大利亚种族歧视的批评，北美多元文化主义政策的实施，都对澳大利亚扩大公民身份的范围，改革公民教育实践有着直接的影响。

---

① JULIE MCLEOD, KATIE WRIGHT. Education for Citizenship: Transnational Expertise, Curriculum Reform and Psychological Knowledge in 1930s Australia [J]. History of Education Review，2013，42（2）.

② JULIE MCLEOD, KATIE WRIGHT. Education for Citizenship: Transnational Expertise, Curriculum Reform and Psychological Knowledge in 1930s Australia [J]. History of Education Review，2013，42（2）.

③ JULIE MCLEOD, KATIE WRIGHT. Education for Citizenship: Transnational Expertise, Curriculum Reform and Psychological Knowledge in 1930s Australia [J]. History of Education Review，2013，42（2）.

第四章　现代公民与国家认同教育（1950s—1960s）

第二次世界大战对澳大利亚国家建构的影响是深远的。自二战以后，澳大利亚的民族国家意识才真正开始觉醒。这一影响与觉醒带来了澳大利亚公民身份的新变化，也促成了澳大利亚公民教育实践的变革。

20世纪五六十年代的澳大利亚公民身份是现代公民。所谓"现代公民"，有三层含义：（1）公民身份范围拓展到土著人和移民，尤其是非英语群体、非白人群体的移民；（2）公民权利的内容拓展到社会权利，澳大利亚生活方式成为澳大利亚公民身份的文化基础；（3）公民身份的本土化，摆脱了英国臣民的认识，追求一种文化心理上的独立自主。

这一时期澳大利亚人的公民身份开始摆脱对英国文化的依赖，逐步改变英国臣民的特性，走向现代公民。虽然澳大利亚建国半个世纪，但是在这时才开始面向国内真正思考澳大利亚的公民身份问题，这说明澳大利亚想塑造出一种"现代公民"的形象。这一形象是根据澳大利亚的生活方式来界定的。这实际是从文化上寻求替代英国文化认同，获得澳大利亚公民身份的独特文化基础。

这一时期澳大利亚对土著人和移民实行同化政策。澳大利亚公民身份的文化基础具有同化思维，以澳大利亚特色文化涵盖来自世界各地的文化以及土著人群。国家认同教育是国家建构的重要内容。公民身份的获得就是对澳大利亚生活方式的认同，这是民族国家认同中的文化认同部分。从这个意义上说，这一时期的公民教育就是对澳大利亚生活方式的认同与适应的过程。

第一节　战后澳大利亚的现代化与国家重构

　　第二次世界大战以后，澳大利亚从文化、经济、政治到外交进行了全方位的改革，走向一个独立自主的成熟国家。就公民教育而言，第二次世界大战"荡涤了澳大利亚民族意识中的殖民主义残余，加速了澳大利亚社会发展的本土化进程，使澳大利亚民族国家走向真正意义上的独立，整个澳大利亚民族趋于成熟"①。这种"趋于成熟"就是摆脱对英国的精神依赖，走向精神与文化上的独立自主。正如1941年澳大利亚总理柯廷发表的新年咨文所言，"太平洋战争的爆发使澳大利亚由作为英国的一部分而为英国作战转变为作为独立的民族国家而为自身的生存战斗"②。二战让澳大利亚人接受了一个150多年来从未想到的现实：英国已不能再被澳大利亚依赖了。澳大利亚的安全和生存只有依靠澳大利亚人自己的努力了。现实生存迫使澳大利亚人走向自立。

一、走向开放与自立的国家

　　第二次世界大战导致了澳大利亚的战后移民浪潮。二战是澳大利亚移民史上的转折点。战后澳大利亚推行大规模移民计划。移民的来源以英国为主，扩展到了欧洲，包括苏联，非英语国家和地区。从1945到1956年，澳大利亚人口从大约730万增加到940万，其中70万是移民。这些移民大都来自非英语国家，包括中欧和东欧。③ 20世纪60年代末，澳大利亚人口达到了1 200万。④ 战后移民计划仍以"白澳"种族主义为指导思想，以保护盎格鲁—澳大利亚民族文化的同质性为出发点。但是澳大利亚的大量移

---

① 王宇博. 澳大利亚：在移植中再造 [M]. 成都：四川人民出版社，2004：145.
② 王宇博. 澳大利亚：在移植中再造 [M]. 成都：四川人民出版社，2004：189.
③ MCLEAN, LORNA. The March to Nation：Citizenship, Education, and the Australian Way of Life in New South Wales, Australia, 1940s－1960s [J]. History of Education Review, 2008, 37 (1).
④ 斯图亚特·麦金太尔. 澳大利亚史 [M]. 上海：东方出版中心，2009：205.

民真正地突破了不列颠、爱尔兰的地域限制，突破了盎格鲁—凯尔特血统的限制，使澳大利亚成为真正的多元文化国家，也为废除"白澳政策"做了铺垫。正如有学者指出，大量的新移民，促使澳大利亚联邦政府下达新的政策指令，其国家 20 世纪 40 年代之后的民族国家多样性也开始改变，其对国家的归属和认同逐渐被新的认识和理解代替。①

澳大利亚战后移民浪潮是由三方面因素促成的。首先，二战让澳大利亚的"白澳"政策得到反思和批判。"第二次世界大战对澳大利亚人的种族主义思想有所触动。尤其是德国纳粹对他们视为劣种的千百万男人、妇女和儿童进行的残酷屠杀，向世人演示了种族主义荒谬逻辑和实际恶果，使人们认识到种族主义不仅在科学上是荒谬的，而且在道义上是臭名昭著的。由此，那些相信有色人种天生低劣的白人开始对种族主义产生了质疑。"② 同时，在第二次世界大战中，一批有色人种劳工和土著人也参加了抗日战争。不同肤色的人在一起并肩作战的经历，使传统上对有色人种的偏见和疑惧受到了一定的冲击，并得到了部分纠正。其次，出于保障国家安全的需要，二战让澳大利亚人对国家安全产生了强烈的忧虑感。澳大利亚人认为，澳大利亚人口太少，无力保护自己。增强实力的唯一方法是大量增加人口。早在 1943 年，澳大利亚联邦总理柯廷就指出，对澳大利亚安全而言，2 000 万人口是必要的。"增加人口，否则灭亡"（Populate or Perish）成为一句当时流行的警语。③ 再次，为了社会经济发展的需要。在二战期间，澳大利亚是盟国战略物资的主要供应地之一，工业由此得到前所未有的扩张。"战后，工业如原料生产进一步繁荣和发展，并持续了近 30 年之久。战后澳大利亚进入了一个社会发展和经济扩张的新时期，各行各业对劳动力的需求越来越多。但是，澳大利亚劳动力严重短缺。"在战争结束之际，许多澳大利亚人都相信，国家发展和繁荣的最大需要是更多的澳大利亚人。如何快速增加人口就成为战争中及战后澳大利亚政府及民众极其关注的问题。如何增加人口呢？有两种途径：一是提高人口出生

---

① J WALTER，M MACLEOD. The Citizens' Bargain ［M］. Sydney：University of New South Wales Press，2002：8. 转引自：MCLEAN，LORNA. The March to Nation：Citizenship，Education，and the Australian Way of Life in New South Wales，Australia，1940s—1960s ［J］. History of Education Review，2008，37 (1).

② 杨洪贵. 澳大利亚的多元文化主义研究 ［M］. 成都：西南交通大学出版社，2007：59.

③ 杨洪贵. 澳大利亚的多元文化主义研究 ［M］. 成都：西南交通大学出版社，2007：56.

率，一是通过大规模移民。① 因此，澳大利亚掀起了战后移民浪潮，在一定程度上推动了澳大利亚走向开放与民主。

澳大利亚战后实行凯恩斯式的现代化。战后澳大利亚经济属于市场调节与政府干预并存的混合经济。"澳大利亚联邦政府采用凯恩斯理论，积极介入国民经济管理，以强调经济增长和工业化为目的，通过财政政策和货币政策宏观调控手段，维持经济持续增长。"② 凯恩斯政策使国家主动承担了学校教育包括公民教育的责任。澳大利亚的国家主义和国家意识由于凯恩斯式的现代化得到了强化。

战争使联邦政府获得了更大对澳大利亚经济和社会生活的控制权，澳大利亚联邦政府对社会问题的解决有着强大信心。而凯恩斯主义的经济政策更强化了联邦政府的权威，为强化国家意识提供了契机和要求。在全国经济一盘棋、外交外向化、政治制度集权趋势明显的基础上，全体国民的民族意识空前增强，国家观念空前发展。③ 澳大利亚国家得到重构，逐渐成长为一个独立自主的成熟国家。

二、公民身份的新文化基础：澳大利亚生活方式

二战之后 20 多年是澳大利亚发展的黄金时期。澳大利亚持续的经济增长给澳大利亚人带来了富足的生活。正如澳大利亚历史学家斯图亚特·麦金太尔所言："在 20 世纪第三个二十五年，澳大利亚取得了 19 世纪下半段以来最大的增长。人口几乎翻了一番，经济增长了 3 倍，就业机会十分充足。人们生活得更加舒适，寿命也更长；能够更容易地养家糊口，可支配收入增加，拥有更多的选择和闲暇时光。"④ 澳大利亚的黄金时代持续到 20 世纪 70 年代初。

在这一黄金时期里，澳大利亚人形成了自己独特的生活方式，澳大利亚文化也逐渐凸显自己的特色。"澳大利亚生活方式"最早出现于 20 世纪 40 年代晚期。澳大利亚学者怀特（Richard White）在《发明澳大利亚》中

---

① 杨洪贵. 澳大利亚的多元文化主义研究 [M]. 成都：西南交通大学出版社，2007：58.
② 王宇博. 澳大利亚：在移植中再造 [M]. 成都：四川人民出版社，2004：206.
③ 姜天明. 澳大利亚联邦史略 [M]. 沈阳：辽宁大学出版社，2000：160-163.
④ 斯图亚特·麦金太尔. 澳大利亚史 [M]. 上海：东方出版中心，2009：182.

提出了一个新概念"澳大利亚生活方式"。20 世纪 50 年代，"澳大利亚生活方式"成为流行语，成为讨论澳大利亚社会的中心概念，被作为澳大利亚民族的标志而得到广泛宣传。

何谓"澳大利亚生活方式"？1951 年，一篇题为"澳大利亚生活方式"的文章描述道："澳大利亚人最为珍视的是一幢属于自己的房屋、一座可以打发时光的花园和一部汽车……一个拥有房屋、汽车和一份很好工作的人，几乎不可能成为极端主义者或者革命者。"① 关于澳大利亚生活方式的另外一种版本则是这样描述的："在一个家庭里，男人是家长，有一个妻子，三个孩子，银行里有一张抵押契据，车库里有一辆荷尔顿版轿车，冰箱里有福司特啤酒，冬天的下午可以抽支考林伍德或圣乔治牌香烟提神。这种生活方式是以'住宅和花园以及一份包括如冰箱、洗衣机、收音电唱两用机、电视机，当然还有小汽车的家庭财产清单为中心的郊区家庭生活图景'。"② 这是澳大利亚人的澳大利亚梦，一如我们当年憧憬的"楼上楼下、电灯电话"的现代化生活。

但是，这些关于澳大利亚生活方式的描述都是以具体的物质来加以界定的。澳大利亚生活方式展示了一个现代的、进步的澳大利亚社会形象。在澳大利亚生活方式的背后有其价值和精神的支撑，甚至是价值和精神的冲突。"在这一图景下，澳大利亚社会当然强调其占优势地位的语言，人们共同遵守的习俗、性格和传统，普遍推崇的平等主义，及其社会的中心制度和文化价值观念。"③

一般而言，舒适的生活容易奢侈、堕落和丧失斗志。因此，伴随着澳大利亚人生活水平的提高产生了道德上的焦虑。这种焦虑体现为一种道德保守主义。斯图亚特·麦金太尔描绘了这种道德焦虑：

"左派作家、艺术家和历史学家将视线从城郊大自然中的令人走向颓废的舒适生活环境，投向对更传统的澳大利亚的追忆，那时的状况是较为贫困但更为慷慨、容易轻信但更注重自由、舒适程度较低但独立程度更高。在诸如《澳大利亚传统》（1958）、《澳大利亚神话》（1958）、《90 年代的神话》（1954）等著作中，激进的民族主义者重构过去（快速回放民族

① 斯图亚特·麦金太尔. 澳大利亚史 [M]. 上海：东方出版中心，2009：205.
② 斯图亚特·麦金太尔. 澳大利亚史 [M]. 上海：东方出版中心，2009：207.
③ 杨洪贵. 战后澳大利亚政府对非英语移民的同化政策 [J]. 南通师范学院学报：哲学社会科学版，2002（2）.

历史中的尚武精神和排外主义），以支撑他们眼前的斗争。他们试图复兴这些传统，但其挽歌式的语调昭然若揭。而现代化的变革力量清楚了那些民族神话复兴的条件。"①

就连当时的澳大利亚总理孟席斯也发出警告："如果物资繁荣招致我们变得贪婪或懒惰，那么我们就会失去我们的繁荣。"② 传统与现代的价值冲突在澳大利亚走向现代化的过程中已经端倪初现。

从多元文化与公民身份的关系来审视"澳大利亚生活方式"，也许这是一种"脆弱的神话"（a weak myth）。"脆弱"是指这种生活方式是白人的生活方式，是让非英语移民向往的生活方式，是白人想让土著人接受的生活方式。当保守主义者在怀念传统生活的时候，他们也是在宣称一种同化政策。卡尔威尔创造了"新澳大利亚人"的概念，鼓励移民同化，以遵从"澳大利亚生活方式"。生活方式融进了"公民身份"这些概念之中。移民要认同这种生活方式。同化适用新澳大利亚人和土著人，所有人都享有这种生活方式。这就是共同的文化。同化政策要求非英语移民斩断他们的母文化之根。1957 年，约翰·奥格霍迪的小说《他们是一群怪诞的暴民》告诉非英语移民，"在这个国家（澳大利亚）里有太多的新澳大利亚人还在精神上生活在他们的故土上，他们和本国人交往，并且试图保留他们的语言和风俗。斩断它！世界上没有比澳大利亚生活方式更好的生活方式"。③ 澳大利亚人不允许移民破坏澳大利亚的"传统习俗和价值观"。同化政策就是让来源多样化的移民全面接纳这种"传统习俗和价值观"。

当然，澳大利亚生活方式也有其进步之处，即"由在血统上和民族神话传统的设限变为对生活方式的培育"④。具体而言就是"同化政策"比"白澳政策"有所进步。这样公民身份的认同从基于过去的历史转向基于对未来生活的向往。所以，文化理论家约翰·墨菲（John Murphy）将其解释为："澳大利亚人开始重新思考他们的国家身份与新的社区的构建……在旧的'国家特质'与当代新的身份形成之间，新的生活方式展现

---

① 斯图亚特·麦金太尔. 澳大利亚史 [M]. 上海：东方出版中心，2009：204-205.
② 斯图亚特·麦金太尔. 澳大利亚史 [M]. 上海：东方出版中心，2009：199.
③ 斯图亚特·麦金太尔. 澳大利亚史 [M]. 上海：东方出版中心，2009：202.
④ 斯图亚特·麦金太尔. 澳大利亚史 [M]. 上海：东方出版中心，2009：205.

出新的国家特质，是对早期的关于移民和原住民的同化的反驳与挑战。"①
因此，澳大利亚生活方式这一概念的提出也是对澳大利亚国家的重新
建构。

三、同化政策

20 世纪五六十年代，澳大利亚开始推行同化政策。澳大利亚的同化政策包括两个方面：一是对土著人的同化，一是对外来移民的同化。前者的时间要早于后者。同化政策是语言与文化层面的"白澳政策"。

1. 土著人的同化政策

长期以来，英国殖民者与澳大利亚政府把澳大利亚土著人视为即将自行灭绝的种族。但是土著人数量自 20 世纪 30 年代以来不断增长这一事实迫使澳大利亚政府寻找新的对策。1931 年，土著种族保护协会的成立成为澳大利亚种族隔离政策向同化政策转变的标志。②

早在 1910 年澳大利亚就通过一项政策，以改善土著儿童生活为由，规定当局可随意从土著家庭中强行带走混血的土著儿童送到偏远内陆地区。他们多数由教会和孤儿院抚养。一些肤色较浅的孩子则被送到白人家庭中收养，授受白人文化教育。这种对土著混血儿童强制实施欧化教育的措施一直持续到 20 世纪 70 年代，有近 10 万土著儿童被政府从家人身边强行带走，产生了"被偷走的一代"。"被带走的土著男孩在澳大利亚内地的农场做苦工，女孩们则穿上白色衣裙在白人家当女仆——许多人被鞭打和强奸。他们通常过着艰苦的生活，被禁止说自己的母语。很多人成年之后，生活也始终伴随着童年悲惨的阴影。绝大部分不知道他们出生于哪个家庭，不知道来自哪个部落，无法确定自己的身份。"③ 这种对土著幼儿开始的强制同化政策实际上就是实行文化灭绝政策。

1937 年，第一次澳大利亚联邦—州土著人福利会议召开。各州（除塔

---

①　MCLEAN, LORNA. The March to Nation: Citizenship, Education, and the Australian Way of Life in New South Wales, Australia, 1940s－1960s [J]. History of Education Review, 2008, 37 (1).

②　杨洪贵. 论澳大利亚土著人的同化政策 [J]. 世界民族, 2003 (6).

③　杨洪贵. 论澳大利亚土著人的同化政策 [J]. 世界民族, 2003 (6).

斯马尼亚外）和北部地区的代表到会。这次会议是澳大利亚第一次在国家层面上来讨论土著人问题。会议代表认为，土著人（而不是纯血统土著人）的命运在于最终为联邦人民所吸纳，因此建议政府所有的努力都应该指向这一最终的目标。与会代表认为，纯血统的土著人终将消失，棘手的是混血土著后代的问题，为此他们提出一套双管齐下的同化政策：对混血土著人加强同化教育，对纯血统土著人加强隔离控制。①

1939 年，澳大利亚联邦政府内政部长约翰·麦克埃文正式宣布实行同化政策，在北部地方任命了土著人事务专员。同时各州政府修改了相关的法律，如新南威尔士州政府对其土著人政策进行反思并开始逐步实施同化政策。② 不过由于第二次世界大战的爆发，澳大利亚同化政策的正式实施推迟到战后。

二战后的澳大利亚土著人同化政策的对象扩大到所有的土著人，而同化的手段除实施欧化教育外，还采取诸如给予土著人一些基本的社会待遇和权利等措施，以期实现同化政策的目标。

1951 年，澳大利亚各州和联邦政府代表举行了一次协调会。与会代表接受了同化原则，正式推行同化政策。同化政策已经成为处理土著人问题的基本手段。澳大利亚联邦及各州政府采取了以下措施：（1）对混血土著儿童实行强制同化；（2）政府成立土著人事务机构；（3）给予土著人应有的政治权利；（4）给予土著人享受社会福利的权利。③

土著人同化政策就是土著人"文明化"，并给以他们公民地位。1958年，澳大利亚成立了联邦土著人促进理事会（Federal Council for Aboriginal Advancement，FCAA），提出了若干计划："（1）土著人与所有其他澳大利亚公民具有平等的权利；（2）与其他澳大利亚人具有一样的足够生活标准，包括健康、住房、衣食；（3）与其他澳大利亚人具有一样的同等工作与工厂保护的平等收入；（4）为部落解体的土著人提供免费义务教育；（5）保留土著人对本土的、共同的、个人的所有物的剩余储量。"④最后一条需要特别引人注目，它挑战了白人的概念和价值观，以及澳大利

---

① 杨洪贵. 论澳大利亚土著人的同化政策 [J]. 世界民族，2003（6）.
② 杨洪贵. 论澳大利亚土著人的同化政策 [J]. 世界民族，2003（6）.
③ 杨洪贵. 论澳大利亚土著人的同化政策 [J]. 世界民族，2003（6）.
④ ALASTAIR DAVIDSON. From Subject to Citizen: Australian Citizenship in the Twentieth Century [M]. Cambridge: Cambridge University Press，1997：195.

亚法律规则的基础——"无主之地"，引发了此后的土著人追索土地的运
动。1967 年 5 月，澳大利亚政府修改了联邦宪法，废除有关土著人数量不
计入国家总人口的规定，赋予全体土著人公民权。对土著人的同化就是让
"所有土著人和混血土著人将获得与其他澳大利亚人同样的生活方式，成
为单一的澳大利亚社会的成员，和其他澳大利亚人一样，享受同等的权利
和特权，承担同等的义务，遵循同样的信仰、希望和忠诚情感的陶冶"。①

澳大利亚生活方式既是公民身份的文化基础，也是澳大利亚同化政策
的文化标准。澳大利亚政府设计了一个标准的土著人形象："穿短裤，喝
啤酒，玩滚球或高尔夫球，看电视，并且在他市郊的花园里栽培玫瑰。"②
对土著人的同化政策，主要是要求土著人放弃自己的种族文化身份，放弃
自己传统的生活方式，接受澳大利亚白人的宗教信仰、价值观念和思想文
化，采取白人的生活方式，融入澳大利亚主流社会之中。

2. 对移民的同化政策

二战后，澳大利亚政府推行大规模移民计划，也赋予所有移民以澳大
利亚公民身份。但是，澳大利亚政府试图用英国文化同化这些移民。尽管
战争损害了英国和澳大利亚政府之间的官方联系，但是它没有动摇这种信
念：澳大利亚传统仍然主要是英国的。对政府官员来说，必须把"异己
者"纳入社会，以免澳大利亚人作为英国国家的概念发生变化。

澳大利亚的同化政策，就是要求非英语移民成为一个完全的澳大利亚
人，而一个澳大利亚人的标准是是否采取一种澳大利亚生活方式。③这与美
国的同化倾向于要求移民采纳、接受美国的价值观念有所不同。卡尔威尔
创造了"新澳大利亚人"的概念，鼓励移民同化，以遵从"澳大利亚生活
方式"。生活方式融进了公民资格这些概念之中。④

为达到同化目标，澳大利亚政府在"各地设立了 6 个移民中心和 29 个
实现同化目标的机构"。⑤ 它还成立了社团组织，如友好邻居协会。澳大利

---

① 杨洪贵. 论澳大利亚土著人的同化政策 [J]. 世界民族，2003 (6).
② 骆介子. 澳大利亚建国史 [M]. 北京：商务印书馆，1991：38.
③ 里查德·怀特. 创造澳大利亚 [M]. 杨岸青，译. 昆明：云南人民出版社，2000 (10).
④ MCLEAN, LORNA. The March to Nation: Citizenship, Education, and the Australian Way of Life in New South Wales, Australia, 1940s－1960s [J]. History of Education Review，2008，37 (1).
⑤ 唐纳德·肖恩. 澳大利亚：幸运之邦的国民 [M]. 徐维源，译. 上海：上海译文出版社，2000：74-75.

亚政府强调两条同化的渠道。第一是教育。澳大利亚政府提供了许多英语课程和澳大利亚风俗习惯知识的课程给移民，以使移民掌握英语，理解与学会澳大利亚社会的习俗、规范及制度，而且尤其强调用澳大利亚教育系统来同化移民的后代。第二是族际通婚。① 显然，教育渠道更加可行与便利。

　　澳大利亚政府认为他们不需要为移民和少数民族的子弟提供特别的教育准备，从而避免社会的分裂和维持国家文化的同质性，同时认为这体现了平等主义的民族精神。公立学校教育为移民学生提供了平等的机会和进入社会上层的可能性。不过这些移民的孩子也逐渐出现了严重的问题。因此到了 20 世纪 60 年代后期，澳大利亚政府不得不改变他们的政策，主张学校应该通过设立补习班等方式，强化英文教学来帮助他们克服障碍。自由主义的模式或机会均等的模式已经被"补偿少数民族的赤字"的模式取代。1971 年，联邦议会通过了移民教育法案，为第二语言是英语的学习者提供经费。再后来就出现了多元文化教育。"学校教育的改变不仅仅表现在课程方面，学校在尝试解决文化多样性问题过程中，深刻地改变了教育的内容和整个学校与社区的关系。由于教育水平的提高，一定程度上少数民族和移民子弟就业后在社会上的地位得到了提升。"②

第二节　澳大利亚现代公民的三重内涵

一、公民身份范围的扩展

　　战后澳大利亚颁布了新的公民法案，把公民身份的范围扩展到了移民和土著人群。1948 年澳大利亚联邦政府出台了《国籍与公民身份公民法案》，试着提出一个"现代公民"的定义。该法案首次给予公民地位给所

---

① 杨洪贵. 战后澳大利亚政府对非英语移民的同化政策 [J]. 南通师范学院学报：哲学社会科学版，2002 (2).

② JOAN GERALYN DEJAEGHERE. Citizenship and Citizenship Education in Australia：New Meanings in an Era of Globalization [D]. Unpublished PhD Dissertation. Minneapolis：University of Minnesota，2003：45.

有出生在澳大利亚的人。① 该法案强调归属，这是现代民族国家的必然要求。但是，澳大利亚政府对外来移民归化盎格鲁—凯尔特文化仍然没有变。这样土著人与所有的移民都获得了法律上的公民身份。不过，在"白澳政策"的影响下，该法案规定非欧洲裔的移民在其居住期满 5 年后方可获得公民身份，而欧洲移民只需满一年期限。② 该法案在 1955、1969、1973、1984 年不断被修订。

这些新公民是"现代公民"。所谓现代公民，就是过一种与他们的传统不同的、现代的澳大利亚生活。对移民来说，成为澳大利亚公民，就是向往澳大利亚生活方式，这是一种与移民的传统不同的生活方式。对土著人来说，成为澳大利亚公民，也是要认同和过上一种澳大利亚生活方式，因为他们的传统生活方式被视为落后。因此，在澳大利亚同化政策下，移民和土著人成为澳大利亚公民，就是要与自己的传统割裂，过一种现代的澳大利亚生活。

不过，被赋予公民身份的移民和土著人却是"没有权利的公民"。1948 年法案没有给予他们其他社会群体所拥有的、同样的政治、经济、社会权利。③ 而且这些权利和责任在联邦与州的立法层面处于分离的状态。因此，这个法案只是具有象征意义。土著人在联邦层面仍然没有投票权和社会保障权。只有在少数州，那些服兵役的土著人开始拥有投票权。1949 年 3 月通过的《联邦选举权条例》中开始给予为国家而战的土著人永久的选举权，并给予拥有州选举权的土著人选举权。这些州有维多利亚、南澳大利亚、塔斯马尼亚和新南威尔士。直到 20 世纪 60 年代，"没有权利的公民"这一情况才有所改变。1962 年，选举委员会解除了联邦对土著选民的所有限制，将选举权扩展至所有土著人。1967 年 5 月，澳大利亚宪法删除了歧视土著人的条款，为土著人的选举权提供了法律保障。

---

① ALASTAIR DAVIDSON. From Subject to Citizen：Australian Citizenship in the Twentieth Century [M]. Cambridge：Cambridge University Press，1997：46.

② 韩隽. 澳大利亚工党研究 [M]. 乌鲁木齐：新疆大学出版社，2003：112.

③ JOAN GERALYN DEJAEGHERE. Citizenship and Citizenship Education in Australia：New Meanings in an Era of Globalization [D]. Unpublished PhD Dissertation. Minneapolis：University of Minnesota，2003：45.

二、公民权利范围的扩展

这一时期英国学者 T. H. 马歇尔提出了后人广泛引用的公民权三维内容说，即公民权包括民权、政治权利和一系列的社会权利。这是公民权利的范围，而不是公民身份的范围。

伴随澳大利亚生活方式的提出，澳大利亚公民权利也超出了原来的政治权利，纳入社会权利范围。澳大利亚教育学者马金森在其《澳大利亚现代教育史》中回顾道："战后，公民权范围又得到了进一步的扩大，不仅包含了工作的权利（尽管仅限于男性户主）、住宅所有权，还包括如何经营生活的权利。"[①]

如果说传统的政治权利强调的是一种公共生活，那么强调社会权利则肯定了个人的利益。这为后来的个体公民与经济公民做了铺垫。公民权是通过个人态度和个性而不只是通过参与公众生活来定义的。马金森认为，现代政府体制和经济消费体制需要有自决力的公民，他们具备在现代教育体制中所形成的能力和理智。[②] 消费权利成为社会权利的重要内容，促成了 20 世纪 80 年代个体公民与经济公民的产生。

澳大利亚现代公民权利强调社会生活权利。这是由以"澳大利亚生活方式"界定现代公民的理解决定的。同化政策强调了土著和移民过上了澳大利亚设想的生活方式，对澳大利亚生活方式的强调自然就凸显了公民权利中的社会权利。

三、摆脱英国臣民的身份

这一时期澳大利亚公民身份的最大变化就是逐渐脱离了"澳大利亚英国人"的臣民意识。在整个 19 世纪后 50 年，澳大利亚经历了观念上由

---

① 西蒙·马金森. 现代澳大利亚教育史：1960 年以来的政府、经济与公民 [M]. 沈雅雯，周心红，蒋欣，译. 杭州：浙江大学出版社，2007：11.

② 西蒙·马金森. 现代澳大利亚教育史：1960 年以来的政府、经济与公民 [M]. 沈雅雯，周心红，蒋欣，译. 杭州：浙江大学出版社，2007：12.

"澳大利亚英国人"向"澳大利亚人"的转变，完成了澳大利亚公民身份中的文化基础改造。

澳大利亚人的民族国家意识是战后澳大利亚经济发展和国家自信的产物。20世纪50—70年代是战后世界资本主义经济快速发展时期，澳大利亚也借此东风，获得快速发展，进入发展的黄金时期。1969年，澳大利亚国民经济总产值居世界第十位。人均国民生产总值人均居世界第八位，被列入富裕国家之列。澳大利亚也进入了后工业社会。以作为后工业化社会重要特征的服务业劳动力比例为例，根据国际劳工组织在1960年的统计，全世界的服务业平均比例是23％。后工业化社会特征最明显的美国是55％，而澳大利亚和新西兰（以澳大利亚为主）为49％。该统计显示，澳大利亚、新西兰仅次于美国，居于第二位，大大高于欧洲发达国家。时至1981年，澳大利亚的这一比例已达72.7％。①

经济的发展带来了文化的自信。如前所述，两次世界大战让澳大利亚根据客观现实和自身需要，逐渐改变对英国的依赖，走向独立自主。这一时期，尽管他们总是喜欢别人把澳洲看作欧洲放错位置的一部分，但他们已逐渐不再是原本意义上的"英王的臣民"，而是越发关注本地区事务并与之共命运的澳大利亚人，他们不满于英国对澳居高临下的傲慢态度，进而要求与英国平起平坐，昔日那种"澳人即英人"的心理渐渐让位于"澳大利亚人的澳大利亚"的观念。共同的心理素质体现出民族意识已萌发而出。②

同化政策把非英语移民的文化视为对澳大利亚生活方式的威胁，把它作为必欲除之而后快的对象。澳大利亚也以澳大利亚生活方式取代了对英国文化的认同，成为公民身份的文化基础，以及同化政策的文化标准。因此，澳大利亚联邦政府也努力将非英国移民同化到澳大利亚的生活方式中，保持战后澳大利亚盎格鲁-凯尔特文化的同质性。20世纪五六十年代，公民身份问题成为个人的文化适应问题，这些问题关注的是如何在消费社会中同化公民，包括战后移民、澳大利亚土著人和澳大利亚年轻人。③ 文化适应与认同成为澳大利亚公民教育的重要内容。

---

① 丹尼尔·贝尔. 后工业化社会的来临 [M]. 北京：商务印书馆，1984：21-22.

② 王宇博，汪诗明，朱建君. 世界现代化历程（大洋洲卷）[M]. 南京：江苏人民出版社，2012：导言.

③ 韩芳. 从臣民到公民：澳大利亚公民教育发展研究 [M]. 北京：光明日报出版社，2011：52.

第三节　公民教育即国家认同教育

20世纪五六十年代，国家主义、爱国主义和认同感被许多澳大利亚政客、教育者、改革者视为在新界定的澳大利亚生活方式中形成现代公民身份的核心。[①]"澳大利亚人的澳大利亚"和同化政策使这一时期的公民身份问题成为澳大利亚国家认同问题，澳大利亚文化认同尤其是澳大利亚生活方式的认同成为澳大利亚国家认同的重要内容。相应地，公民教育成为公民身份的文化认同和生活方式认同的适应与同化过程，这主要是针对土著人群体和移民群体而言。

一、同化：战后澳大利亚教育的重心

伴随着澳大利亚进入发展的黄金时期，澳大利亚的教育也逐步走向现代化。20世纪50年代的十年是澳大利亚教育发展史上一个十分重要的时期。在1958—1959年，澳大利亚用于教育事业的开支总额超过5 300万英镑。这笔金额几乎是1948—1949年国家对教育预算资金的5倍，教育开销的压力越来越大。预算的增加源于建设崭新的学校和购置新的设施设备。例如20世纪50年代后期，新南威尔士州教育部门出台了一份题为"教育的进步"的文件，文件提出一份财务报告，内附一些照片，照片上显示的是崭新的现代学校、齐全的教室设备及大量的学生。[②] 这一时期，学生数量也在增加。在1952年到1959年之间，婴儿、小学生、中学生的人数从430 513人增加到580 028人，七年间增加了十四万多名学生。

这一时期，澳大利亚教育系统的范围扩大，澳大利亚中等教育得到普

---

① MCLEAN, LORNA. The March to Nation：Citizenship, Education, and the Australian Way of Life in New South Wales, Australia, 1940s－1960s [J]. History of Education Review, 2008, 37 (1).

② MCLEAN, LORNA. The March to Nation：Citizenship, Education, and the Australian Way of Life in New South Wales, Australia, 1940s－1960s [J]. History of Education Review, 2008, 37 (1).

及。一种新型的学校类型"综合中学"出现了。"综合中学"反映了一种新的民主意识形态。当时的澳大利亚人认为，把一些学生分配到学术型中学，而其他人却分到学习半职业、初级技术、初级家庭科学之类课程的学校，这是不公平的，不符合民主社会的原则。1955 年，教育部长垂伯雷特（D. H. Tribolet）提交了报告《对英格兰、苏格兰和美国中等教育的观察》，提出中等教育处于一种批判的转变状态之中。中等学校既要考虑学术标准，也要考虑国家统一与社会和谐。① "综合中学"正是实现这种社会整合的较好工具。

"社会整合"成为战后澳大利亚教育的任务之一，这是对其战后国家重建的回应。具体而言，就是通过教育来对移民和土著人群体进行同化。20 世纪 50 年代，澳大利亚政府更多地关注了少数族群如移民孩子、土著儿童、精神上和身体上残疾的孩子、偏远农村儿童、少数族群女孩的教育。②

战后澳大利亚凯恩斯式的现代化使澳大利亚政府把教育作为解决社会问题的主要工具。国家主动承担了学校教育包括公民教育的责任。澳大利亚教育部要求作为现代澳大利亚未来公民的学生要接受系统的教育和培训。"1963 年，澳大利亚教育部长在报告中明确指出，四年的中学课程包括一系列科目，以使其成为称职的公民……作为一个现代公民，如果他准备过一个能胜任的、令人满意的生活，具备相关领域的经验，显然是必要的。这些受过公民教育的白人女孩和男孩将代表澳大利亚国家未来的财富"③。

关于移民的同化教育，主要通过为移民孩子设立补习班进行英语教育来实现。但是学校教育中更多的是关于澳大利亚生活方式的教育。

同化教育更鲜明地体现在土著人的教育中。土著人被纳入教育体系，实施同化教育。"1950 年，在北部地区，土著儿童的教育第一次得到了认真严肃的关注。联邦政府承担起北部地区土著教育的责任，建立了四所联

---

① ALAN BARCAN. A History of Australia Education [M]. Oxford：Oxford University Press，1980：298.
② ALAN BARCAN. A History of Australia Education [M]. Oxford：Oxford University Press，1980：371.
③ ALAN BARCAN. A History of Australia Education [M]. Oxford：Oxford University Press，1980：371.

邦学校，由联邦教育联合办公室①管理。联邦政府要求教育行政部门准备课程，让这些土著人理解自身在澳大利亚社会结构中的位置。这些联邦学校试图把土著人的孩子带到他们能够升入的师范学校和相关社会阶层。土著人的教学语言为英语。这是同化政策的体现。到1955年7月，在土著人定居地和乡村地区，已经有11所联邦学校，13所教会学校和两所牧区学校。招收学生1 598人。1956年，'北部地区管理福利部'接管了这些学校。"②

土著人教育的目的是帮助土著人能够在澳大利亚社会结构中找到自己的位置。但是，对于土著儿童的教育效果并不理想。1967年，联邦政府在昆士兰、新南威尔士和南澳对土著孩子的教育进行了调查。调查结果表明，土著儿童在教育传动带上不能走得太远。③

二、作为同化政策手段的公民教育

由于澳大利亚政府采取同化政策，所以学校公民教育成为一种同化的手段，服务于国家认同的目的。

关于土著人的同化是这一时期教育的重点。这明显而集中体现在为土著儿童提供的课本中。土著教育有一系列特别为土著儿童编写的读本，如《丛林丛书》。

当时的刊物《教育新闻》报道，该丛书的目的是改变土著儿童读本中的文本，为土著儿童提供一种北部地区土著儿童生活环境的叙述背景。该丛书配有以两个土著儿童为重要角色的图片。两个土著儿童笑容灿烂，身着节日盛装。一个短卷发的女孩，穿着一条花罩衫连衣裙搭配褶边袖子帽。另一个短发男孩，穿着短裤和衬衫。这些图片透露出的信息，正如《丛林丛书》里的故事描写的，正是代表了两种不同的生活方式：一种看起来是原始的生活方式，代表了过去；另一种是现代的和同化了的生活方

---

① 随着联邦教育法的公布，教育联合办公室于1945年成立。教育联合办公室的两个主要职能是成人移民教育和教育推广。

② ALAN BARCAN. A History of Australia Education [M]. Oxford：Oxford University Press，1980：321.

③ ALAN BARCAN. A History of Australia Education [M]. Oxford：Oxford University Press，1980：373.

式，代表繁荣的未来。① 这是澳大利亚生活方式对土著人家庭生活的传统叙事的改造。

这种传统与现代生活方式的对照不仅出现在教科书上，还体现在期刊杂志上。如另外一份当时著名的刊物《学校杂志》，该杂志 1951 年的封面图片就呈现了这一对照。封面图片展现了三种不同时代的农业和资源获取技术，过去的马和马车，现在的拖拉机手和拖木头的卡车，以及未来的飞机运输。这些形象的并列使澳大利亚土著民与现代澳大利亚生活方式分离，旨在通过表现儿童的进化轨迹，及其运输工具和工业化的现代的转变揭示澳大利亚生活方式的变化。② 正是这种对照，让土著儿童认识到自己的传统生活方式的落后，形成对澳大利亚现代化的生活方式的向往和认同。《学校杂志》关于土著人的表述出现了两个矛盾的主题与主体。第一个是描述居住地，把土著人描绘为他者，强调他们生活方式是简单的、幼稚的、落后的。如该丛书把 1908 年出版的小说《有情天地》选入教材。他们强调浪漫主义的部落本位的叙事，在"澳大利亚生活方式"中把土著人社区与承担完整公民责任分离开来，假设了一种想象的澳大利亚模式，作为共享利益和共同信仰的共同体。第二个是描述了殖民地与土著人的交往，支持白人和顽强的拓荒者的历史价值观。这一时期，白澳政策已经遭到了批评。《学校杂志》淡化帝国的过去，重建历史叙事，否认澳大利亚白人殖民者的暴力历史。读者并没有被告知澳大利亚白人是剥夺土著人的受益者，没有看到澳大利亚土著人文化和语言的几近解体。③ 对土著人的公民教育是通过这种书籍、宣传册子、期刊杂志、学校活动来进行的。故事、阅读、参与都在塑造着学生的价值观。

对土著人的公民教育就是用澳大利亚的现代生活方式来同化土著人的传统生活。这种同化是基于传统现代化理论的，即贬低土著人的文化与生

① MCLEAN，LORNA. The March to Nation：Citizenship，Education，and the Australian Way of Life in New South Wales，Australia，1940s－1960s ［J］. History of Education Review，2008，37（1）.

② MCLEAN，LORNA. The March to Nation：Citizenship，Education，and the Australian Way of Life in New South Wales，Australia，1940s－1960s ［J］. History of Education Review，2008，37（1）.

③ MCLEAN，LORNA. The March to Nation：Citizenship，Education，and the Australian Way of Life in New South Wales，Australia，1940s－1960s ［J］. History of Education Review，2008，37（1）.

活，颂扬西方文明的现代生活。对于土著人儿童来说，成为澳大利亚公民，就是要过上这种现代的生活。同化教育中蕴含的这种现代与传统的简单二元对立，对土著人和移民的传统文化是一种歧视和殖民。当所有的学生通过学校教育成为有能力的公民，并且准备过一种有能力的和令人满足的现代公民生活如澳大利亚生活方式时，那么这些白人女孩儿和男孩儿将会代表未来澳大利亚的财富。所以说，同化政策只是"白澳政策"的升级版或者说现代版，而同化政策下的公民教育成了国家认同教育。

三、社会学习课程取代公民学教育

20 世纪 50 年代，澳大利亚的公民学课程的教学逐渐减少。这虽然尚未得到充分的调查证明，但是大量的证据已经说明了这一点。① 然而从 20 世纪 60 年代起，社会学习课程在澳大利亚的受欢迎程度则大幅上升。奇怪的是，这一衰退也发生在这个来自英国和欧洲的移民快速涌入澳大利亚的时期。到了 20 世纪 60 年代，在澳大利亚学校中很少存在公民学课程。20 世纪 60 年代末期，公民学教育被合并到社会学习课程中。②

公民学教育的消亡也部分反映了西方世界 20 世纪 60 年代的重大社会变革。改变、繁荣、新的价值观和对青年的新聚焦超越了先前的信念——需要探讨公民身份、国家认同和民主社会的问题。好的时代生活丰富多彩、快速变化，未来似乎无限的繁荣。③ 公民学课程成了"旧公民学"，这个旧时代产物已经不合时宜了。

社会学习课程在高中、小学、技术中学的遭遇不同。社会学习课程不是学术型课程，它的目的是给所有的学生，特别是那些能力较差的学生，提供一种比较有趣的、适合当代的、与社会相关的公民教育，帮助他们为在一个变化迅速的民主社会里生活做准备，成为国家和社区的有效公民。

---

① JAIME S DICKSON. How and Why has Civics Education Developed to its Current Situation [EB/OL]. http：//www. abc. net. au/civics/teach/articles/jdickson/currentsit. html，1998.

② 西蒙·马金森. 现代澳大利亚教育史：1960 年以来的政府、经济与公民 [M]. 沈雅雯，周心红，蒋欣，译. 杭州：浙江大学出版社，2007：201，203.

③ PRINT，M，GRAY，M. Civics and Citizenship Education：An Australian Perspective [EB/OL]. http：//www. abc. net. au/civics/democracy/ccanded. html，2006-06-12.

社会学习课程早在 20 世纪 30 年代就引入澳大利亚。1930 年的《小学和初中教学课程大纲》被视为仍是"健康有益的"。由于昆士兰州主张一种渐进的教育改革，而不是教育革命，因此昆士兰州是最后引入的。

社会学习课程作为美国进步主义教育的产物，自然强调儿童与生活，不同于公民学课程对学科知识的强调。1959 年，新南威尔士州发布了小学《指导目标和基本原则说明》。该文件将小学教育的目标分为基本技能、知识、态度与习惯三个方面。"其中，对权利与责任的理解和尊重、合作、遵纪守法、爱国等态度与习惯是公民所应具有的。因此，文件中对学生所应具备的知识、技能、态度与习惯的规定将公民教育的多方面要求渗透其中，为公民教育的具体实施提供了方向和依据。"[①] 由此可见，社会学习课程强调儿童，而不是学科；教师关注的重点应该是儿童的兴趣、需要、活动与经验，而不是学科——学科只是达到目的的手段，而不是目的本身。

但是，社会学习在澳大利亚公民教育实践中仍存在许多的问题。许多小学校长和教师持否定怀疑态度，甚至公开抵制。他们批评社会学习太功利，而且缺乏学术性；不以学科为中心，而与学生的兴趣和经验密切联系。还有人认为，社会学习只是时尚。因此，高中并没有普遍采用社会学习课程，只是在小学和职业学校中实施。

关于社会学习课程的真实情况，却存在不同的看法。有人认为，20 世纪三四十年代进步主义教育运动在澳非常普遍，但是没有产生影响。1969 年，一名访问学者说，澳大利亚学校教育仍是整齐划一的、传统保守的、拘泥形式的、僵化教条的；学校是精英制度，关心能够上大学的学生；学校传递的是学术知识——很少关注澳大利亚社会；采用强调训练、教师中心的教学，最重要的是，在小学课程中，描述的课程与实施的课程之间相割裂，即社会的声称、学生的声称不如知识的声称。州立小学的社会学习课堂的教学主要是教师中心的，使用教材，强调记诵，很少关注知识的相互关系和尝试知识的整合。

受到进步主义教育运动退潮、澳大利亚逐渐进入都市化精英主义的影响，尤其在追求效率的 20 世纪 70 年代以后，社会学习课程逐渐被追求学术优异的"社会科学"课程替代，并逐渐消失了，直到 20 世纪 90 年代才又回归。

---

① 韩芳. 从臣民到公民：澳大利亚公民教育发展研究 [M]. 北京：光明日报出版社，2011：56-57，214。

第五章　个体公民与公民教育的转折（1970s—1980s）

20 世纪七八十年代是世界发生巨变的时代，是澳大利亚最动荡喧嚣的时代，却是被人称为澳大利亚公民教育衰落甚至消失的时代。

第一节　国家建设：追随美国的社会焦虑

一、欧美社会变迁与个体化思维

20 世纪 70 年代开始，整个西方世界伴随着经济危机和冷战的冲击，由战后黄金时期的乐观转变为一种焦虑、质疑、悲观的社会情绪，对传统的、现存的社会制度、信念价值产生了反思、批判与反抗。一场社会改革深刻地改变了西方社会的存在基础。

战后出生的一代挑战父辈的权威，拒绝父母的生活方式。斯图亚特·麦金太尔将他们的言行特征大致概括为："拒绝消费主义及其对环境的破坏作用和对个性的否定，反对传统的道德观及其对自我试想的阻碍。这种新的激进主义打破偶像崇拜，反对权威；使用戏剧化的语言、做派、服装和扮相；持有乌托邦理想，将反文化行为扩展到个人关系的所有方面；表现出天真的一面，坚持个人生活就是政治生活，而亲密关系能够消除一切障碍；主张妇女解放、同性恋解放以及类似群体的出现；排斥大众社会的统一性，质疑其控制机制；反对检察制度、死刑和种族歧视。"[①] 战后一代

的这些言行产生了广泛的社会影响。

这一时期，西方世界的年轻一代与他们的父辈形成了深刻的代际对立。年轻一代期待不一样的未来，他们的父辈则接受现状。年轻一代追求自己的权利与梦想，他们的父辈则寻找自己的社会位置。年轻人寻找自我，他们的父辈则寻找一个安全的地方。两代人对于时代的感知和理解是如此不同。对于经历过第一次大萧条和战争的人来说，20世纪50年代的相对稳定是非常难得的，而个人主义与服从之间的矛盾是社会的失败，而在年轻人看来，他们批判现有社会，甚至抛弃他们父辈努力获得的生活方式，不愿苟且于世。战后的安全与繁荣鼓励了战后年轻一代对社会的批评与质疑。①

年轻人这种不安于现状、反对权威的表达掀起了西方世界的社会变迁。20世纪60年代欧美的学生运动和社会革命，澳大利亚也未能置身事外。尽管越南战争和教育供给不足是学生不满的重要因素，但当时这一不满的肥沃种床则是整个教育制度的非人格性。1968—1969年，学生们创办的地下报纸在各个州的中学流传。1972年，新的意识形态得到澳大利亚中学的支持。澳大利亚的《小红学校书》风行校园。这本书由 S. 汉森和 J. 詹森于1969年第一次在丹麦印刷。在导论"论教育"里，他们告诉学生："澳大利亚教育制度的目的不是给予你可能的发展你自己天赋的机会，而是大量炮制一小撮受过高等教育的专家和大量没有受到良好教育的人做苦活。学校和考试制度只是教导学生听命权威和接受服从。"② 这是澳大利亚开始对教育的现代性进行的一些反思。

这种社会变化与澳大利亚结盟美国卷入冷战、参与越战直接相关。从依赖英国转向依赖美国，澳大利亚也同样付出了代价。"从1962年到1972年，大约有6万名澳大利亚人在越南服务，死亡521人。最初，澳大利亚人对国家的参与是支持的。1964年，澳大利亚实行服兵役制度，这让那些主张个人主义和自我选择的年轻人开始反对战争。他们认为，为了其他人的自由与强迫参与战争之间存在内在的矛盾，而美国在战争中使用了一些有争议的手段（如凝固汽油弹、地毯轰炸等）也玷污了正义战争的形象。

---

① MARK PEEL, CHRISTINA TWOMEY. A History of Australia [M]. New York: Palgrave Macmillan, 2011: 231.

② ALAN BARCAN. A History of Australia Education [M]. Oxford: Oxford University Press, 1980: 347.

尽管反战运动是年轻人尤其是大学生主导的，但它也是由一些反战组织和反对国家兵役制的团体所推动的，如'救救我们的儿子'，以及老兵、地区领袖、贸易联盟、作家和知识分子也加入进来。1970 年到 1972 年成千上万的澳大利亚人参加了停战游行。"① 这些反战运动在一定程度上削弱了战后澳大利亚联邦政府刚刚建立起来的权威。

越战中的澳大利亚政府行为遭到人们越来越多的怀疑。这种怀疑打击了种族歧视等保守主义者的势力，为少数族群争取平等的公民身份和权利打开了大门。1966 年孟席斯的退位结束了保守主义者的控制，针对非欧洲移民的歧视障碍很快消除，《联邦宪法》中针对土著人的歧视新条款被废除。②

强调个人利益成为反对现代性的主要理念。这是对西方文化尤其是近代以来的启蒙思想的反思与批评。这一批评具有解放作用。个体摆脱自己所在的文化、社会、国家对自己的束缚。个体从这些外在制约中流动出来，自然也就去掉了各自的文化情境。评价人的价值是依据人自身的价值，而不是人所处的社会文化环境，或人的社会文化属性，而且新的文化颂扬人对环境的超越，抨击环境对人的抑制，对人的存在处境的反思与批判促使一种人道主义的立场就浮现出来了。这种个体化思维既是对西方人的存在基础的疏离，也是对当时的多元文化主义的一种支持。个体公民以及随后的经济公民也就呼之欲出了。

二、多元文化政策

1. 白澳政策的正式废除与对同化政策的批判和反思

澳大利亚白人政府的种族歧视源于殖民侵略的狼性。早在殖民时期，这种种族歧视最先是针对土著人的灭绝屠杀，然后体现为对中国人的打砸驱逐。建国后澳大利亚政府把"白澳政策"确定为基本国策，从限制移民定居到对土著人进行文化同化，战后放开移民限制之后仍对外来移民也实施同化政策。

---

① MARK PEEL，CHRISTINA TWOMEY. A History of Australia ［M］. New York：Palgrave Macmillan, 2011：232-233.

② 斯图亚特·麦金太尔. 澳大利亚史 ［M］. 上海：东方出版中心，2009：212.

　　第二次世界大战以后，澳大利亚的"白澳政策"在国内已受到越来越多的批评。如前所述，在 20 世纪 60 年代的社会运动中，澳大利亚的年轻人尤其是受过高等教育的年轻人开始积极参与社会政治生活。这些开放、激进的年轻人支持土著人的合法权益，反对种族歧视，反对越战，支持女权运动等。他们的积极参与使澳国内反对"白澳政策"的运动迅速开展起来。①

　　"白澳政策"的废除除了国内的反对之外，更源于国际的压力。1948年 12 月 10 日，联合国大会通过了《世界人权宣言》，其中第二条规定："人人皆得享受本宣言所载之一切权利与自由，不分种族、肤色、性别、语言、宗教、政见或他种主张，国籍或门第、财产、出生或他种身份。"这为国际社会争取种族平等提供了法律与理论依据。②《世界人权宣言》成为反对"白澳政策"的重要道德和法律依据。20 世纪五六十年代美国与南非的反种族主义斗争也在澳大利亚产生了强烈反响。同时，二战后一批摆脱了殖民统治的独立国家活跃在国际政治舞台上，并有了一定的政治影响力。这些国家普遍反对殖民主义和种族主义，自然对澳大利亚的"白澳政策"十分反感。1962 年，联合国国际托管委员会在研究了巴布亚新几内亚的自治问题后，提出了一个报告，指出正是由于澳大利亚当局长期坚持种族主义歧视，才导致巴布亚新几内亚的自治进展缓慢。该报告对澳联邦政府的种族主义立场提出了严厉的谴责。这份报告的公布，令澳大利亚联邦政府颜面大失。普遍的国际批评迫使澳大利亚国内各界开始对自己支持了近半个多世纪的基本国策进行深刻反思。③

　　在这种内外交困的情况下，澳大利亚政府逐步放弃了"白澳政策"和同化政策。1964 年，一体化政策逐步取代同化政策成为官方处理移民与土著问题的主要途径。所谓一体化，就是将澳大利亚主体文化与新移民文化相互融合，互相吸收，从而形成以澳大利亚主体文化为中心的一种新的文化，即一体化后的澳大利亚文化。"一体化政策"成为澳大利亚从同化政策到多元文化主义政策转变的过渡阶段。1966 年，澳大利亚政府放宽获得澳大利亚合法居留身份的标准，包括非英语移民可以平等地申请归化成为

　　①　韩隽. 澳大利亚工党研究［M］. 乌鲁木齐：新疆大学出版社，2003：110.
　　②　杨洪贵. 澳大利亚的多元文化主义研究［M］. 成都：西南交通大学出版社，2007：135-136.
　　③　韩隽. 澳大利亚工党研究［M］. 乌鲁木齐：新疆大学出版社，2003：110.

澳大利亚公民。① 1969 年，澳大利亚政府颁布了新的移民政策，初步放弃白澳政策。1974 年，澳大利亚政府又颁布了《澳大利亚公民法》，最终放弃了白澳政策。这些改革政策为澳大利亚实行多元文化政策走出了重要的一步。

2. 多元文化主义的引入与实践

多元文化主义（multiculturalism）虽然萌芽于美国，但真正形成是在加拿大。"多元文化主义"这个词首先是 20 世纪 60 年代末 70 年代初在加拿大开始使用的，也是最先在加拿大作为一种民族政策开始实施的。它意味着在同一个政治社会当中并存着许多大的文化群体，这些文化群体希望并且在原则上也能够保持他们独特的身份。② 1965 年，加拿大政府颁布的《皇家委员会关于双语主义与双文化主义的报告》第一次使用了"多元文化主义"这个词语。1971 年，加拿大政府率先将"多元文化"作为解决国内种族和民族矛盾的理论基础，推出"多元文化主义政策"。当然，多元文化主义进入日常应用领域是在 20 世纪 90 年代了。

何谓多元文化主义，这本身就是一个众说纷纭的问题。国内学者一般把它视为一种政治思潮。如李丽红认为："它意味着在同一个政治社会当中并存着许多大的文化群体，这些文化群体希望并且在原则上也能够保持他们独特的身份。"③ 王希则认为，美国的多元文化主义具有多种功用，既是一种教育思想、一种历史观、一种文艺批评理论，也是一种政治态度、一种意识形态。④ 从公民教育的角度来看，多元文化主义强调文化、价值观和传统不同的各种族群之间的权利与义务的平等，主张"差异公民观"，承认个人的文化差异和族群的成员资格，个人通过群体的力量去获得自己的权利。

关于多元文化主义的起源和发展，李丽红做了比较系统的梳理。她

---

① 杨洪贵. 澳大利亚的多元文化主义研究 [M]. 成都：西南交通大学出版社，2007：145-146.

② 李丽红，编. 多元文化主义 [C]. 杭州：浙江大学出版社，2011：5. 又见：李丽红. 当代西方多元文化主义思潮的起源和发展 [A] //中西政治文化论丛（第四辑）[C]. 天津：天津人民出版社，2004.

③ 约瑟夫·拉兹. 多元文化主义 [A]. 李丽红，译//李丽红，编. 多元文化主义 [C]. 杭州：浙江大学出版社，2011：5.

④ 王希. 多元文化主义的起源、实践与局限性 [J]. 美国研究，2000 (2).

认为：①

多元文化主义最初作为一种文化政策出现在 70 年代以来的加拿大、澳大利亚等移民国家，以后逐渐遍及美国和其他一些移民国家。80 年代末、90 年代初，随着东欧的剧变、苏联的解体以及民族主义浪潮的发展，大量外籍劳工涌入西欧国家，多元文化主义越出了政策领域，而成为一种政治思潮，在西欧国家发展起来。从某种程度上说，多元文化主义学说作为治理国家的大政方针已经在实践中得到了运用和实施。在理论上，它的倡导者纷纷引经据典，著书立说，阐述其主张的正当性和合理性，而一些持反对态度的学者却开始对多元文化主义提出质疑，一时之间，在多元文化主义的倡导者和其反对者之间展开了一场学者间的激烈争论。加拿大著名学者凯姆利卡（Will Kymlicka）把这场论战称为"多元文化主义战争"。这场关于多元文化主义的争论可以分为两个阶段：第一阶段是从多元文化主义产生一直到 20 世纪 80 年代，论争的主题主要是围绕赋予少数民族群体差异的公民权利是否具有正当性而展开；第二阶段的争论主要是围绕少数民族群体的权利是否会危及社会团结与稳定而展开。直到现在，关于多元文化主义的争论仍在继续，而且争论的主题在不断深入。

澳大利亚也是世界上最早实行多元文化政策的国家之一。澳大利亚的官员与学者在促进澳大利亚多元文化主义政策的形成中起到了重要作用。1973 年，澳大利亚移民部长艾尔·格拉斯比出访加拿大，回国后正式引入多元文化主义概念，成为澳大利亚官方出台文化政策的重要标志。"在 20世纪六七十年代，面对澳大利亚社会对平等权利和福利政策的尖锐批评，一些专家学者开展了大量关于非英语移民处境的调查与研究，揭示了他们在澳大利亚社会所遭遇的困境，从而引起了人们的广泛关注。在澳大利亚后来被称为'多元文化主义'的思想体系，就是在批评与关注这些社会平等问题中慢慢萌生的。"② 不过，澳大利亚的多元文化政策与多元文化主义的本意无关，既不像加拿大，用来区分英裔移民群体和法裔移民群体，也受美国注重宪法权利的影响很少。澳大利亚的多元文化主义强调语言作为族裔的标志，而且与移民定居地区相关联。③

---

① 李丽红. 当代西方多元文化主义思潮的起源和发展 [A] //中西政治文化论丛（第四辑）[C]. 天津：天津人民出版社，2004.
② 杨洪贵. 澳大利亚的多元文化主义研究 [M]. 成都：西南交通大学出版社，2007：149.
③ 斯图亚特·麦金太尔. 澳大利亚史 [M]. 上海：东方出版中心，2009：216.

3. 20 世纪 70 年代以来的澳大利亚多元文化政策

澳大利亚多元文化政策最初萌生于总理戈夫·惠特拉姆政府时期（1972—1975），在马尔科姆·弗雷泽政府时期（1975—1983）最终形成，经过几年的努力，在霍克政府时期（1983—1991）被确立为基本国策。①

1972 年 12 月，工党领袖惠特拉姆任总理，开始了大刀阔斧的国家改造。1967 年，他担任澳大利亚工党领袖，致力于工党的现代化，抨击冷战，争取中产阶级的支持。"他认为：在现代条件下，公民行使公民权的能力并不是取决于个人的收入水平，'而是取决于社会本身能够提供和确保服务的程度'。通过扩大政府的职权范围，惠特拉姆将国家财富用于城市改造、教育和医疗条件的改善和公共服务的扩大等项目之上。他将清除特殊利益集团和对加强政府权力的限制，增强国家实力，提升公民的生活质量。当他被问到对平等的理解时，他的回答是：我要每一个孩子都有一张课桌，都有一盏灯和一间自己的书房。课桌上的灯光已经取代了山巅之光。"②

1973 年，惠特拉姆政府放弃同化政策，开始实施多元文化主义政策。他首先设法取消了对土著居民的不公正待遇。新的有关土著人的政策主要包括：承认土著人有权利保留自己的某种种族特征和生活方式，保护土著人的文化，承认它与白人文化有着同等的价值，同时积极推动种族融合，帮助土著人进入主流社会。在移民问题上，惠特拉姆政府彻底消除移民政策中的种族主义色彩，实现了移民自由化。采取的措施主要有：向非欧洲移民提供一定的资助，简化非欧洲移民入境的签证手续，终止英国移民在澳大利亚享受的特权，如优先获得公民权等；修改《外国人法案》，删除了其中具有歧视性的对外国人进行监督的规定。惠特拉姆政府公开声明，工党政府在移民政策上的立场是：全球一致，无人种、肤色和国籍之歧视③。

1973 年，联邦政府移民部部长格拉斯还向联邦议会提交了名为"澳大利亚公民法案"的议案。该法案将所有移民获得永久居留权的期限均改为 3 年。格拉斯在议会宣布，政府提出这项议案的目的在于使"每一个希望成为澳大利亚公民的人都将发现，当他努力地想成为澳大利亚公民时，他

---

① 杨洪贵. 澳大利亚的多元文化主义研究 [M]. 成都：西南交通大学出版社，2007：153.
② 斯图亚特·麦金太尔. 澳大利亚史 [M]. 上海：东方出版中心，2009：215.
③ 韩隽. 澳大利亚工党研究 [M]. 乌鲁木齐：新疆大学出版社，2003：113.

们受到了平等的对待"。①

1975—1982 年，弗雷泽政府进一步实施多元文化主义政策。1978 年，澳大利亚联邦政府成立了联邦多元文化教育委员会。1987 年，联邦政府建立了一个隶属于总理和内阁的多元文化事务办公室，一个咨询委员会——专门负责向联邦政府提供有关如何发展联邦机构的政策和服务。

1989 年，霍克政府制定了《关于多元文化的澳大利亚国家议程》，并成立了全国移民研究署，服务于政府的移民政策制定。《关于多元文化的澳大利亚国家议程》对澳大利亚的多元文化政策给出了准确而完整的界定。概括起来，澳大利亚的多元文化政策包括三个方面、三项限制及八项目标原则。② 其中，三个方面包括文化认同、社会公正和经济效用。三项限制包括："（1）多元文化政策基于这样的前提，即所有澳大利亚人应该对澳大利亚承担压倒一切的和一致的义务，对它的利益和未来承担责任；（2）多元文化政策要求接受澳大利亚社会的基本结构和原则——宪法和法律、宽容和平等、议会和民主、言论与宗教自由、英语作为官方语言和性别平等；（3）每个人在表达自己独有的文化及信仰的同时，必须尊重他人的价值观和文化。多元文化政策既强调义务又强调权利。"③ 后来澳大利亚多元文化基金会主席格宝爵士将该议程中规定的多元文化政策概括为四点："公民要把澳大利亚的利益和前途放在首位，遵守国家的基本制度和法律；每个人在表达自己独有文化及信仰的同时，必须尊重他人的价值观和文化；在法律、就业、教育、医疗、福利等方面使每个人享有同等的机会；充分利用多元文化资源，尽量发挥每个人的长处。"④

这一系列的多元文化政策及其落实使澳大利亚已经由二战前以单一种

---

① 韩隽. 澳大利亚工党研究 [M]. 乌鲁木齐：新疆大学出版社，2003：113.
② 杨洪贵. 澳大利亚的多元文化主义研究 [M]. 成都：西南交通大学出版社，2007：162. 另外，八大目标原则分别为：所有澳大利亚人都应承担促进国家利益的责任。所有澳大利亚人享有基本人权，免受种族、民族化上的歧视。所有澳大利亚人应享有平等的生活机会和公平地获得政府所管理的社会资源。所有澳大利亚人应有充分机会参与社会并参与直接影响他们的决策。所有澳大利亚人应能发展并利用他们的潜力为澳大利亚经济和社会发展做贡献。所有澳大利亚人应有机会学习英语及其他语言，并提高对其他文化的理解。所有澳大利亚人应能发展和分享他们的文化传统。所有澳大利亚政府机构都应对文化的多样性予以承认和反应。
③ 杨洪贵. 澳大利亚的多元文化主义研究 [M]. 成都：西南交通大学出版社，2007：161-162.
④ 杨洪贵. 澳大利亚的多元文化主义研究 [M]. 成都：西南交通大学出版社，2007：162.

族即盎格鲁—凯尔特人为标志的封闭型社会逐步转变成为一个多民族、多元文化为特征的开放的、现代化的社会。

不过，虽然澳大利亚自 20 世纪 70 年代开始启动了多元文化主义政策，但是由于新右派公共政策的影响，以及几百年的历史传统难以一下子转变，真正地落实到教育实践，却还要等到 20 世纪 90 年代以后了。直到 20 世纪 90 年代，澳大利亚还在不断出台新的多元文化政策。

三、经济困扰与政治右转：从凯恩斯式的现代化到新右派式的现代化

1. 经济衰退与新右派改革

进入 20 世纪 70 年代，发达国家陷入了二战后最严重的经济危机，澳大利亚自然也未能幸免。1974—1975 年度，澳大利亚通货膨胀率和失业率猛增。"据官方统计，失业人口从 12.7 万增加到 24.7 万，几乎增加了一倍，远远超过了'社会可接受水平'，工业生产也出现了停滞。澳大利亚成为这一时期世界上通货膨胀率上升最快的国家，1974 年达到了 15％多。"[①] 澳大利亚生产、投资和就业全面崩溃，从黄金时代进入黑暗时代。

澳大利亚政府最初的解决举措是重申凯恩斯的经济策略。1980 年，澳大利亚联邦政府采取了扩大政府支出，增加社会保障和福利费用等措施，以图激活经济。但是，20 世纪 80 年代，澳大利亚经济由低速转为起伏：它忽而陡升，忽而剧降。[②] 凯恩斯政策推迟了经济衰退，而并未消除经济衰退[③]。"20 世纪 80 年代早期，澳大利亚的通货膨胀与失业均高达 10％。"[④]

凯恩斯政策的低效让澳大利亚政府开始放弃了战后一直运用的凯恩斯政策，采用市场自由主义的新右派政策。新右派运动始于 1947 年在瑞士朝圣山举行的哈耶克组织的一次会议。到了 1975 年，新右派的知识分子领导

---

① 韩隽. 澳大利亚工党研究 [M]. 乌鲁木齐：新疆大学出版社，2003：135.
② 王宇博. 澳大利亚：在移植中再造 [M]. 成都：四川人民出版社，2004：206.
③ 西蒙·马金森. 现代澳大利亚教育史：1960 年以来的政府、经济与公民 [M]. 沈雅雯，周心红，蒋欣，译. 杭州：浙江大学出版社，2007：58.
④ MARK PEEL, CHRISTINA TWOMEY. A History of Australia [M]. New York：Palgrave Macmillan，2011：249.

人已经成为凯恩斯正统学说的主要批判者。他们的观点主要为："低通胀，并放弃把充分就业当作一个现实目标；解除金融管制，部分实行贸易自由化；公有经济部门低增长或事实上缩小规模；在社会政策方面从普遍服务向有针对性服务转移；实行受益者付钱、立合同承包和别的形式的市场化，以及在政府中实行公司化管理。"① 1981 年，美国经济学家、新自由主义代表米尔顿·弗里德曼访问澳大利亚。他公开批评高度保护的澳大利亚经济。他问道："对澳大利亚人来说，买车要付出世界价格的两倍，这意味着什么？"新右派知识分子对凯恩斯的批评也对澳大利亚政府放弃凯恩斯政策产生了重要影响。

就英国和澳大利亚而言，"新右派"指的是一种团结了市场自由主义和主流政治保守派的政治运动，② 而不是北美意义上的新右派。市场自由主义的改革思路是贸易自由化、解除管制、国有企业的私有化，这是提高效率和经济增长的动力。在英国，这种思维方式叫撒切尔主义；在美国，叫里根主义；在澳大利亚，叫"经济理性主义"。③ 但令人讽刺的是，经济理性主义却是由工党政府实施的。澳大利亚总理霍克曾给自己任期内的经济改革定下这样的目标：高效管理、有效调整、实现现代化以使我国的经济更富效率、更具生产力、更具竞争力。④ 在 20 世纪 80 年代末，澳大利亚工党政府基本实现了上述目标。

2. 新右派的国家建设

从 20 世纪 70 年代到 80 年代末，澳大利亚的新右派国家建设经历了缩小政府规模，市场化、私营化的改革浪潮，冷战则使"对外保守、对内自由"成为澳大利亚国家建设的重要特征。

澳大利亚政府在公共部门推行市场化，强调市场经济的主体作用。"市场化指通过私有化或商业化所建立起来的市场关系。私有化包括将政府企业、机构或项目从政府机构转移到私有部门。……商业化指通过内部改革或将一些经营活动承包给基于市场的供应商的方法，在公有机构里引

---

① 西蒙·马金森. 现代澳大利亚教育史：1960 年以来的政府、经济与公民 [M]. 沈雅雯，周心红，蒋欣，译. 杭州：浙江大学出版社，2007：65.

② 西蒙·马金森. 现代澳大利亚教育史：1960 年以来的政府、经济与公民 [M]. 沈雅雯，周心红，蒋欣，译. 杭州：浙江大学出版社，2007：62.

③ MARK PEEL, CHRISTINA TWOMEY. A History of Australia [M]. New York：Palgrave Macmillan，2011：249-250.

④ 韩隽. 澳大利亚工党研究 [M]. 乌鲁木齐：新疆大学出版社，2003：55.

入竞争和/或市场交换。"① 澳大利亚的两大政党在这方面逐渐趋于一致，以争取工商界的支持。进入 20 世纪 80 年代以来，澳大利亚自由党把撒切尔夫人私有化计划的成功推行视为自己的榜样，大力提倡私有化和民营化，让澳大利亚人淡忘弗雷泽政府在经济管理上的保守主义。而澳大利亚工党最初抨击自由党的私有化和民营化主张，但是，1987 年当选的霍克政府提出了政府的私有化计划，把澳大利亚航空公司、昆塔斯航空公司、联邦银行以及澳大利亚电报电话公司等企业私有化。② 市场化改革不会使政府功能降到最低程度，而是将非市场化的政府活动和目标减少到最低程度。

小政府是新右派的重要主张和改革目标。英国首相撒切尔并不主张民主化和政治上活跃的公民的自由，而是主张"去政治化"；主张个人自由不受国家约束；主张经济自由，而不是政治自由。她说："个人参与的方法并不是人们去参与越来越多的政府的决策，而是使政府减少它所主管的决策范围，因此让公民个人通过自己做出越来越多的决策去'参与'，如果这是一个时髦字眼儿的话，我们说需要的是更大程度的个人责任和决策，更多地独立于政府，以及政府作用的相对削弱。应该鼓励人们不要依赖国家，而应鼓励人们通过自己的努力使自己富裕起来。'保守党的信条从不提倡轻轻松松不付出任何努力就可以享受安逸的生活。民主不是给这样的人的。自治是给那些学会管理自己的人的。'"③ 新右派把世界人类社会改造成一个竞争性市场。人人靠自己，而不是靠国家福利。

马尔科姆·弗雷泽的自由党政府开始推行新右派政策，这是世界上最早正式开始执行新右派政策的政府之一。新右派的财政原则"将支出减少到最低限度、降低税收、消除政府赤字"主导了政府和公共政策。④ 新右派将较小规模的政府作为消除一切经济和社会弊病的灵丹妙药。弗雷泽放弃了惠特拉姆政府的一些城市、住房和地区发展计划，将某些卫生方面的

① 西蒙·马金森. 现代澳大利亚教育史：1960 年以来的政府、经济与公民 [M]. 沈雅雯，周心红，蒋欣，译. 杭州：浙江大学出版社，2007：72.
② 韩隽. 澳大利亚工党研究 [M]. 乌鲁木齐：新疆大学出版社，2003：50-52.
③ 西蒙·马金森. 现代澳大利亚教育史：1960 年以来的政府、经济与公民 [M]. 沈雅雯，周心红，蒋欣，译. 杭州：浙江大学出版社，2007：80.
④ 西蒙·马金森. 现代澳大利亚教育史：1960 年以来的政府、经济与公民 [M]. 沈雅雯，周心红，蒋欣，译. 杭州：浙江大学出版社，2007：73.

事情转移到了州。1980 年，澳大利亚政府设立了联邦作用检查委员会①，以根本性地改变政府角色。该委员会提议出售或出租政府企业，将政府的活动承包给私人企业，减少工业资助，将一些卫生、教育计划转移到各州。② 这样，凯恩斯的"大政府"已成为过去，统一的自由市场是未来。凯恩斯对"公"和"私"的理解被倒了个个。真正的公共利益成为市场看不见的手，市场化被当成使"公有经济为公众"的一种手段。

"撤销管制"是 80 年代澳大利亚工党政府经济改革的核心内容。工党政府的经济改革与同一时期在英国和美国所推行的经济改革具有颇多相似之处。在稳定物价和工资的同时，政府宣布它将致力于减少公共支出，削减财政赤字，改革税收制度，并积极鼓励私营经济的发展。③

新右派的国家建设让公共事业受到影响，如削减公共支出，教育遭到削弱或负面影响，甚至产生了"国家衰落"的观点；强调个人利益、市场利益，必然使公民身份、公民权利、公共教育产生巨大的变化。

3. 教育私营化

新右派的教育主张就是批评公立教育的低效，希望推行市场改革。自 20 世纪 70 年代中期开始，澳大利亚就出现了对公立学校的批评。在 20 世纪 80 年代，新右派改革导致的教育"危机"演变成了一场全国性争论。这场争论开始于 1985 年 1 月 25 日《每周商业评论》的一篇关于公立学校数量不足的报道。之后出现了大量类似的文章。如 2 月 2 日《澳大利亚人》发表了格雷格·谢里丹（Greg Sheridan）的一篇文章《他们说给我们孩子听的谎话》，抓人的标题把公立学校问题的曝光达到了顶点。就连他自己也承认："文章内容骇人听闻，学校的形象令人震惊、让人害怕、极具威胁，而且牢牢地抓住了目前业已存在的父母对于道德安全、儿童安全、失业率以及就业前景的焦虑。"④ 对公立学校的批评也让澳大利亚教育开始卷入欧美的世界性私营化浪潮。不过这些建议还是多样化的，如提倡"选择自由"，主张向私立学校提供更多的资助，反对教育教学中的平等主义。

---

① 由于联邦作用检查委员会的主要工作都是削减赤字，减少支出，砍掉很多政府项目，所以人称预算"剃刀帮"。

② 西蒙·马金森. 现代澳大利亚教育史：1960 年以来的政府、经济与公民 [M]. 沈雅雯，周心红，蒋欣，译. 杭州：浙江大学出版社，2007：76.

③ 韩隽. 澳大利亚工党研究 [M] 乌鲁木齐：新疆大学出版社，2003：48.

④ 西蒙·马金森. 现代澳大利亚教育史：1960 年以来的政府、经济与公民 [M]. 沈雅雯，周心红，蒋欣，译. 杭州：浙江大学出版社，2007：97.

教育私营化是新右派改革的重要内容。教育私营化使传统的教育目的如社会平等、社会整合等都屈服或让位于经济竞争尤其是国际竞争。新右派改革所设想的教育培养出来的公民是经济公民。教育服务于个体利益、市场和公司等经济主体的利益，而非国家、民族、社会弱势群体的利益。这为公民权利、公民教育带来了新的困难和要求。在经济理性主义的支配下，民主社会里的公民成为强调个人主义的、具有经济特性的"反公民"①，或者强调消费权利和经济权利的经济公民。

第二节　反公民、经济公民与公民身份的多元化

西方公民的传统概念是一种基于自由主义和共和主义的观点。前者强调个人的权利，而后者强调个人的责任。这都是从个人与国家的关系来认识公民，强调国家赋予个人的权利和个人对国家的责任。

20 世纪七八十年代的澳大利亚公民概念发生了巨大变化，具有了多元化的特征。对于移民和土著或多元文化主义者来说，具有一样的公民资格。对于市场自由主义者来说，公民身份的职业属性和经济属性得到强调，被称为经济公民。而对于传统的文化保守主义者来说，当前的变化则是一种卸除了其社会责任与公共性质的反公民。

一、公民身份的新变化

澳大利亚公民身份在这一时期发生了巨大的变化。

第一，公民身份扩展到了土著人群体并加以落实。虽然 1948 年的《公民法案》赋予土著人公民身份，但是没有赋予其公民权利。只是在这一时期，随着白澳政策的废除，土著人的公民权利逐渐得以落实。澳大利亚土著人获得公民权利是一个曲折艰辛的过程。1962 年，澳大利亚选举委员会解除了联邦对土著选民的所有限制，将选举权扩展至所有土著人。1967

---

① 西蒙·马金森. 现代澳大利亚教育史：1960 年以来的政府、经济与公民 [M]. 沈雅雯，周心红，蒋欣，译. 杭州：浙江大学出版社，2007：82.

年，澳大利亚政府在宪法修正案中删除了歧视土著人的条款，宣布《宪法》第一百二十七条，授予土著人以公民权，为土著人的选举权提供了法律保障。1983 年，参与联邦选举成为所有土著人的义务。1991 年，道金斯白皮书《澳大利亚语言和文字》认可了土著人自己创造的新语言土著英语和托雷斯海峡岛民的克里奥耳语。1992 年 6 月 3 日马勃案件的成功为澳大利亚的土地所有权和原住民土地权奠定了新的基础。① 从澳大利亚联邦成立到澳大利亚土著人，他们花了近一个世纪的时间才获得相对完整的公民权利。

第二，公民身份取消了"英国臣民"的称号。1984 年，《澳大利亚公民法》颁布，自动停止澳大利亚公民成为英国臣民。《澳大利亚公民法》为废除臣民身份和确立澳大利亚公民身份的独立地位提供了法律依据，被称为澳大利亚公民身份发展的第二个里程碑。② "1975 年，澳大利亚政府弃用帝国授勋制度。1984 年，政府又宣布将《前进，美丽的澳大利亚》作为澳大利亚国歌。1986 年，《澳大利亚法案》切断了澳大利亚与英国在法律上和政府方面的联系。"③ 澳大利亚政府废除英国臣民身份，与澳大利亚同英国在 20 世纪 80 年代发生的一系列冲突有关，如澳大利亚想调查 20 世纪 50 年代英国在澳大利亚进行的核试验而英国不配合，英国政府试图阻止前情报官员的书在澳出版遭到澳大利亚政府的拒绝，英国议会披露了 20 世纪 50—60 年代到澳的 1 万名儿童的命运，认为遭到堕落的对待。这些事情让越来越多的澳大利亚人感到有必要与英国彻底分开。④ 这也直接导致以后的澳大利亚共和主义运动。

第三，明确了公民身份的权利与责任。1988 年，澳大利亚移民、地方政府和民族事务部详细说明了公民身份的责任与特权："公民的责任包括向女王宣誓或证明忠诚，遵守澳大利亚法律，履行作为澳大利亚人的职责，登记选举，选举联邦和州议员和在公民投票中投票，参加陪审团，保卫澳大利亚；公民的特权包括有权享有与澳大利亚本土人的公民身份所赋

---

① 杨洪贵. 澳大利亚的多元文化主义研究 [M]. 成都：西南交通大学出版社，2007：155-162.

② CHESTERMAN, J, GALLIGAN, B. Defining Australian Citizenship: Selected Documents. Carlton: Melbourne University Press, 1999：40. 转引自：韩芳. 从臣民到公民：澳大利亚公民教育发展研究 [M]. 北京：光明日报出版社，2011：204.

③ 斯图亚特·麦金太尔. 澳大利亚史 [M]. 上海：东方出版中心，2009：258-259.

④ 斯图亚特·麦金太尔. 澳大利亚史 [M]. 上海：东方出版中心，2009：258-259.

予的同样权利，有权申请任何公职或作为议员支持选举，作为投票者协助选举澳大利亚政府的权利，申请澳大利亚护照，以及离开与重新进入澳大利亚不用申请居民返回签证的权利，在海外受澳大利亚外交代表保护的权利，申请参加国防军和澳大利亚公民身份所要求的政府工作的资格，依据血缘将出生在国外的孩子登记为澳大利亚公民的权利。"①

第四，公民身份的文化基础多元化。澳大利亚政府认识到，非英语移民的文化"不可能被消灭，即使剧烈的政治变动，如战争、压迫和国界变动，都不能消灭一个群体的语言、文化和民族身份。文化的连续性可以移植到另一个国家得到保持。战后非英语移民就是如此抵制了澳大利亚主流文化公开的同化压力而顽强地保持着他们自己的文化的"②。不同地域的移民都保有自己的民族文化，因此，多元文化政策必然使公民身份中的文化基础多元化。这为公民身份带来新的问题。澳大利亚公民身份的传统构成为两个部分：澳大利亚公民权的法律政治观念和身为英国臣民的更为丰富的传统。在 20 世纪五六十年代，澳大利亚生活方式已经取代了英国文化，而在 20 世纪七八十年代，多元文化取代了澳大利亚生活方式。不过，公民的文化基础是什么？这仍是比较模糊的问题。如果多元文化政策意味着遵循各自的文化认同，那么相互之间的文化冲突怎么处理？尤其在新右派改革的背景下，公民身份中的文化基础多元化往往就意味着去文化。这样，经济公民与反公民自然就成了新的公民形象。

二、经济公民与反公民

经济公民与反公民，这一提法是澳大利亚高等教育专家马金森的概括。马金森认为，反公民是 1975 年到 1990 年澳大利亚的教育目标，而微观经济改革和全球经济竞争中的经济公民是 1985 年到 1995 年之间澳大利亚教育的目标。本书借用他的这两个概念来描述 20 世纪七八十年代澳大利亚公民身份特点。

① CHESTERMAN, J, GALLIGAN, B. Defining Australian Citizenship: Selected Documents. Carlton: Melbourne University Press, 1999: 70. 转引自：韩芳. 从臣民到公民：澳大利亚公民教育发展研究 [M]. 北京：光明日报出版社，2011：204.
② 杨洪贵. 澳大利亚的多元文化主义研究 [M]. 成都：西南交通大学出版社，2007：143.

这一时期的新右派政策带来了一种新的公民形象，即反公民。所谓反公民，是指理性自由主义对公民的公共责任的否定和消解，在新右派政策下，个体成为市场的工具。澳大利亚历史学家麦金太尔指出，新公共政策的主要牺牲品是平等，导致的结果就是贫富差距增大。"管制放开的政策措施，不仅废除了将个人纳入相互承担责任的制度框架，而且摧毁了社会团结的精神。失业者不断受到恶意中伤，被称为不愿工作的'混福利的家伙'，一种阴暗的心理在这里表露无遗。相互依存的弱化和个人主义的蔓延损害了爱心、责任和牺牲的美德，导致自私自利泛滥成灾。"①

经济公民是指拥有参与劳动力市场的权利，但是能否实现这种权利则要看公民是否具有相应的能力。市场参与的程度取决于公民的能力高低。因此，失业源于个体的能力较弱和素质较差。而教育就是要培养所有公民成为经济公民所需的这种能力。能力较差相当于被剥夺了行使有效公民权的资格。1983 年，巴里·琼斯（Barry Jones）出版了《沉睡的人醒来》，他说，一种新的信息和通信技术（ICT）增加了社会不平等的倾向，因为人们获取资讯取决于他们购买相关设备的能力。这种"信息富有"与"信息贫困"的差距增大将削弱所有澳大利亚公民"机会均等"的传统。②

到了 20 世纪 80 年代中期，新右派改革带来公民形象的新变化：政府超越了早先强调的小政府和"反公民"，转而要求把公民重建为经济公民，并创建一种"生产力文化"③。马金森认为，所谓经济公民，"人们把'公众'想象成一个具有经济而不是民主身份的个体，一个消费者、纳税人或财产持有人，而不是参与者或公民"④。我们的界定为：经济公民是指公民权利是一种职业权利和消费权利。职业权利指以劳动力市场为基础的公民权利，如就业权利。当然，一些学者认为，经济公民是一种归属像公司这类团体，拒绝和瓦解了个人作为民主社会中的公民的合法性。⑤ 如前所述，

---

① 斯图亚特·麦金太尔. 澳大利亚史 [M]. 上海：东方出版中心，2009：229.

② AXFORD, BEVERLEY, SEDDON, TERRY. Lifelong learning in a market economy: education, training and the citizen-consumer [J]. Australian Journal of Education, 2006, 50 (2).

③ 西蒙·马金森. 现代澳大利亚教育史：1960 年以来的政府、经济与公民 [M]. 沈雅雯，周心红，蒋欣，译. 杭州：浙江大学出版社，2007：68.

④ 西蒙·马金森. 现代澳大利亚教育史：1960 年以来的政府、经济与公民 [M]. 沈雅雯，周心红，蒋欣，译. 杭州：浙江大学出版社，2007：71.

⑤ TERRI SEDDON, LAWRENCE ANGUS. Beyond Nostalgia: Reshaping Australian Education [M]. Acer press, 2000: 2-3.

伙伴关系、平等意识是澳大利亚民族特性的重要内容，而澳大利亚传统的社会民主政策区分市场行为与公民权利之间的联系。但是在 20 世纪 70 年代末 80 年代以来，新右派公共政策强调自由竞争、机会公平，这在一定程度上打破了这一民族特性和传统公民意识。"参与和公平"成为这一时期的教育及其管理体制的主要目标。早期的教育机会均等，从其政治含义和公共特性（如社会整合），已经转变为一种经济术语。经济公民的参与就是对劳动力市场的参与而非对公共生活和公共事务的参与。消费权利则是指消费者能够进入市场等价自愿交换的权利。总之，经济公民关注公民的经济权利。

经济公民与反公民的概念也是国际竞争的结果，是对国家认同的挑战。1983—1996 年之间，工党政府提出了一个激进的宏观和微观的经济改革日程以应对日益激烈的国际竞争。这一日程反映在 1987 年澳大利亚贸易联盟理事会和贸易发展理事会的报告《重建澳大利亚》上。该报告强调发展积极劳动力市场，加速经济重建，以及支持个人在经济变迁中的落伍，通过增加人民的机会和选择，打造一个"聪明的国家"——这也是学校教育改革的目的。这促进了个人把学习视为个人的投资，把私人利益转为通过收入增加的个人。①

经济公民与反公民的公民身份既有积极的一面，也有消极的一面。一方面，经济公民与反公民让我们注意到了公民身份和公民权利的实现能力的重要性。"新右派认为，为了保证贫困阶层的社会与文化的整体性，我们必须'超越资格'，转而集中于他们谋生的责任。由于福利国家消解了人民的自立精神，因此保障措施应当大量削减，而且任何保留下来的福利性利益都应该有附加性义务。"② 不过新右派的这些辩护也遭到了反驳。有人指出，北欧国家作为福利国家一直保持比较低的失业率，而且很难找到证据证明 20 世纪 80 年代的新右派改革促进了公民的责任感，而且恰恰相反，许多市场自由化措施都造成了前所未有的贪婪和经济上的不负责任。③ 另一方面，公民教育的威胁和意义正是在于市场工具和政治工具两个方

---

① AXFORD, BEVERLEY, SEDDON, TERRY. Lifelong learning in a market economy: education, training and the citizen-consumer [J]. Australian Journal of Education, 2006, 50 (2).

② 许纪霖，主编. 共和、社群与公民 [M]. 南京：江苏人民出版社，2004：240.

③ 许纪霖，主编. 共和、社群与公民 [M]. 南京：江苏人民出版社，2004：242.

面。经济公民与反公民是公共生活受到商界和市场控制的结果，意味着公民成了市场工具。"教育对增强经济竞争力至关重要，并且被用于经济重建，还与微观经济改革，公司化和市场化紧密结合。教育的塑造公民的职责也成了新的经济任务的附属。"① 阿克斯福德（Beberley Axford）和特里·塞登（Terry Seddon）认为，人力资本理论把教育与经济发展联系起来了。经济理性主义者不把学习者置于公民社会里，而是置于一种积极环境之中，他或她必须为一系列的经济要求和选择负责。个人不再是具有公民权利的公民，而是具有消费权利的消费者。

第三节　中立化与科学化的公民教育

一、公民教育衰退的另一种理解

总的来说，从联邦政府成立到 20 世纪 50 年代，澳大利亚公民教育在澳大利亚学校课程中一直占有举足轻重的位置。一般认为，20 世纪 60 年代到 80 年代的澳大利亚公民教育逐渐衰退，公民教育在学校课程中几乎完全消失，学校课程中也几乎没有对学生进行公民权利与义务教育、民主传统教育的内容。1971 年，新南威尔士州的小学教育副局长约翰·沃恩认为，"负责任的公民身份"是众多不可实现的目的之一，"这种说明是如此模糊，以至于学校可以教授任何东西"，而历史学习和宗教教学在州立中小学的减少进一步削弱了公民教育。②

澳大利亚公民教育的衰退，一方面与这一时期西方发生的深刻的社会变革有关。20 世纪 60—70 年代，全球科技与经济的发展进入一个崭新的时期。各国之间开始了一场以经济和科技实力为代表的综合国力竞争。澳大利亚政府自然将经济和科技作为发展的首要目标，公民教育则受到普遍忽视。另一方面则源于公民教育的内容与新右派改革、多元文化政策格格

---

① 西蒙·马金森. 现代澳大利亚教育史：1960 年以来的政府、经济与公民 [M]. 沈雅雯，周心红，蒋欣，译. 杭州：浙江大学出版社，2007：120.

② 韩芳. 从臣民到公民：澳大利亚公民教育发展研究 [M]. 北京：光明日报出版社，2011：70.

不入。澳大利亚早期国内公民教育课程关注的是盎格鲁—凯尔特文化的认同，强调解决公民权利与义务、国家认同感以及民主的必要性。这些内容已经脱离了时代的价值变迁。

但是，澳大利亚公民教育的这种衰退既是指公民身份的多元化，也是指公民教育实践的科学化与价值中立。"衰退论"者是以传统的公民身份和公民教育观来做出评判的。传统的公民身份是个人对国家的认同和责任。但是，公民权利在这一时期得到了更多的强调，尤其是个人的利益，而非国家利益，如经济公民与反公民。这激发了我们对公民身份的反思与新的认识。从公民学的角度来看，经济公民和反公民的去文化倾向意味着澳大利亚公民身份摆脱了英国臣民的种族歧视、殖民残余，意味着澳大利亚公民身份的一种文化更新。从教育的角度来看，这一时期对传统公民教育的不满，如灌输的教学方式和缺乏说服力的内容，意味着公民教育需要改革。后现代主义思潮的影响，走出国家民族至上的虚妄，人们更真实地对待自己，即使自由主义也是要加以批评的——当自由成为主义，就会转换为一种压迫的力量。因此，怀疑即进步。当人们能够审慎地反思关于"公民教育"的一切的时候，当人们都在感叹"公民教育衰落"的时候，恰恰说明公民教育即将获得新生。

从世界德育研究的历史发展来看，恰恰是这一时期，在欧美叫"道德教育荒废时期"。然而，这一时期，即公民教育实践衰落时期，却是道德教育和公民教育研究的鼎盛时期。价值澄清模式、道德认知发展理论等新的道德教育理论出现了。这一现象的确令人深思。正所谓"江山不幸诗家幸"。当问题严重的时候，就是变革发生的时候，这也是进步的时候。因此，笔者认为，澳大利亚公民教育在这一时期仍在进步，尤其是在观念层面上为20世纪90年代澳大利亚公民教育的大发展做了很好的准备。

二、价值中立的开放课堂

20世纪60年代起，澳大利亚出现了价值中立的"开放课堂"。"开放课堂"有多层含义："开放教育是态度开放和价值中立的，不将任何特定的观点确定为正确的观点，接受相对主义而放弃对绝对真理的信念，开放教育是空间的开放，教师能够在校外任何他想去的地方上课，或将公众成员带到学校中来；教育不受现有学校制度和功能的限制，教育没有明确的教育观或固定的哲学——除了一个处于变化中的信念！无论如何，开放教育的理论和实践放弃了对核心价值观的坚守。"①

　　"开放课堂"是澳大利亚于 20 世纪 60 年代末从英国引入的，大都设于小学。"昆士兰州于 1968 年引入，南澳大利亚州于 1969 年引入，塔斯马尼亚州和西澳大利亚州于 1970 年引入，澳大利亚首都地区于 1971 年引入。到 1972 年 2 月，开放课堂小学或有开放课堂单元的小学在南澳大利亚州有 45 所，在昆士兰州有 54 所，在西澳大利亚州有 33 所，在澳大利亚首都地区有 6 所。"②

　　学校教育的价值中立有多方面的原因。一是源于西方在 20 世纪六七十年代的社会运动，道德权威遭到年轻人的否定。如前所述，年轻人反对权威，反对传统道德观，追求个性与个人权利，在这样一个"解放"的时代，家庭和宗教的影响遭到削弱，绝对信仰让位于相对主义。"大众民主成为一种表演民主。面包和马戏团由失业救济、福利服务、电视媒体、大量闲暇以及体育活动提供。许多是表演，而不是参与"。③ 二是源于冷战的影响。就澳大利亚而言，20 世纪 60 年代起，澳大利亚社会对共产主义的恐惧日益增长。在这种时代背景下，澳大利亚教育官员要求公立学校中的教师进行价值中立的教学。这种价值中立教育最突出的实践是将英国的"开放课堂"引入小学。

　　这种"开放课堂"的教育陷入了过分追求自由、追求个性的泥潭。由于这一时期澳大利亚的课程改革逐渐放弃了学校对学生价值观的引导，许多学校都强调，价值观的选择是学生的自由，教师和其他教育领导者不能将他们的价值观强加于学生意识之上，学校的主要目的只是对学生进行智力教育。如塔斯马尼亚州 1977 年出台的《中等教育报告》中写道：学校的主要作用是发展学生的智能，因为学校在社会安全方面的作用是有限的，清除不公正和不平等，取决于社会结构和经济结构的根本性变革。④

---

① 韩芳. 从臣民到公民：澳大利亚公民教育发展研究 [M]. 北京：光明日报出版社，2011：73.

② 韩芳. 从臣民到公民：澳大利亚公民教育发展研究 [M]. 北京：光明日报出版社，2011：73.

③ ALAN BARCAN. A History of Australia Education [M]. Oxford：Oxford University Press，1980：345.

④ 王斌华. 澳大利亚教育 [M]. 上海：华东师范大学出版社，1996：2.

三、社会科学课程

这一时期的澳大利亚公民教育逐渐具有了科学化的特征。20 世纪七八十年代，随着整个社会的右转，澳大利亚社会对效率的强调先于平等，因此，进步主义教育运动自然烟消云散。社会学习课程也随之消失，被"社会科学"课程取代。

1970 年，澳大利亚成立了全国社会科学教学委员会来介绍新方法和交流课程资料，并在许多州举行研讨班和专题研讨会。①

1971—1973 年，昆士兰州开始实施美国新社会科课程改编的新教学大纲。一直持续到 80 年代末。② 在重新界定社会科课程的教学目的时，昆士兰州认同并采纳了美国新社会科课程的观点：社会科课程的目的是"学术"而非"公民教育"。这意味着放弃早期对"好"公民的准备和服从，拒绝忠诚和公民认同等价值观的灌输，取而代之的是个人的发展、认知与情感的目的，以及为"积极参与社区生活"做准备。③ 这一变化正是经济公民与反公民强调个人利益和发展的体现。

社会科学课程在塔斯马尼亚州得到了较好的发展。该州在社会科学课程的开发上走在全澳大利亚的前面。1967 年 6 月，塔斯马尼亚州教育副总监休斯（P. W. Hughes）组织了一个委员会，讨论教育目的、学习过程和课程开发的方式以及学校在民主社会中的作用等问题。1968 年 8 月，该委员会的调查报告《社会中的学校》出版。在该报告中，关于教育目的的陈述显得矛盾犹豫、摇摆不定。学校用何种方式帮助所有人在一个好的社会里走向一种好的生活？他们认为，这需要满足三个"构成性要素"——公民资格或公民责任、职业能力、自我修养。教育改革方案就是运用经验来发展理智，促进审美、体能、社会、道德、精神的发展。④ 课程改革者把社会科学课程视为一种整合学习的主要机会，一种培养学生掌握学习方

---

① 韩芳. 从臣民到公民：澳大利亚公民教育发展研究 [M]. 北京：光明日报出版社，2011：74.

② PRINT，M，GRAY，M. Civics and Citizenship Education：An Australian Perspective [EB/OL]. http：//www. abc. net. au/civics/democracy/ccanded. html，2006-06-12.

③ 韩芳. 从臣民到公民：澳大利亚公民教育发展研究 [M]. 北京：光明日报出版社，2011：76.

④ ALAN BARCAN. A History of Australia Education [M]. Oxford：Oxford University Press，1980：351.

法的有用工具。社会科学课程的目的是促进中等教育与初等教育的衔接。①

　　社会科学课程的出现是这一时期世界教育追求科学化的表现。1972年，联合国教科文组织国际教育发展委员会发表了一份报告《学会生存》。该报告称，当前科学与技术的革命、世界发展面临的诸多问题需要改革当前的传统教育模式，而科技革命、教育学和其他学科的新进展为这一变革提供了很多工具和方法。因此，他们主张把科学研究的新发现（如脑科学、发生认识论、结构主义等）、教育实际中的新发明（如计算机辅助教学）、教育研究的新思想新理论运用到教育改革中来，打破学校的藩篱，运用媒体技术的力量②。就这一时期的澳大利亚而言，教育变革的氛围也是相当浓厚。"在小学，学科的传统结构和内容遭受了质疑。新英语、新数学、新社会科学摧毁了老教师的自信。这些老教师也不得不学习新的知识，掌握新的技术行话，设计新的教学方法。20 世纪 70 年代开始的知识增长使传递知识不再困难，出现了一些来自实际的和令人兴奋的新变化，如结构课程论、发现教学法、基于逻辑科学方法的问题解决法等。这些新的理论也逐渐被用于社会科课程"。③ 教育的科学化必然体现在公民教育的科学化中。去文化、价值中立成为公民教育科学化追求的代价。

---

①　ALAN BARCAN. A History of Australia Education ［M］. Oxford：Oxford University Press，1980：352.

②　联合国教科文组织国际教育发展委员会，编著. 学会生存：教育世界的今天和明天 ［M］. 华东师范大学比较教育研究所，译. 北京：教育科学出版社，1996：27.

③　ALAN BARCAN. A History of Australia Education ［M］. Oxford：Oxford University Press，1980：366.

第六章 全球化时代的多元文化
公民教育（1990s—2010s）

  20 世纪 80 年代末 90 年代初以来，冷战结束让世界各国更深地卷入全球化进程，与此同时，世界各国内部差异逐渐增大、愈加复杂。在这一新的背景下，世界各国都开始重新审视公民教育与公民身份的构建问题。在国际公民教育浪潮的影响下，澳大利亚也开始了公民教育的新发展。"20世纪 80 年代和 90 年代的地区性和全球性发展趋势，特别是不断变化的经济联系，影响了政治话语和政策，再一次让澳大利亚人质疑他们的国家认同，以及关于民主国家和民族国家的理念"①，尤其是多元文化政策与传统民主的关系。公民教育再次成为澳大利亚重构新的国家意识的重要手段。

第一节 全球化时代的国家焦虑

一、澳大利亚的重新定位：亚美之间或亚太国家

  20 世纪 90 年代苏联解体、冷战结束，世界开始朝着多极化方向发展。由于安全威胁让位于经济发展，澳大利亚也开始走出"美国中心"，靠拢亚洲。这一"靠拢"体现在几个方面。20 世纪 80 年代末 90 年代初，澳大利亚开始将其外交政策的重心从欧美转向亚洲，实行亚洲优先政策。1989年初，澳大利亚总理霍克提议建立亚太地区经济合作论坛（APEC），并在

---

① JOAN GERALYN DEJAEGHERE. Citizenship and Citizenship Education in Australia：New Meanings in an Era of Globalization［D］. Unpublished PhD Dissertation. Minneapolis：University of Minnesota，2003：46.

堪培拉主持召开了首次部长级会议，澳大利亚成为 APEC 的发起国，澳大利亚外长伊文思第一次使用了"全面融入东南亚"的提法。① 1992 年，基廷政府的对外政策明确指出："澳大利亚的未来在亚洲。"以此为标志和起点，澳大利亚政府以"面向亚洲，着眼未来"为主要目标，在经济、政治、外交、安全与防务等方面大幅度调整对外政策，形成一整套以面向东亚为主体的新的亚太战略，提出了"面向亚洲"和"融入亚洲"的口号。② 随着澳大利亚的亚裔人口增多，澳大利亚政府甚至开始积极推广亚洲语言文化教育，将学习亚洲语言提到国家经济发展的战略高度。③ 2012 年，澳大利亚政府发表了《亚洲世纪中的澳大利亚》白皮书，让澳大利亚人增强对亚洲国家语言和文化的了解，其目标是让所有澳大利亚学生能有途径学习到一门亚洲国家的语言，包括中国大陆的普通话、印度语、印度尼西亚语或日语。④

　　这一"靠拢亚洲"的趋势源于澳大利亚经济发展的要求。从日本经济崛起、亚洲四小龙的崛起，再到今日中国的崛起，自然让与亚洲具有密切地缘关系的澳大利亚不可能视而不见。1957 年日本开始实现经济起飞，短短的 20 多年里，从一个遍地废墟、满目疮痍的战败国一跃成为仅次于美国的第二大经济大国。20 世纪 70 年代开始以"亚洲四小龙"为代表的亚洲新兴经济体开始飞速发展并取得瞩目成就，成为亚洲新兴工业化国家与地区的代表。1979 年中国开始实行改革和对外开放，"至 1994 年 15 年中国国民生产总值年均增长 9％，其中，1992 年到 1994 年，均达 13％以上"⑤，从 1995 到 2010 年，除了 1997 年亚洲金融危机之后的几年 GDP 年均增长在 8％左右，基本上都在 10％以上。中国成为全球经济发展最为迅速的国家。⑥ 因此，战后的亚洲经济发展已成为世界经济的发动机。

---

① 钱超英. 澳大利亚：移民、多元文化与身份困惑 [J]. 深圳大学学报：人文社会科学版，2009（2）.

② 袁喜清. 从敌国到友邻 [J]. 世界知识，1996（2）.

③ 张秋生. 澳大利亚与亚洲发展史 [M]. 北京：北京大学出版社，2002：231.

④ BENJAMIN PREISS. Language policy will cost nation billions [DB/OL]. http：//www. theage. com. au/opinion/political－news/language－policy－will－cost－nation－billions－20121029－28drs. html，2012-10-29.

⑤ Asian Development Bank. Asian Development Outlook 1995 and 1996 [M]. Oxford：Oxford University Press，1995.

⑥ 历年中国 GDP 及中国人均 GDP 一览表 [DB/OL]. http：//news. 51zjxm. com/bangdan/20140618/50736. html，2014-06-18.

半个世纪的亚洲经济发展极大地改变了澳大利亚以往的亚洲观。20 世纪 90 年代以来，亚洲各国对澳大利亚的影响日益加深，已逐渐成为澳大利亚不可忽视的一部分，以致有人说，澳大利亚的国家身份在太平洋国家和亚洲国家之间模糊不定①。在全球化背景下澳大利亚开始转变自身定位。澳大利亚一直被视为传统的西方国家，逐步向亚太地区靠拢，开始大力改变其"白种人的澳大利亚"的形象。自此，澳大利亚把自己视为亚太地区的一个重要国家，"亚太"成为澳大利亚地缘政治与经济发展的重要地域概念。

当然，这一转变不再像以前澳大利亚从英国中心转向美国中心那样完全，而是从美国中心转向美亚平衡。澳大利亚逐步褪去其英国殖民的阴影与美国的影响，以自己国家的利益为出发点，重整与亚洲各国的关系，试图建立一个新的亚太外交体系。从 20 世纪 90 年代以来，澳大利亚在澳亚关系与澳美关系上采取平衡外交策略。从历史上来看，从靠英到亲美到转向亚太，澳大利亚国际关系的不断转向给澳大利亚的国家意识烙上了不同时期、不同国家的深刻影响。这具体体现为澳大利亚国家发展中存在的三股力量对澳大利亚国家意识的撕裂：文化上亲英，安全上倾美，经济上倾亚。倾亚又经历了倾日、倾四小龙、倾中的变化。但是这种"亲"或"倾"都受到澳大利亚文化深层结构——白人优越论——这一根深蒂固的种族中心主义倾向的支配。也就是说，文化上亲英是深层次的，安全问题上靠美是中层次的，经济上倾亚则是浅层次的。

正因为这种国际关系结构的深浅有别，故而澳大利亚国家身份分裂症时不时地就会发作。例如，1996 年霍华德联盟党政府上台后，澳大利亚的外交政策由工党政府的"面向亚洲"转变为自由党政府的"倾向美国"。②霍华德政府认为与美国保持更为紧密的联盟关系比澳大利亚单纯的自我依赖更有利于本国的利益。联盟党的外交政策奉行加强与美国之间的联系与合作，不再强调"融入亚洲"，急于切断与英国之间的联系。2007 年，工党政府上台，陆克文时代的中澳关系跌入十年来的最低谷。近年来，伴随美国重返亚太战略，澳大利亚也充当了美国的马前卒，与中国周边国家勾结，在中国的外交、军事问题上与中国频频作对、屡挑事端，但是它又想

---

① 钱超英. 澳大利亚：移民、多元文化与身份困惑 [J]. 深圳大学学报：人文社会科学版，2009 (2).

② 陈驰. 试论澳大利亚国家角色的演变 [D]. 北京：外交学院，2007：12.

继续保持与中国的经贸关系，从中谋取经济利益。2011 年，澳大利亚总理吉拉德在"亚洲连线"论坛上阐述外交政策的演说中强调，应对亚洲的崛起，制定澳大利亚的亚洲政策非常重要，必须尤其重视发展、深化与中国、印度和印度尼西亚等国家的关系，同时继续发展与美国、日本的长期合作伙伴关系。[①] 这是澳大利亚"国家身份分裂症"的表现，反映出澳大利亚的骑墙、势利的国家特性。因此，这种美亚平衡是不确定的，"倾亚"和"倾美"取决于中美力量的强弱。不过，"文化亲英"这一深层次的心理结构才是澳大利亚骑墙的稳固基础。澳大利亚国内种族歧视、多元文化政策更是这一深层文化心理结构的直接动因。

澳大利亚的这种"国家身份分裂症"自然影响了澳大利亚公民教育的政策与实践，也影响了澳大利亚公民身份的建构。

二、澳大利亚的多元文化政策与新民主国家

自 20 世纪 70 年代以来，澳大利亚实施了多元文化政策，对外来移民的待遇有所改善，使大量移民涌入，其中来自亚洲的移民剧增。从 1996 年到 2011 年，欧洲地区移民人口缓步下滑，亚洲及世界其他地区移民人口则呈加速增长趋势（见表 6-1）。其中，亚洲和撒哈拉以南非洲移民的增速是非常快的。这的确是澳大利亚实施多元文化政策的结果。至少在"白澳政策"时代这是不可想象的。

表 6-1　20 世纪末 21 世纪初澳大利亚移民人口来源变化情况

年份	欧洲移民	亚洲移民	中东与北非移民	美洲移民	撒哈拉以南非洲移民
1996—2001	−3.76%	+14.76%	+11.06%	+6.80%	+31.91%
2001—2006	−2.61%	+23.02%	+17.11%	+11.93%	+35.37%
2006—2011	+2.56%	+43.79%	+22.08%	+24.31%	+42.07%

注：本表数据来源为颜延的《海外移民与澳大利亚文化多样性的发展——以 2001、2011 年人口普查数据为比较研究中心》（《学海》，2013 年第 6 期）。

---

① 朱大强. 澳大利亚将制"国家蓝图"重视发展与亚洲关系 [DB/OL]. http://gb.cri.cn/27824/2011/09/30/3245s3389978.html, 2011-09-30.

随着非英语国家移民的不断涌进,澳大利亚的民族多样性与文化多样性愈加明显,澳大利亚人开始寻求一个新的民主国家的形成,这既是其多元文化政策形成的根本动力,也是其国家发展中的一次关键时期。

20 世纪 90 年代以来,澳大利亚政府进一步发展了多元文化政策。1995 年 6 月,国家多元文化咨询理事会的报告《多元文化的澳大利亚:下一步——展望和超越 2000 年》重申和确认了 1989 年文件《关于多元文化的澳大利亚国家议程》提出的基本原则。1999 年,国家多元文化咨询理事会提交了《新世纪的澳大利亚多元文化主义:走向包容》的报告,提出了公民义务、尊重文化、社会平等三个原则。该报告就如何完善多元文化政策以及确立新的多元文化政策重点提出了建议。作为对该理事会报告的回应,澳大利亚政府于 1999 年 12 月在国会公布了多元文化政策声明《澳大利亚多元文化新议程》,强调必须确保多元文化政策成为澳大利亚社会的统一力量。为了实施新的议程,澳大利亚政府于 2000 年成立了澳大利亚多元文化委员会。2003 年,霍华德政府发布了《多元文化的澳大利亚:多元中的统一》,重申《澳大利亚多元文化新议程》的基本原则,并为 2003—2006 年多元文化政策的发展确定了战略重点和方向。

同时,土著人仍在不断争取自己的权利。如前所述,二战后,土著人虽然取得了公民身份,但是并没有被提供同样的机会,特别是在社会权利如教育、工作、合理薪水方面,而且同化政策损害了他们在历史上和文化上具有的生活能力。在 20 世纪 90 年代,关于土著人的政策与实际改善策略也有了很大的进步。

"1990 年土著和托利斯海峡岛民委员会成立,使土著人拥有了有限的自治权。1992 年,在具有历史性意义的马波判决案中,高等法院在澳大利亚习惯法中认可了土著人对土地的权利。20 世纪 90 年代,澳大利亚土著人已经不再是'没有权利的公民'了,土著人在法律和政治上的地位有了彻底改观。然而,现实生活中的土著人,从主要社会指标来看,在健康、教育、就业、监禁率、酗酒、吸毒以及自杀率等方面,在澳大利亚仍然是处在社会的最底层。澳大利亚公民委员会认为,只要土著人的社会和经济地位仍然是社会中的最底层问题得不到有效解决,土著人的公民权利与义务就永远是不完整的。1996 年 10 月 30 日,澳大利亚联邦国会通过了《关于种族宽容的宣言》,国会重申,所有澳大利亚人享有民主权利承担责任,所有国民，不管其种族、肤色、信仰或出生地如何，都将受到平等对待，受到尊重；重申国会有责任继续推行移民政策，不因种族、肤色、信仰或出生地不同而受到歧视；有义务继续推进与土著和托利斯海峡岛民的和解进程，改善他们在社会、经济方面的不利处境；有义务继续推行多元文化、宽容、开放社会，把对国家、民主制度和价值观的义务当作压倒一切的头等大事，以此统一人们的思想；谴责有悖澳大利亚人理想社会的任何形式的种族歧视……近年来，许多澳大利亚土著人、非土著人积极奔走，参加了寻求与土著人和解的行动。和解的核心问题就是要真诚地面对澳大利亚历史上最阴暗的部分，尊重土著人。澳大利亚公民委员会强烈支持土著人和解行动，号召政府和社区共同参与到这场和解运动中来。"①

　　20 世纪 90 年代以来的这一系列多元文化政策让澳大利亚成为一个新的民主国家。多元文化政策使土著人和移民是澳大利亚不可忽视的社会组成部分，"多元族群"趋于成为一体。超越不同族群的原则是新民主的含义。我们以《新世纪澳大利亚多元文化：走向包容》这一报告为例。该报告认为：

　　"澳大利亚民主确保每个公民的自由、基本权利以及平等，正是澳大利亚民主制度保证了文化的多元性在社会中的繁荣。澳大利亚是一个多元文化社会，包容了许多文化、历史和传统，农村与城市，土著人与其他所有澳大利亚人。而社会的主要功能就是从个人以及社会作为一个统一的整体出发，对文化多元性进行管理。以下是文化多元主义的主要原则：一是公民义务：所有澳大利亚人都有义务支持澳大利亚社会的基本结构和原则，包括宪法、民主制度和价值观，这些内容将确保每个人的自由、平等和多元文化在社会中的繁荣。二是尊重文化：服从法律，公民有权利表达自己的文化和信仰，同时要尊重别人同样的权利。三是社会平等：所有澳大利亚人都被赋予了获得平等对待的权利以及使每个人能够为澳大利亚社会、政治、经济生活贡献力量的机会，不因为人们的种族、文化、宗教、语言、地点、性别或出生地不同而受到歧视。"②

　　超越族群、宗教、地域、党派等文化要素的差异，不同文化的人能够自由平等地交流、毫无障碍地沟通，这正是杜威意义上的文化民主或社会民主。这与传统意义上的政体、制度的民主不同。这就是民主的新意。这

---

① 安钰峰，董子宁. 澳大利亚公民权利与义务教育概况（下）[J]. 基础教育参考，2007（9）.
② 安钰峰，董子宁. 澳大利亚公民权利与义务教育概况（下）[J]. 基础教育参考，2007（9）.

种生活民主已经不同于昔日的澳大利亚生活方式。昔日同化政策是单方面地认同澳大利亚生活方式，贬低土著人和移民的传统生活方式。这在前述的《丛林丛书》中谈过。虽然外来移民大多是向往澳大利亚的现代生活方式，但是对彼此文化的尊重是必需的前提。这是生活民主在多元文化社会里的新含义。多元文化需要一种文化民主的立场。在内外多元文化的相互交融下，在西方保守主义传统与多元文化的冲突下，在新世纪亚欧关系的制衡下，澳大利亚人只有尊重差异、保障各族人民的平等合法权利，才能有利于各民族人民对澳大利亚产生忠诚和认同，有利于一个民主国家的建立与形成。

新的民主国家就是建立在这种文化民主的基础上的。

三、澳大利亚多元文化与国家意识建构

美亚之间的纠结，多元文化社会的现实，使澳大利亚对自身的国家身份和归属问题的探索更加迫切。在霍克政府以及 20 世纪 90 年代更为激进的基廷政府时期，澳大利亚的领导人实际上决定，澳大利亚应当脱离西方，把自己重新定位为亚洲国家。保罗·基廷宣称多年以来澳大利亚遭受了"亲英症和麻痹症"的折磨，继续与英国保持联系将"使我们的民族文化、经济前途一直在亚洲和太平洋的命运受到不良影响"。但亨廷顿直接揭穿了这种亚洲人听了很高兴的说法背后的原因。他说，把澳大利亚重新确定为亚洲国家是基于这样一种假设：在塑造民族命运的过程中，经济压倒了文化。[①] 也就是说，这是为了和亚洲做生意。澳大利亚的文化还是英国的基因，而澳大利亚的军事和防务还是结盟美国。这是澳大利亚国家身份分裂症的体现。

民族文化身份的转变对澳大利亚国家身份和归属的定位的影响是巨大的。在"盎格鲁-凯尔特"占主流的单一民族文化时期，澳大利亚人有着"英国的灵魂"，是帝国的一部分，但是在民族文化变得愈加多样和构建多元文化社会的过程中，作为一个"命运与全球政治体系、冲突以及人口流动密切相关的移民国家"，澳大利亚的国家身份和归属更多地受国家安全

---

① 塞缪尔·亨廷顿. 文明的冲突与世界秩序的重建 [M]. 周琪，等译. 北京：新华出版社，1998：163.

与经济发展的制约。随着全球化对澳大利亚构建多元民族文化影响的进一步加深，在移民问题、多元主义、共和主义以及构建民族国家认同的刺激下，澳大利亚的国家身份和归属问题更加复杂化。如何在这个多元文化社会里寻求到合理的、大家都认同的国家身份一直是澳大利亚人深感困扰的问题。

新的民主国家是形成新的国家身份的结果，也是形成新的国家身份的过程。澳大利亚的多元文化政策要求各族群的人对澳大利亚有着共同的责任感和使命感。在澳大利亚，多元文化主义"是对国内民族文化多元共存的认可和保护"①，其基本内核是：在所有澳大利亚人对澳大利亚承担压倒一切的和一致的义务、对它的利益和未来承担责任的前提下认可和尊重民族文化的多样性，在文化上，主张保持各民族的传统文化；在政治上，要求各民族群体的平等权利；在经济上，强调各民族人民的机会均等；在社会生活上，促进各民族人民的平等参与。澳大利亚多元文化主义是一个关于在澳大利亚社会里不同文化、不同民族背景的人们如何平等相待、和睦共处的庞大体系。②

1996 年，霍华德自由党政府时期出现了多元文化主义政策的逆流。作为自由党政府，反对工党政府的政策实属党派之争，所以，霍华德虽然仍将多元文化主义作为国家发展方针，但是核心思想与过去大不相同了。首次提出了公民的义务是支撑澳大利亚社会基本结构和原则的相关义务。③2003 年，他再次重申了这样的立场："所有澳大利亚人都具有表达和分享自己文化价值的自由，这一点与公民的义务是永久的、相互补充的关系。我们期望所有澳大利亚人都忠于澳大利亚及其人民，并尊重宪法、议会制民主、言论自由、宗教自由、作为国家统一语言的英语、法律规范、宽容与平等等支撑我们民主社会的基本结构与原则。他强调多样中的同一。"④"多样中的同一"与"多元一体"，都道出了超越文化差异而形成基于政治、法律层面的同一的设想，以此形成澳大利亚的国家意识。而"同一"

---

① DAVID BENNETT. Multicultural States: Rethinking Difference and Identity [M]. New York: Routledge, 1998: 135.

② 杨洪贵. 二战后澳大利亚非英语移民政策的演变 [J]. 世界民族, 2005 (5).

③ 岭井明子, 主编. 全球化时代的公民教育 [M]. 姜英敏, 编译. 广州: 广东教育出版社, 2012: 97.

④ 岭井明子, 主编. 全球化时代的公民教育 [M]. 姜英敏, 编译. 广州: 广东教育出版社, 2012: 98.

"一体"恰恰是公民身份的政治法律层面的内容。由此可以推出，公民教育成了国家形成的重要手段。

1998 年成立的澳大利亚公民评议会于 2000 年提出了一份意味深长的报告《面向新世纪的澳大利亚公民教育》。该报告认为，在表述澳大利亚时，用国家（"state"）已不太合适，因为国家隐蔽了现实的多样性，强制人们接受人种、民族的僵化特征以及基于"单一文化神话"的国家认同。在极端状态下，这种国家主义有可能成为倡导"民族净化"的偏狭势力。该报告主张，用政治体（polity）来替代国家这一概念。这是一种新的认同感。它实际已是有去文化的意图，以共同的权力和利益替代文化，成为各个族群共同认可的因素，进而在认同的基础上形成各个族群对自己生活的这个国家的发展的使命感和责任感。这种使命感和责任感就是新的国家意识。

总之，20 世纪 90 年代以来的澳大利亚是身处全球化与多元文化环境下的澳大利亚。全球化为澳大利亚带来了机遇但也带来了焦虑，多元文化丰富了澳大利亚的社会体系但也带来了一系列身份归属问题。走出文化上的"英国中心"，维持安全上的"美国中心"之后，澳大利亚纠结于亚美之间，需要重建自己的国家意识以及新的公民身份。如何在文化传统与多元文化间找到平衡，如何在亚洲和欧洲之间找准自己的定位，是目前澳大利亚公民教育的主要任务。

第二节　多元文化公民

20 世纪 90 年代，澳大利亚公民身份的文化基础出现了多元文化与一体化的摇摆纠结。"多元文化"是澳大利亚国家置身于多元文化社会的结果。"一体化"体现了澳大利亚政府试图以核心价值来统摄多元文化的努力。这是澳大利亚国家意识重建与多元文化现实之间冲突的表现。

一、多元文化与澳大利亚公民身份问题

20 世纪 90 年代以来，公民身份的定义是个世界性的争议话题。艾丽丝·杨、金里卡等提出差异公民、多元文化公民。萨尔瓦立斯认为，这些新的理论都认为，马歇尔的三种公民权利是建立在国家认同基础之上的、关于公民身份的一种狭义的和技术性的理解。公民身份应当包括更充分的成员资格和积极的政治参与，同时要考虑到性别、文化多元主义和土著的自决权。①

这一时期的澳大利亚公民身份也是如此。1992 年，基廷政府开始把国民身份和公民身份问题提上公共议程。"政府就澳大利亚成为共和国并修改国旗、消除英国特征的可能性征求意见。基廷也越来越重视和亚洲国家之间的关系，和土著人、澳大利亚本地人、托雷斯海峡岛民之间的和谐。"② 1992 年，最高法院承认了土著优先获得土地的权利，这一举措把公民身份问题变得重要并富有争议，有时它还取代了利率、收支平衡、外债和劳动力市场等问题，成为社会热点问题。因为公民合作和参与热情的滑坡在公众生活中形成了真空状态。③ 身份和团结的问题共同促使了对公民身份兴趣的复苏。人们认为，只有经济成员的身份如消费者、投资者、工人、企业家等是不够的。"在讲英语的国家里，对公民身份兴趣的复苏是对经济理性主义、小政府和市场自由化的超个人主义以及竞争盲目崇拜的反。"④ 这在其他发达国家也如此。

1994 年 8 月，澳大利亚议会的移民联合执行委员会发布了一份关于《所有澳大利亚人——提升澳大利亚人的公民意识》的报告，建议允许双重公民身份，允许移民保留"对他们原来的国家的责任感"。该委员会还

---

① 转引自：西蒙·马金森. 现代澳大利亚教育史：1960 年以来的政府、经济与公民 [M]. 沈雅雯，周心红，蒋欣，译. 杭州：浙江大学出版社，2007：202.

② 西蒙·马金森. 现代澳大利亚教育史：1960 年以来的政府、经济与公民 [M]. 沈雅雯，周心红，蒋欣，译. 杭州：浙江大学出版社，2007：201.

③ 西蒙·马金森. 现代澳大利亚教育史：1960 年以来的政府、经济与公民 [M]. 沈雅雯，周心红，蒋欣，译. 杭州：浙江大学出版社，2007：201-202.

④ 西蒙·马金森. 现代澳大利亚教育史：1960 年以来的政府、经济与公民 [M]. 沈雅雯，周心红，蒋欣，译. 杭州：浙江大学出版社，2007：202.

建议为公民身份教育开设一门全国性课程，并把它当作"国家的优先事务"①，并且主张修改《公民法》。

1995 年，联合国教科文组织在澳大利亚召开了"全球文化多样性大会"（Global Cultural Diversity Conference）。该组织提交的大会报告对"多元文化"的内涵做了如下总结：多元文化包含各族群平等享有"文化认同权、社会公平权以及经济受益需求"（the right to cultural identity, the right to social justice and the need for economic efficiency）。

此后，关于公民身份的法案也在澳大利亚纷纷出台，如 1998 年的《新世纪的澳大利亚公民身份》，2005 年的《澳大利亚公民法案 2005》，2007 年的《澳大利亚公民法 2007》。

澳大利亚的多元文化公民身份已经非常复杂了。一份会议纪要反映了澳大利亚公民身份的多元文化特性。"获得澳大利亚公民身份不应该要求压抑人们原来的文化遗产或身份。相反，成为一名公民的行动是形式上的和实际上的——一个把他们自身的语言、文化和传统带来以丰富澳大利亚社会已经多样化的构成的过程。我们的多元文化社会的设想与我们的公民身份概念一样，都十分强调建立一个团结和谐的社会。而由于它的来源多样化了，这个社会更具包容性和外向性。……公民身份是共同身份的象征和对国家的责任。共同的国民身份应该是把一个文化多元化的澳大利亚联合在一起的纽带。"② 尽管这是 1982 年的一份会议记录，但是这些表述在20 世纪 90 年代的新民主国家这一概念中是一样的。共同身份、责任感，这是公民身份的文化基础的比较好的表达。

我们还可以从几位学者的叙述中理解澳大利亚多元文化公民身份。澳大利亚对公民身份的认识已经非常细致和全面。美国学者杰拉林·迪加克里（Geralyn DeJaeghere）专门探讨了在全球化时代澳大利亚的教师对成为一个公民的理解。他从"复杂的认同""积极的参与""优越与权力""知识、价值观和经验"四个相互联系的要素中对此做了描述和解释。第一，（1）成为一个公民是一种政治的和地理的认同，经常与澳大利亚这一民族国家相联系。（2）成为一个公民是一种澳大利亚背景中的文化认同，是与其他文化背景相对照而言的。这涉及多元文化与共同文化的关系问题。

① 西蒙·马金森. 现代澳大利亚教育史：1960 年以来的政府、经济与公民 [M]. 沈雅雯，周心红，蒋欣，译. 杭州：浙江大学出版社，2007：202.

② Ian Macphee. 议会记事录 1982 [Z]. 2356.

（3）成为一个公民，在政治上和社会上归属于多重共同体，如邻里、城市、州、学校、政治组织、专业组织和社会组织。（4）成为一个公民包括在全球背景下的社会的、政治的、积极的和环境的联合。这种联合不一定是特定的和一致的共同体。第二，积极参与。这也是自我认同的部分。具体包括：（1）作为一个公民的行为是帮助他者。（2）成为一个公民就是解决社会问题，改善社会。第三，优越和权力。成为一个公民就是有影响变化特别是澳大利亚变化的特权和权力，但是对于全球层面的变迁力不从心。第四，知识、价值观和经验。知识指导问题的解决。价值观强调了归属和行为。在一个多元文化社会，差异是日常生活的一部分，寻找超越差异的共同价值观反而成了感受归属感的重要体现。经验提供了知识并影响了认同。①

　　20世纪90年代，澳大利亚的公民身份概念也在重新界定。从当前的文献和辩论来看，教育者都采用关于公民的折中概念。穆雷（Murray）认为，公民身份可以包括至少五个重要特征："（1）公民身份超越国界，包含了地区维度和国际维度。澳大利亚人可能会把他们的公民身份集中在国家层面（选举、体育赛事、国庆活动），或者地区层面（社区的需求、当地的庆祝活动），或者区域层面（国防、贸易），或者全球层面（环境、经济稳定）。（2）公民身份在澳大利亚具有包容性，以和谐的方式涵盖了所有群体，包括土著和多元文化混合体。（3）公民身份将强调公民责任和公民权利，特别是这涉及在一个自由民主体制下，在国家和国际两个层面的政治参与。（4）公民身份是基于公民社会的原则，其实质是在社会需求的约束下，存在既追求个人利益又能有效共存的机会。为了有效地实现这一点，公民需要在实践中得到政府的理解和欣赏。（5）公民身份促进了为共同体的善而参与的概念，既是本地的，也是区域的。例如，'清洁澳大利亚'活动，现在在世界范围内，旨在鼓励公民为地区的环境乃至超越国界的环境承担起自己的责任。这些特征并不是绝对的。当关于公民身份的辩论拓宽和发展时，可能还会发生更大的论争。"②

---

① JOAN GERALYN DEJAEGHERE. Citizenship and Citizenship Education in Australia: New Meanings in an Era of Globalization [D]. Unpublished PhD Dissertation. Minneapolis: University of Minnesota, 2003: 94-125.

② PRINT, M, GRAY, M. Civics and Citizenship Education: An Australian Perspective [EB/OL]. http://www.abc.net.au/civics/democracy/ccanded.html, 2006-06-12.

以上对公民身份的认识是以往的澳大利亚人所不能企及的。只有摆脱了英国臣民的二等公民身份，才会反思自己的身份。这样自己的过去，自己在这块土地的渊源，让澳大利亚人接受了过去的错误。同处于一块土地，就是同一个国家的公民。过去的错误是自己认为自己是英国公民的结果。这是一个正视自己的成熟国家应有的态度。

二、澳大利亚的核心价值观

虽然 20 世纪 90 年代澳大利亚公民身份承认了公民的文化多样性，但是澳大利亚政府仍然强调国家认同基础上的公民身份。这体现于追求"一体化"或"共同的善"、为国家的责任感和使命感、新民主的原则等。公民教育就是从多元文化的现实和起点，通过教育走向利于国家稳定的一体价值观。因此，澳大利亚政府反复强调了核心价值观教育。

早在 1989 年，澳大利亚教育委员会就提出了一套国家层面的共同价值，这包括：培养学生在道德、伦理与社会公正方面的事情运用判断的能力；发展知识、技能、态度和价值观，使学生成为国际背景下的民主澳大利亚社会里的积极的和知情的公民；让学生了解和尊重我们的文化遗产，包括原住民和少数民族的特殊文化背景。[①] 不过，澳大利亚学校早期的价值观教学收效甚微。

1991 年，新南威尔士州在全州倡导一套价值观，涉及公民的责任。这些价值观包括：致力生活在一个民主社会的权利和责任；支持促进个人自由的制度；培养成为一个澳大利亚人的骄傲，共享我国丰富多样的文化遗产；致力于国际理解与合作；尊重他人的权利和财产；致力于社会公正和机会平等；接受合法、公正的权威。[②] 这些政策文件也没有有效地转化为学校或课程实践。

真正在学校教育实践中得到了贯彻的是 1994 年的澳大利亚公民学专家小组报告中提到的三个价值群。(1) 民主过程，包含的价值有：个人自由

---

① PRINT，M，GRAY，M. Civics and Citizenship Education：An Australian Perspective [EB/OL]. http：//www. abc. net. au/civics/democracy/ccanded. html，2006-06-12.

② PRINT，M，GRAY，M. Civics and Citizenship Education：An Australian Perspective [EB/OL]. http：//www. abc. net. au/civics/democracy/ccanded. html，2006-06-12.

和参与民主的权利和责任的承诺；对法律、合法和公正权威的尊重；对不同的选择\观点和生活方式的尊重；道德行为和决策的公平参与。（2）社会正义，包括的价值有：关注所有人的福利、权利和尊严；移情于来自不同文化和社会的人；公平；致力于改变不利者、歧视和暴力行为。（3）生态的可持续性，包括的价值有：涉及环境管理和保护，维持生物的多样性，认识自然环境的内在价值。① 这些价值也是基本的公共项目。学生应该在此基础上了解诸如人民主权原则、政府问责原则和法治的重要性，以形成宽容、尊重他人言论和宗教自由等价值观。关于这些价值观的教育主要体现在社会环境课程中。

1997 年，"发现民主"计划也以类似的方式表达了价值观，包括：关心民主进程和自由（如言论自由和宗教自由）；了解政府问责；对法律的尊重；宽容和尊重他人；社会正义；接受文化多样性。② 这些价值反映和增进了澳洲社会的凝聚力和多元性，有助于巩固澳大利亚的民主生活方式。

2005 年，澳大利亚政府颁布了《澳大利亚学校价值教育的国家框架》。这一框架的价值观被高度民主化影响，如同英美国家，非常强调个人权利、自由、所有人群的平等、政治参与的责任、公民义务。该报告首次明确表示：核心价值观能普遍地促进公民身份，是公民教育中不可缺少的。报告不仅强调在公民教育中明确教授价值观的重要性，而且具体表达了三个方面的价值观：（1）民主过程包括的价值观如：承担个人自由以及参与民主制度的权利与责任；尊重不同的选择、观点和生活方式；致力于道德行为和决策的平等参与。（2）社会公正包括的价值观如：关心所有人的幸福、权利和尊严；移情于不同文化和社会的人；重新致力于伤害问题、改变歧视和暴力行为。（3）生态可持续发展是价值观的第三个方面，它涉及环境的管理和保护，致力于保持生态的多样性、对自然环境内在价值的认识。③ 这一框架显然是基于 1994 年澳大利亚公民学专家小组报告。

总之，这些价值观的倡导及其实践反映了澳大利亚在国家层面构建一

---

① PRINT，M，GRAY，M. Civics and Citizenship Education：An Australian Perspective [EB/OL]. http：//www. abc. net. au/civics/democracy/ccanded. html，2006-06-12.

② PRINT，M，GRAY，M. Civics and Citizenship Education：An Australian Perspective [EB/OL]. http：//www. abc. net. au/civics/democracy/ccanded. html，2006-06-12.

③ 韩芳. 从臣民到公民：澳大利亚公民教育发展研究 [M]. 北京：光明日报出版社，2011：109.

体文化的企图,同时,表达了这一时期澳大利亚对一体的、共同的公民身份在政治法律层面的诉求。

三、多元文化公民身份的种族歧视暗流

多元文化公民身份在澳大利亚遭遇最大的威胁就是根深蒂固、阴魂不散的种族中心主义。这是由澳大利亚的亲英深层文化结构决定的。种族歧视在今日澳大利亚仍时有发生。

最著名的种族歧视事件就是 20 世纪 90 年代后期的"汉森现象"。1996 年 9 月 10 日,澳大利亚自由党成员波琳·汉森在堪培拉的一次会议上发表了题为"醒来吧,澳大利亚"的演说。在该演说中,她声称澳大利亚土著人的福利待遇比白人还好,澳大利亚正被亚裔移民淹没,澳大利亚人必须醒来。

在此之后,汉森不断演说,发表种族主义言论。汉森主张澳大利亚的大学应该控制招收外国留学生,终止用于外国语言教学的经费。汉森认为,澳洲的土著人愚昧落后,根本无权享受政府的援助和救济,并且提出解散维护土著居民利益的组织。她还主张取消一切对外援助,禁止外国在澳大利亚投资,以及澳大利亚应该抵制经济改革和经济全球化。"[1] 1997 年 4 月,波琳·汉森宣布建立单一民族党(One Nation Party),提出"我们必须团结在一个民族、一个国家、一面旗帜之下"的口号,同时出版了《波琳·汉森:一个事实》一书,宣称该党的宗旨是:停止移民,直到澳大利亚的失业问题得到解决。到 1998 年,单一民族党已有 2 万余追随者。同年 6 月,在昆士兰州地方议会的选举中,汉森的单一民族党获得了 23% 的支持率。1998 年 7 月 2 日,单一民族党进一步提出了新的移民政策:驱逐外国难民;实现澳大利亚移民数字零增长。

1996—1998 这两三年,波琳·汉森频频出现在澳大利亚的报纸、杂志上和电视节目、电台广播中。人们经常可以看到波琳·汉森这个名字以及"汉森主义""汉森现象""汉森地位""汉森效应"之类的标题。可以毫不夸张地说,澳大利亚新闻界关于波琳·汉森的报道可谓连篇累牍。汉森的

---

① 殷汝祥. 澳大利亚研究文集 [M]. 天津:天津人民出版社,2000:164-165.

照片也不断地出现在报端和荧屏上，有时也登上刊物的封面。汉森及其单一民族党的种族主义言论惊人，给澳大利亚社会造成很大的冲击，也不禁让人回想起澳大利亚在 1973 年前执行了近百年的"白澳政策"。① 这也让人们意识到澳大利亚种族主义倾向的根深蒂固。

　　汉森现象也是经济全球化冲击的结果。1997 年的亚洲金融危机自然也让经济上依赖亚洲的澳大利亚受到沉重的打击。"从经济上看，失业问题使一般澳洲人从生活处境上觉得是由于移民的增加，造成他们工作机会的减少、住房困难、社会福利支出增加等诸多问题，而非法移民的大量涌入，更使移民问题复杂化；有的移民甚至铤而走险，触犯法律，这自然引起澳洲人的反感。因此，汉森的种族主义言论能够找到一定的市场，也就不足为奇。从思想上看，最主要的根源是白人至上的种族主义。"② 澳大利亚"倾亚"是出于经贸关系的考虑，一旦经济出现了问题，自然就会改变"倾亚"的举措。如果有人再煽风点火，种族歧视的言论甚至行为出现，就一点儿也不奇怪了。

第三节　全方位、多层次的公民教育实践

　　20 世纪 90 年代以来，澳大利亚的公民教育实践已经为人所熟知，被称为"公民教育的复兴"。所谓"复兴"，即指恢复传统的公民学教育和社会学习的综合教育模式。但是，在新的教育思潮和教育实践中，无论是专门的公民教育课程，还是综合的公民教育模式，都已经不是"旧时王谢堂前燕"了，而是新的公民教育课程与模式。

一、澳大利亚公民教育的复兴

1. 新的开始

早在 20 世纪 80 年代中期，当时的联邦教育部长苏珊·莱恩便提出了

---

①　殷汝祥. 澳大利亚研究文集 [M]. 天津：天津人民出版社，2000：165.
②　殷汝祥. 澳大利亚研究文集 [M]. 天津：天津人民出版社，2000：169-170.

在学校里重新实施公民学教育的必要性。

1989 年，澳大利亚全国教师会议成立了澳大利亚议会与公民教育工作者协会。"参与者根据《积极公民教育报告》促进公民教育的开展，并决定出版《澳大利亚议会与公民教育杂志》，为探讨关于议会与公民教育等问题的教育研究、教学策略提供交流的平台。这次会议成立了受参议院资助的议会教育局，设立了有关公民教育的奖项，其主要职能是通过开发课程资料，组织和主持会议，发布有关议会的时事通讯和印刷资料，为学生提供参与议会活动和研究的机会，帮助学生了解议会和政治程序。由于它极大地促进了澳大利亚人尤其是中小学生对议会工作过程的有效理解，因而议会教育也是对学校公民教育的重要而有力的支持。"[①] 例如，在悉尼的市政议会大厅，市民乃至游客都可以免费参观议会的相关场所，并免费获取相关的材料，了解各个议会的整体工作和各个议员的详细情况。

1989 年 4 月 14—16 日，澳大利亚各州、地区和联邦的教育部长们在霍巴特共同召开了第 60 次澳大利亚教育理事会会议。鉴于中小学教育是国家未来建设的基础，理事会会议形成了《霍巴特宣言：十个共同的与一致的澳大利亚学校教育国家目标》。该宣言第一次设置了全国共同的学校教育目标，共 10 个，其中直接与公民教育相关的有：

•形成知识、技能及价值观，使学生作为积极和知情的公民在国际背景中参与我们民主的澳大利亚社会；

•让学生理解和尊重我们的文化遗产，包括原住民和少数民族的特殊文化背景；

•促进学生理解，关注均衡发展和全球环境；

•发展学生对道德、伦理和社会公正问题的判断能力。[②]

以上目标表明，霍巴特宣言将培养积极的和知情的公民作为全国教育目标之一，标志着公民教育成为学校教育目标的重要组成部分。

该宣言为全国中小学设置了 8 个共同的关键学习领域：艺术、英语（包括作为第二语言的英语，ESL）、健康与体育、外语（英语之外的其他语言，IOTE）、数学、科学、社会与环境研究（SOSE）、技术。其中，社

---

① 韩芳. 从臣民到公民：澳大利亚公民教育发展研究 [M]. 北京：光明日报出版社，2011：93-95.

② 韩芳. 从臣民到公民：澳大利亚公民教育发展研究 [M]. 北京：光明日报出版社，2011：89-90.

会与环境研究（SOSE）是关键学习领域之一，为实施公民教育奠定了统一的课程基础。社会与环境研究是澳大利亚公民教育的重要课程，是作为公民教育传统综合课程的新形式和升级版的社会学习。

澳大利亚参议院就业、教育与培训执行委员会分别于 1989、1991、1995 年进行了三次关于积极公民身份的调查，寻求有效的公民教育途径。形成的三份报告分别为《积极公民教育》（1989）、《重申积极公民身份》（1991）、《国家公民身份的指标体系》（1995）。

1989 年 2 月，委员会发布了《积极公民教育报告》。该报告的内容主要有以下四个方面：表达了对公民知识严重不足的担忧，界定了积极公民身份的含义和公民教育的内容，提出了学校公民教育中理论与实践的差距，指出了教师教育的严重不足。其中关于积极公民身份，委员会提出了新的见解："委员会不再把积极的公民身份等同于政治活动，一个积极的公民是不仅相信民主社会的理念，而且愿意和能够将这种信念转化为行动的人。积极公民身份是知识、技能和态度的混合，其中知识是关于社会如何运转的知识，技能是有效参与所必要的技能，而态度是指积极参与的态度。"[①]

1991 年，澳大利亚参议院就业、教育与培训执行委员会发布了《再论积极公民身份》的报告，指出澳大利亚各州和地区在加强学校积极公民教育的课程方面做出了努力，但是还有许多重要的建议没有得到落实。为此，委员会分别对学校和教育系统、澳大利亚教育理事会、政府机构和行政部门、高等教育系统、立法机关及其机构、新闻媒体和社区组织 7 个部门提出了 23 条建议。[②]

1994 年 10 月，基廷政府组织了一个专门的公民学专家小组。公民学专家小组成员包括墨尔本大学历史学教授斯图亚特·麦金泰尔（S. MacIntyre）和两名高级教育官员。该小组专门为联邦政府提供关于澳大利亚公民身份、政府和其他公民问题的公共教育项目的战略性计划。该小组的第一项工作就是对全国公民教育状况进行重新调查，为澳大利亚政府制定一个关于公民身份和其他公民学问题的公共教育计划的策略方案。该方案是非党派的，并适合澳大利亚政府体制和宪法要求。政府监控该方案的

---

① 韩芳. 从臣民到公民：澳大利亚公民教育发展研究 [M]. 北京：光明日报出版社，2011：87-88.

② 韩芳. 从臣民到公民：澳大利亚公民教育发展研究 [M]. 北京：光明日报出版社，2011：91.

实施。该方案旨在使所有澳大利亚人充分学习与公民相关的知识，拥有公民身份并参与公共生活。该小组声明："公民学不是一个脱离每个人日常生活的理论科目，而是一种能够帮助澳大利亚人理解并参与公共事务的途径。积极的公民以各种方式参与公共事务——作为全体大会的股东，作为普通工会的成员，作为当地的选民。"①

该公民学专家小组调查的内容为澳大利亚人是否了解关于政府、宪法、公民身份和公民学问题的知识，具体包括五个方面：（1）政府的联邦制度和联邦；（2）宪法、法律和司法制度；（3）最近的问题如是否改为共和国的争论；（4）公民态度和公民义务；（5）获得这些知识的主要信息来源。

调查发现，澳大利亚人对历史和政体的认识存在极大缺陷。例如，大多数澳大利亚人不了解澳大利亚宪法。只有半数的澳大利亚人知道澳大利亚高等法院，而且这些人当中并不是每一个人都了解高等法院的具体职能。对大多数的澳大利亚人来说，联邦是一个难懂的概念。一些具有代表性的调查结论为：

只有19%的被调查者对澳大利亚联邦政体有一定程度的了解；

只有40%的被调查者能够正确说出议会两院的名称；

只有18%的被调查者对澳大利亚宪法有了解，但其中大多数人对宪法内容存在误解（最大的误解是关于《权利法案》）；

只有28%的被调查者对司法独立有了解；

65%的被调查者曾参与调查问卷列出的12项自愿活动中的一项，41%的人参加过两项或以上，但很少有人知道从事志愿活动是一项公民责任。

报告发现，虽然各个年龄群体对于公民学问题都很无知，但是15—19岁群体是知道得最少的。②

公民学小组对各州州长、党内领袖和议会成员进行了访问。1994年12月7日，公民学专家小组向总理基廷提交了题为"鉴于每一个人：公民学和公民教育"（*Whereas the people: civics and citizenship education*）的报

① 岭井明子，主编. 全球化时代的公民教育 [M]. 姜英敏，编译. 广州：广东教育出版社，2012：98.

② JAIME S DICKSON. How and Why has Civics Education Developed to its Current Situation [EB/OL]. http://www. abc. net. au/civics/teach/articles/jdickson/currentsit. html，1998.

告。报告包含七个领域的问题，分别为：联邦政府和联邦系统的知识；宪法的知识；联邦议会和政府的知识；法律和司法制度的知识；当代事务的知识——对共和国的争论；对公民责任和义务的态度；公民信息及知识的主要来源。① 最后，该报告对澳大利亚公民教育存在的问题及如何开展提出了多方面的建议，包括公民教育的课程设计、资料收集等相关问题。这个报告也提出了把公民学教育整合进学校课程，特别是 SOSE 关键学习领域的建议。这为公民教育提供了非常集中的支持。

《鉴于每一个人：公民学和公民教育》是澳大利亚公民教育史上一个里程碑式的报告。它真正在澳大利亚全国范围内展开调查，致力于建立一个新的公民教育价值观模式，是澳大利亚对多元文化环境下的公民教育的首次探讨，为新时期公民教育在澳大利亚学校课程中的实施奠定了基础。

澳大利亚政府也为学校公民教育的实施提供了有力的财务、行政方面的资助，包括 1 060 万澳元用于为学校准备材料的课程公司，630 万澳元用于教师职业发展，230 万澳元用于社区教育创新，240 万澳元用于为申请公民身份的人自愿开设的公民学和公民身份课程。政府走的是宽广的路子。它想通过公民身份教育提高澳大利亚人对他们的历史、政府体制和公民身份意义的理解，以便鼓励他们真正参与公民生活。目的是建立"积极的、明智的公民身份"，就"一套核心的澳大利亚价值观、权利和责任"达成一致意见。②

有人认为这是澳大利亚公民教育复兴的标志。澳大利亚也重新开始关注本国公民身份的构建问题，自此，澳大利亚的公民教育进入新的发展时期。从 20 世纪 80 年代末起，澳大利亚政府的相关机构开始对全国范围内公民教育的实施情况进行广泛的调查。1988 年 3 月，澳大利亚政府要求就业、教育与培训执行委员会（Senate Standing Committee on Employment，Education and Training）对"澳大利亚中小学和青年组织中的积极公民教育"进行调查。调查结果显示，澳大利亚的公民教育存在极大的缺陷，公众缺乏参与民主所必备的知识和认识。基于调查的情况，澳大利亚政府在

---

① JAIME S DICKSON. How and Why has Civics Education Developed to its Current Situation [EB/OL]. http：//www. abc. net. au/civics/teach/articles/jdickson/currentsit. html，1998.

② 西蒙·马金森. 现代澳大利亚教育史：1960 年以来的政府、经济与公民 [M]. 沈雅雯，周心红，蒋欣，译. 杭州：浙江大学出版社，2007：201，204.

1989 年的《积极公民教育》报告中将严厉监控国内公民教育的实施，并将
实施的反馈及意见写在了 1991 年的《再论积极公民教育》中。

1994 年，澳大利亚教育理事会制定了《澳大利亚学校社会与环境研究
说明》，首都地区也制定了《社会与环境研究课程框架》。同年，SOSE 的
《国家声明和国家简介》出版，公民教育既被视为学习的总体目标，也被
视为特殊的学习结果。许多州和地区也开发了 SOSE 的学习领域，包括
CCE 的新框架或教学大纲。自 1999 年以来，澳大利亚各州和地区的所有
学校已经接受了一套《发现民主》的材料，包括小学、初中、高中阶段。
尽管这些材料并没有强制要融合进大纲或课程，但它们在公民学和公民意
识教育中是有用的。另外，许多州和地区已经出版了文献，提出了如何把
发现民主计划整合进 SOSE 课程的培训，如新南威尔士教育与培训部的
2000 年的例子。①

1999 年，澳大利亚成立了国家教育绩效监测工作组 （ National
Education Performance Monitoring Taskforce，NEPMT），在政府机构和
各地教育系统内的公民教育专家、代表及教师合作下，由澳大利亚教育研
究理事会 （ Australian Council for Education Research）实施的公民教育评
价来监控。

2. 国际教育成就评价协会的促进

全球化时代国外关于公民身份的热烈讨论也激发了澳大利亚对公民身
份建构的想法。同样，国外尤其一些国际组织的公民教育活动也影响了澳
大利亚的公民教育发展。1999 年，国际教育成就评价协会 ②对全球公民教
育实施的评价成为澳大利亚公民教育深入发展的助推器。

国际教育成就评价协会自 20 世纪 90 年代中期已经开展了一系列大型
的多国公民教育比较研究，从 20 世纪 70 年代至今国际教育成就评价协会
已经成功组织了三次跨国公民教育评价研究计划，其进行的公民教育研究

---

① JOAN GERALYN DEJAEGHERE. Citizenship and Citizenship Education in Australia：
New Meanings in an Era of Globalization ［D］. Unpublished PhD Dissertation.
Minneapolis：University of Minnesota，2003：55.

② 国际教育成就评价协会 （International Association for the Evaluation of Educational
Achievement，简称 IEA）是非官方的国际教育研究机构，建立于 20 世纪 50 年代末期。
总部设在瑞典斯德哥尔摩，有 40 多个国家和地区参加，其主要职能为：组织全球性的跨
国家、跨地区的教育研究合作，利用现代化的调查和科学研究技术，在国际范围内开展
各类教育项目的评价研究和比较研究；资助和推动发展中国家的教育科学研究工作。

是国际上最大规模和最严谨的公民教育研究。1971 年，国际教育成就评价协会首次在德国、美国等 10 个国家进行了跨国公民知识和态度调查，5 000 名教师、1 300 名校长和负责人描述了有关学校和教学的状况。这次调查又称为"六科教育调查之公民教育研究"。第二次跨国公民教育研究计划是 1994—2002 年的"公民教育研究"。第三次跨国公民教育研究计划是 2006—2009 年的"国际公民与公民身份教育研究"。[①]

第二次跨国教育研究计划对澳大利亚在内的全球大多数国家都产生了极大的影响，由美国马里兰大学教授朱迪思·托尼·蒲达（Judith Torney Purta）主持。该调查分为两个阶段来实施：第一阶段（1994—1997）为定性的案例研究，主要收集了 24 个参与国（包括澳大利亚、英国、德国、意大利、希腊、丹麦、比利时等国）的公民教育的背景和对公民教育的概念理解，为之后设计调查工具提供必要的参考；第二阶段（1999—2002）主要对 28 个参与国和地区的 9 万名 14 岁学生和 16 个参与国和地区的 5 万名 17—19 岁学生进行公民教育的测试和调查，不涉及职业教育和成人教育。此外，参与测试调查学生的教师和校长也接受了相应的问卷调查。跨国公民教育评价研究计划的测评内容主要包括公民知识（包括学科知识、理解政治信息的技能）、公民态度、公民参与等方面。

1999 年，澳大利亚 9 年级学生参加国际教育成就评价协会开展的公民教育项目评估。评估结果显示，澳大利亚 9 年级学生的公民知识仅为国际平均水平，并且与其他国家的同龄学生相比，在参与公民社会方面兴趣不高。通过这一研究，澳大利亚不仅看到了本国在公民教育复兴起步阶段对公民教育研究、实施与开展上的不足，也看到了其他国家 20 世纪 90 年代初期在公民教育实施方面的成果。由此可见，国际教育成就评价协会的公民教育研究计划从根本上促进了 20 世纪 90 年代初澳大利亚公民教育的发展。2006 年，澳大利亚又参与了国际教育成就评价协会的第三次公民教育国际研究，并在其中发挥着重要的管理作用。

3. 深入发展

在国际教育成就评价协会的推动下，澳大利亚的公民教育在 20 世纪 90 年代末进入了一个新阶段。

第一，从公民学教育发展到公民教育综合模式"发现民主"计划。

---

① 文静. 国际教育成就评价协会第二次公民教育研究 [D]. 武汉：华中师范大学，2011.

1996 年，澳大利亚自由党上台。教育部长戴维·坎普于 1997 年宣布，新政府将继续支持公民教育。随后，澳大利亚教育部颁布了"发现民主"（Discovering Democracy）计划，并规定从 1999 年起，所有学校三至十年级学生必须接受公民教育。

1999 年 5 月，教育、就业、培训与青年事务部长理事会在南澳大利亚首府阿德莱德举行会议。会议通过了《二十一世纪国家学校教育目标》（*National Goals for Schooling in the Twenty-First Century*），也被称为《阿德莱德宣言》。这一宣言重申了霍巴特宣言的八个关键学习领域，并为课程、学生能力和学校教育的公正制定了国家目标，其中特别规定了公民教育结果的目标，并着重强调学生应理解自身在澳大利亚民主进程中扮演的角色。

2000 年 2 月，澳大利亚公民理事会发布了一份意味深长的报告《新世纪的澳大利亚公民身份》。该报告继续强调公民教育对于澳大利亚的意义，同时建议把"发现民主"计划推进到 11 和 12 年级。另外，公民理事会建议由移民与多元文化事务部继续开发公民教育和宣传资料，包括手册、海报和胸针，在澳大利亚公民身份授予仪式以及其他适当的场合广泛分发。①

第二，组织了一系列公民教育实践活动。

在澳大利亚联邦教育、科学与培训部的资助下，澳大利亚课程研究协会组织了一系列与公民教育直接相关的论坛，如公民教育论坛、"发现民主"论坛和价值观教育论坛，有力地配合与公民教育相关的实施。从 1995年开始，澳大利亚每年还定期召开全国学校宪法会议（National Schools Constitutional Convention），以增加年轻人对澳大利亚宪法及其在民主中的作用的了解。全国学校宪法会议每年都有一个主题，讨论当时人们关心的政治问题。例如：2004 年的主题为"参议院改革：评论之所还是阻碍之所"，2005 年的主题为"行政部门：澳大利亚政府体系中的角色和责任"，2006 年的主题为"治理澳大利亚：固定还是灵活"，2007 年的主题为"联邦主义：现在到哪儿"，2008 年的主题为"澳大利亚共和国——生存还是毁灭"，2010 年的主题为"联邦主义：联合还是分离"，2011 年的主题为"澳大利亚应该成为共和国吗"，2012 年的主题为"澳大利亚联邦主义：一

---

① 韩芳. 从臣民到公民：澳大利亚公民教育发展研究 [M]. 北京：光明日报出版社，2011：144.

个平衡的问题"。①

第三，加强了公民教育的评估。

自 20 世纪 90 年代以来，澳大利亚公民教育在中小学学校中开展得轰轰烈烈、如火如荼。但是，在公民教育的实施过程中，澳大利亚的学者、教师、教育官员等逐渐发现了问题，这就是公民教育缺乏系统的检查、评价，从而导致难以评估公民教育的绩效，这就有可能促使公民教育被边缘化。正如默里·普林特（Murray Print）在《永恒或流星？澳大利亚公民教育》一文中所表达的："随着公民教育的发展在学校和教育系统得以巩固，责任制和评价等重要问题也将产生。"②

2002 年，由澳大利亚教育研究协会在 20 个国家开展关于 9 或 10 年级学生公民知识研究，也被称为"2002 国际教育评估之公民教育研究"，研究结果发现，澳大利亚中学生除了选举之外，对政治参与也颇有兴趣。中学阶段对公民参与技能和价值的评价不仅强调学生参与政治过程，还突出学生社会参与的重要性，通过社会参与进一步为学生的政治参与提供锻炼的机会。③

2003 年，澳大利亚教育、职业、技术培训、青年事务部长理事会将公民教育列入全国课程评价项目，组成了公民教育评价小组。当时的全国课程评价项目有识字、计算和科学，制定了详细的评价标准，即包括学生等级水平评价标准和分数成绩评价标准。在 2003 年 9 月，公民教育评价小组的专家为此从维多利亚、南澳大利亚、新南威尔士、昆士兰随机抽取 142 所中小学校参与此次试验性评估。这次评估的目的一方面是验证关于公民教育政策拟定的可行性，另一方面为全国性的公民教育评估做准备，确保全国公民教育评估的顺利实施。

2004 年 10 月，澳大利亚教育、职业、技术培训、青年事务部长理事会组建了国家教育绩效监测工作组，实施全国范围内的第一次公民教育评

---

① National Schools Constitutional Convention [DB/OL]. http：//www. curriculum. edu. au/cce/national _ schools _ constitutional _ convention，8980. html.

② MURRAY PRINT. Phoenix or Shooting Star？ Citizenship Education in Australia [A] // Kerry Kennedy. citizenship education and the modern state [C]. London：Falmer press，1997：126-136. 转引自：吕宏倩，王建梁. 澳大利亚小学公民教育评价及其启示 [J]. 外国教育研究，2008（3）.

③ 吕宏倩. 澳大利亚中小学公民教育研究 [D]. 武汉：华中师范大学，2009：23.

估。① 由联邦教育主管部门组建公民教育专家评估小组这在其他西方公民教育比较完善的发达国家还是不多见的。该理事会发行了《公民教育评价范围》。全国近 600 所中小学参加了全国公民教育评价。抽样评价每三年进行一次。公民教育的评价成为澳大利亚除读写、计算、科学之外的第四个评价领域，这也意味着公民教育成为澳大利亚国家教育计划的重要组成部分。② 尽管第一次全国性的公民教育抽样调查结果不尽如人意，但是也引起了公众、教师、家长、教育行政部门对公民教育的关注和思考。《公民教育评价范围》和相应的教师专业发展活动也推动了公民教育的进一步发展。2008 年，澳大利亚又进行了第二次全国性的公民教育抽样调查，为反思公民教育已有实践和探索其未来方向提供了有益的依据。③

2006 年，为了确保公民教育的切实落实，澳大利亚制定了针对全国中小学的《公民教育学习说明》，全面规划了全国中小学生应有的接受公民教育的机会和结果。④

二、走向综合

自 20 世纪 90 年代以来，澳大利亚公民教育逐渐完善。澳大利亚的公民教育正式由公民学教育和公民身份教育（civics and citizenship education）组成。公民学教育是教给学生所应了解的关于民主政治文化与机构的知识，通过正规课程来完成。在澳大利亚所有的州和地区，公民学教育都是通过社会与环境科来实现的。公民身份教育主要是提高参与能力，通过正规和非正规课程进行。这一澳大利亚公民教育的正式称谓揭示了澳大利亚公民教育实践的构成。

1. 新公民学新在何处

1994 年的《鉴于每一个人：公民学和公民教育》报告对公民学做了界定。"公民学"是与社会的组织和运转有关的一套可查明的知识、技能和

---

① 韩芳. 澳大利亚社会科课程与公民教育的嬗变 [J]. 当代教育科学，2012 (15).
② About National Assessment [EB/OL]. http：//www. civicsandcitizenship. edu. au/cce/default. asp? id ＝9012，2006-12-31.
③ 韩芳. 澳大利亚社会科课程与公民教育的嬗变 [J]. 当代教育科学，2012 (15).
④ 韩芳. 澳大利亚社会科课程与公民教育的嬗变 [J]. 当代教育科学，2012 (15).

理解，包括澳大利亚政治和社会传统、民主过程、政府、公共管理和司法
制度。这些内容属于公民学知识，是传统公民教育的常规内容。悉尼大学
公民学研究与教学中心教授普瑞特（Print）把旧公民学概括为："关于政
府制度和政治过程的学习，镶上关于成为一个好公民的格言谚语……以记
诵、学究式的、说明性的方式来教学，极其依赖保守的课本。"① 所谓公民
教育的复兴，就是当代学校公民教育实践重新重视这些内容的教育。

　　把传统公民学视为旧公民学，这意味着 20 世纪 90 年代的公民学为新
公民学。澳大利亚公民教育的复兴运动经常被视为学习一种新公民学，以
培养民主公民。从公民学专家小组报告的建议来看，新公民学教育的重点
发生了变化：既重视公民知识，也重视公民技能，培养既知情又具备实践
公民身份能力的公民。这种对公民身份的综合理解自然导致了其公民教育
模式的综合化。传递知识、涵养情感、习得价值和形成态度的教育方式自
然是各不相同的。澳大利亚公民教育实践转向综合实践。

　　那么，这一时期的公民学及其教育与 20 世纪前半叶的旧公民学的区别是
什么呢？韩芳对此做了比较全面的概括和分析②。她把两者的区别归纳如下。

表 6 - 2　澳大利亚新旧公民学教育的比较

	旧公民学	新公民学
教育目标	培养好公民：忠诚于、服从于"母国"和澳大利亚，甚至不惜一切代价来保卫之，公民的义务重于权利。	培养知情和积极的公民：理解澳大利亚的政府体制、公共制度和民主程序、个人的权利与义务、社区理念与公共善、公民的全球权利与责任、生态可持续性和多元文化等，正确评价包括个人权利、公共善、公正、机会平等、多样性和个人责任等在内的民主价值观，具有批判思维、进行知情的决策、以行动来支持可持续发展的能力，等等。

---

① 韩芳. 从臣民到公民：澳大利亚公民教育发展研究 [M]. 北京：光明日报出版社，2011：100.
② 韩芳. 从臣民到公民：澳大利亚公民教育发展研究 [M]. 北京：光明日报出版社，2011：
195-197. 又见：JAIME S DICKSON. How and Why has Civics Education Developed to its
Current Situation [EB/OL]. http：//www. abc. net. au/civics/teach/articles/jdickson/
currentsit. html，1998.

	旧公民学	新公民学
课程内容	通过历史或公民学课程为学生提供具体而详细的"训练",如使学生了解英联邦、澳大利亚联邦和地方政府的性质和结构、选举过程、公共问题、政治学和伦理学等,以及毫不怀疑地接受保卫国家和帝国的义务。	在学校课程中采用一种包容的立场,尝试将公民教育包含到所有范围的关键学习领域,但其最明显的基础是社会与环境研究关键学习领域。虽然政府、宪法、公民权利、公民责任和澳大利亚政治历史等知识依然是公民学的重要成分,但新公民学不仅学习环境问题和生态可持续性的必要性,学习需要超越局限于民族国家框架的公民角色,还学习在地方、国家、地区和国际层面上发挥公民作用的知识与技能。
教学方法	教授式的、以训练为基础和教师中心的,以背诵、解释的方式教授,很大程度上依赖传统的课本,从现代的批判教育和反思探究的观点来看,过去的公民学就像一种粗糙的"价值观传递"形式和直接的"儿童社会化"。	在知识传授的基础上采取调查、批判性反思、协商、合作、专题研讨等多种方式来促进学生增长知识、形成价值观和提高参与能力。

由上表可见,新公民学的"新"体现在重视技能的培养,具体而言是指目标的新和手段的新。

(1)目标的新意

1996年,新南威尔士州制定了《公民教育框架(K—10)》。该框架作为公民学教育的目标而言,已超越了"知识"的目标,把情感、态度、价值观、能力都包括进去了。这是对作为教育内容的公民身份的认识的突破,也是对进步主义教育观点的合理吸收,即更重视"人"这一因素。

《公民教育框架(K—10)》指出,公民教育的目的是为学生准备有效参与澳大利亚社会所必需的认识与理解、技能、价值观与态度,具体目标包括:学生认识和理解澳大利亚的身份认同,权利和责任,法律与规则、政府；技能方面，培养学生具备调查、交流、参与的技能；形成学生对民主过程、社会公正、经济责任、社区参与和生态可持续性的积极态度，学生致力于言论、结社和宗教自由，批判性地评价新的和挑战性的思想、生态可持续性、文明和守法、社会公正、对社区和公共事务的参与，形成对自己和他人的文化与传统、对所有人的福利权利与尊严以及对环境的尊重。以此为依据，该框架概括了公民教育的三方面内容，其中认识与理解包含澳大利亚身份认同、权利与责任、法律与法令、政府四部分，每部分有相应的概念和关键问题。[①]而尊重、积极参与、批判态度，都是民主社会的重要公民品质。如下表总结：[②]

表 6-3　新南威尔士州《公民教育框架（K—10）》中的认识与理解的内容

项目	概念	一些关键问题
澳大利亚身份认同	自我/家庭/社区 国家标志、庆典、普遍形象 公民身份——实践、形式 文化身份认同——背景、移民 文化多样性 国家遗产——自然和人造环境 平等机会 人口成分和变化 传统——宗教、语言、文化	• 我们作为澳大利亚人的观念随着时间推移以什么方式变化？ • 随着时间的推移地方领域中发生了什么变化？ • 澳大利亚社会中的人们如何满足他们的需要？ • 澳大利亚人之间的经济相互依赖，如何促进一种"澳大利亚身份"意识？ • 社区中为什么庆祝一些活动？ • "澳大利亚身份认同"如何通过文学、事件和偶像表现？ • 为什么家庭传统在理解身份认同方面是重要的？ • 什么家庭礼仪和社会大会有助于理解特定社区的身份认同？ • 澳大利亚原住民的文化以何种方式促进了对成为澳大利亚人意味着什么的理解？ • 移民如何影响"澳大利亚的身份认同"？ • 随着时间的身份证移，媒体如何体现和影响了"澳大利亚身份认同"？

---

①　韩芳. 从臣民到公民：澳大利亚公民教育发展研究 [M]. 北京：光明日报出版社，2011：116.

②　韩芳. 从臣民到公民：澳大利亚公民教育发展研究 [M]. 北京：光明日报出版社，2011：116.

项目	概念	一些关键问题
权利与责任	人权——男人、妇女、儿童的权利 土著人的权利 弱势群体的权利，如老人和身体、感官或智力有残疾的人 随着时间的推移 道德、公民、经济和环境责任 生态可持续性 社会公正	·权利与责任之间的区别是什么，它们如何相关？ ·应该尊重所有的权利吗？ ·权利怎样能和平地得到保护？ ·联合国在确立和保护人权方面起什么作用？ ·如何尊重普遍的人权？ ·学生如何能参与活动？这些活动培养对权利的尊重、形成社会责任，如关心年轻人，老人，身体、感官和智力有残疾的人，以及动物、植物和环境。 ·学生如何能表明对他人和他人财产的尊重？ ·学生如何能表明公民责任，如守法、投票、社区服务？ ·学生如何能表明经济责任？ ·学生如何能表明对生态可持续性的支持？ ·为什么战士应该在战争期间遵守公约？

续　表

项目	概念	一些关键问题
法律与法则	家庭/阶级/群体/学校统治 土著人和托雷斯海峡岛民习惯法 无主土地/军事法 欧洲法律的演变 澳大利亚联邦宪法 联邦 法律/法庭——地方、州、联邦、国际 司法公正 社会公正 自然正义 司法的对抗/调查制度 法律实施 规则和法律的变更——游说群体、大众抗议、公民投票社区与文化张力 解决冲突	• 为什么我们有法规，在家庭、学校和社会中规则以什么方式是重要的？ • 土著人和托雷斯海峡岛民的习惯法是如何在 1788 年前通过的？ • 我们的法律和法令是以什么方式从欧洲法演变过来的？ • 规则在学生的家庭和其他家庭是如何随着时间变化的？ • 澳大利亚宪法的由来是什么，如何修改澳大利亚宪法？ • 为什么以及如何制定法律？ • 在澳大利亚法庭等级中，法庭之间在法规、责任和常规方面的差异是什么？ • 法律如何被实施？ • 规章和细则如何被实施？ • 为什么我们需要法律执行官员——警察、海关官员、军队政府代理和督察员？ • 国际和国家组织如何制定和执行运动和休闲活动中的法规？ • 为什么规则被社会中一些人列为不公平，被另一些人列为公平？ • 解决冲突有什么社会机制，为什么这些是重要的？ • 个人和群体如何影响规则和法律的变革？

续　表

项目	概念	一些关键问题
政府	民主程序 学校结构/包括通过学生理事会促进民主的过程 政府的种类——民主的和非民主的 地方政府 州政府 联邦政府 政党 政治体制及其哲学 外国事务和贸易	• 公民身份的观念如何受到了古希腊的影响？ • 威斯敏斯特体系是什么？ • 为什么澳大利亚有一个立宪君主？ • 学生如何能参与民主决策过程？ • 澳大利亚人民期待政府满足的集体需求是什么？ • 为什么澳大利亚有三级政府？ • 政府每个级别的责任是什么？ • 政府的每个级别如何选举（州、市、镇等）议会议员、议会议院、众议员、参议员？ • 什么是公民投票，什么是选民？ • 媒体在选举活动和民意测验中的作用是什么？ • 适用于地方政府、州政府，以及联邦的一些惯例是什么？ • 州政府和联邦政府如何建立和保持在亚太地区和全球范围中的关系？ • 澳大利亚政党的起源、哲学、发展和冲突性观点是什么？ • 其他一些民族国家遵循的一些可选择的政治哲学是什么？ • 什么是指令，为什么政府政策的变革依赖于指令？

资料来源：NSW Board of Studies. K—10 Citizenship Education Framework ［M］. Sydney：NSW Board of Studies，1996：13-18.[1]

　　《公民教育框架（K—10）》列举了澳大利亚公民教育的五种重要价值观——民主过程、社会公正、经济责任、社区参与和生态可持续性，并提出了关于如何将这些价值观转化为行动的多种合法且富有争议的观点。因此，对公民价值的含义和适当的行动的争论是这一学习领域的中心内容。该框架提出了调查、交流、参与三种技能，并建议在"人类社会与环境研究"这一关键学习领域中，学会调查人际关系，以从人类与环境相互作用

---

[1]　韩芳. 从臣民到公民：澳大利亚公民教育发展研究 ［M］. 北京：光明日报出版社，2011：117-119.

的关系，学会在多种背景中进行调查的技术，学会与他人交流调查结果，逐渐理解和使用批判和创造性思维、决策和解决问题的技能，逐渐学会使用多种学习方式，形成如独立思考、悬置判断、宽容不确定、公平与诚实、尊重差异和自由选择等态度和习惯。[①]

《公民教育框架 K—10》表达了对公民教育目的的理解。这一框架认为，"公民教育的主要目的是发展学生与他人一起以建设性的方式参与社区、社会和环境生活的能力，因而所有澳大利亚年轻人都应该参与相关学习，理解社会如何运转，认识到自己的权利与责任，理解和应用公民自由原则，理解法治和如何更改法律等，从而帮助学生成为知情和负责的澳大利亚公民，即能够创造性和批判性地思维的公民；能够以一种知情的方式判断和悬置判断的公民，能够解决问题和协商冲突的公民；能够表现大公无私和正直的公民。"[②]

其他的"发现民主计划"、SOSE 更是体现了 20 世纪 90 年代以来澳大利亚公民教育走向综合的重要公民教育模式。

（2）手段的新意

半个多世纪的差异是非常巨大的。今日公民教育已经运用了很多新技术，远非昔日公民学教育手段所能比。例如，联邦政府资助课程公司为公民教育开发和分发全面的课程资料，通过开放教育局开发公民教育电视课程。这是现代教育技术手段在公民教育实践中的运用。

这里集中介绍一个个案，澳大利亚议会教育局和选举教育委员会的公民教育活动。"议会教育局自成立以来，一直为中小学教师和学生提供关于议会教育的服务，以提高学生对社会治理的根本认识和理解。教学，发行出版物和资料，建立和维护议会教育局网站是议会教育局的主要教育途径。议会教育局的课程模式包括议会厅的角色扮演、教师教育、成人研讨

① 韩芳. 从臣民到公民：澳大利亚公民教育发展研究 [M]. 北京：光明日报出版社，2011：119-120.
② 韩芳. 从臣民到公民：澳大利亚公民教育发展研究 [M]. 北京：光明日报出版社，2011：119-120.

班、对讲课堂、定制课程、合作课程等。"①这都是比较新的教育手段。

议会教育局向公众实施广泛的议会教育,以真实而生动的活动推动了公众对议会相关知识的了解,提升了公众的民主参与能力。其中涉及教师和学生的活动尤其有助于师生更深刻地理解课堂公民教育中有关议会的内容,有助于提高师生参与相关议会活动的能力。② 这种模拟活动今日已经在许多国家的公民教育实践中广泛运用,如公民投票、模拟法庭等。"澳大利亚选举委员会主要通过设在堪培拉、墨尔本和阿德莱德的选举教育中心进行选举教育活动,活动主要包括有关联邦选举过程的会议和模拟的众议院选举,有关公民投票过程的会议和模拟的公民投票。中心也为教师和学生提供免费的选举教育资料如手册,针对学校选举教育的小册子和录像带,并组织学校展览选举教育资料。③

(3)内容的新意

新公民学教育在内容方面的新意体现为:强调澳大利亚国家意识,强调动态的、主动的公民性,强调多元文化特性。澳大利亚传统的公民学教育服务于维系现状,强调培养对政治制度忠诚的国家主题和大英帝国主题及其构建原则,培养了一种被动的、静止的公民性。新公民学则是让学生了解澳大利亚的宪法传统,以便让他们自己判断澳大利亚能否成为共和国,帮助他们担当起知情的、自信的、宽容的公民,获得作为多元和包容性社会中的成员所应有的权利和责任。"所有州和地区在整个义务学年中提供多种公民教育课程,并将公民教育作为社会与环境研究的一部分,以公民学为基础,纳入土著人和托雷斯海峡岛民、多元文化、性别、地区或国际的观点"。这是多元文化社会尤其是摆脱英国认同后的自然结果。新

---

① 韩芳. 从臣民到公民:澳大利亚公民教育发展研究 [M]. 北京:光明日报出版社,2011:139. 具体说来,议会教育局的角色扮演课程针对中小学和高校的学生以及陪同的教师。在教师教育课程中,教师学习新的教学技能和策略。这种学习在联邦议会的氛围中,或在全澳大利亚教育工作者的专业集会上进行;成人研讨班课针对职业与继续教育或者大学。对讲课堂适用于9—12年级的学生,学生探讨对他们来说重要的问题,并有机会直接与澳大利亚决策者对话;定制课程提供给主流群体、原住民群体、来自其他国家的学生以及只懂一点儿英语的参观者,在议会厅或偏远地区的学校进行。合作课程有澳大利亚广播公司热线和公民轮流旅行,前者是在议会教育局和澳大利亚广播公司合作下,提供在堪培拉演讲、会见联邦代表、与澳大利亚其他地区的年轻人交流意见的机会,后者学习澳大利亚如何真正运转以及如何成为更积极的公民。"

② 韩芳. 从臣民到公民:澳大利亚公民教育发展研究 [M]. 北京:光明日报出版社,2011:139.

③ 韩芳. 从臣民到公民:澳大利亚公民教育发展研究 [M]. 北京:光明日报出版社,2011:140.

旧公民学的背景差异已经发生了翻天覆地的变化，两者的内容重点自然大相径庭。这在《公民教育框架（K—10）》中体现得非常明显。新南威尔士州的公民教育置于关键学习领域的人类社会与环境中来实施。新公民学的这种内容的综合性自然吸收了传统的社会学习的一些做法。

2. 综合其他教育形式

在澳大利亚，其他领域的教育，如多元文化教育、人权教育、全球教育、土著教育都是关于公民身份的重要学习领域。

（1）多元文化教育

澳大利亚是目前世界上实施多元文化政策较为成功的国家之一。作为一个典型的多元文化主义国家，如何利用教育培养新一代的公民，使他们更好地适应与融入国家的生活，一直是澳大利亚政府着力解决与优化的问题。20世纪七八十年代，随着澳大利亚政府宣布澳大利亚已成为一个多元文化社会，追求文化同质性的"白澳政策"在澳宣告结束，多元文化教育成为推进人们对多元文化社会加以认识与接受的重要途径。

多元文化教育是一种用来描述许多学校在实践、计划、教材等的设计方面服务、平等对待各种族儿童的教育。它一开始并非在教育界引发并得到重视，而是在民族运动中被首先提出来。不同国家有不同的文化背景，因此多元文化教育在不同国家也有不同的内容。如日本的多元文化教育是一种跨文化教育，德国的多元文化教育主要是针对移民劳动者子女的教育。

美国詹姆斯·A. 班克斯（James A. Banks）对多元文化教育的界定是"多元文化教育包括三个方面：一种思想或概念，说明所有的学生，不管他们属于什么群体，例如属于性别、民族、种族、文化、社会阶层、宗教或特殊者的那些群体；一场教育改革运动，它规划并引起学校的改革，以保证少数民族学生取得成功的平等机会；一个持续的教育过程，说明它努力去实现的理想目标——例如教育平等和废除所有形式的歧视——在人类社会中短期内不能完全取得，需要一个过程"[1]。这一界定以少数民族及其文化为视角，是来自多元文化教育内部的，目前国际较公认的多元文化教育概念之界定。

多元文化公民教育强调承认、理解和尊重是现代公民适应全球化发展

---

[1]　王鉴，万明钢. 多元文化教育比较研究 [M]. 北京：民族出版社，2006：18.

的基本要求。美国多元文化教育专家班克斯系统地归纳了多元文化公民教育的内涵。[①] 他认为，要反思自由主义所谓教育价值中立的原则，没有价值中立的教育，所有的教育都有价值倾向性，以此来检讨所谓民主和平等的教育体系。多元文化公民教育理论驳斥所谓对国家的忠诚必须使国家在文化上同质化的观点，认为在民主的多元文化国家中，不同民族和文化的人们对国家的热爱和忠诚是建立在国家肯定并尊重他们存在的基础之上的。学校不是复制社会和阶级的不平等，而是帮助学生特别是弱势文化群体的学生，提高他们未来参与国家政治生活的信心和能力，培养他们真正的民主和平等意识。多元文化公民教育观既包含着文化的自我认同，也包含着对相异文化的承认与尊重。

在澳大利亚，不同时期的多元文化教育有不同的形式。早期的多元文化教育也可以成为一种"补偿教育"，具有强制性，旨在帮助同化澳大利亚新移民或新种族。20 世纪 90 年代以前，原住民教育也包含在多元文化教育中。20 世纪 80 年代以来，澳大利亚多元文化教育纳入新的研究领域，包含种族研究、亚洲研究和社区语言研究。[②]

目前澳大利亚多元文化教育学习领域的相关规定试图使多元文化教育更加连贯，也允许它通过其他不同科目的进行加以教授。多元文化视角是现如今澳大利亚的"社会和环境研究"课程声明中列出的 7 个视角之一。多元文化教育的目标旨在让所有孩子明白澳大利亚是一个多元文化社会，让孩子意识到澳大利亚多元文化背景的构成，通过多元文化主义下的态度、信念和价值观教育增强孩子对文化间的理解，让孩子了解他们在澳大利亚公民身份之外的多元文化社会下的全球公民身份。在此声明中，多元文化教育包括对澳大利亚民族文化多样性的认识，对澳大利亚移民史的理解，对可促进社会公平的社会机构结构的了解。从这些内容上可以看出，多元文化教育对公民教育有极大的贡献，它帮助澳大利亚人了解其身份的多样性，促进其参与能力的发展，对澳大利亚的可持续性多元文化民主社

① BANKS, J A. Diversity and Citizenship Education: Global Perspectives [M]. San Francisco: Jossey - Bass, A Wiley Company, 2002.

② JOAN GERALYN DEJAEGHERE. Citizenship and Citizenship Education in Australia: New Meanings in an Era of Globalization [D]. Unpublished PhD Dissertation. Minneapolis: University of Minnesota, 2003: 56.

会建设做出了贡献。① 多元文化教育成为澳大利亚公民教育的重要组成部分。

（2）人权教育

20世纪八九十年代末期，随着世界格局的变化，美国、英国和澳大利亚开始深入研究新的公民教育的内涵，环境、文化间的理解和人权经常出现，取代了二战后公民教育对国家事务、家庭和宗教的关注。

早在1967年全民投票中，澳大利亚著名历史学家贝恩·阿特伍德就提出了人权教育，旨在保护土著居民的人权。在澳大利亚结束了"白澳政策"，开始推行"多元文化"政策之后，澳大利亚人权教育的内容也逐渐丰富。中小学着重培养学生的人权意识和加强相关实践活动的锻炼，同时积极引导学生掌握人权教育的主要内容，提高学生的人权知识水平修养，评估和支持现有的人权教育计划，开展成功的人权教育实践活动，保障可持续性的国家人权教育政策的发展。具体人权教育内容包括：加强尊重人权和基本自由；全面发展人的个性和尊严感；帮助弱势群体使他们变得更独立；促进所有地区、土著居民、不同种族、宗教、性别、语言人群之间的理解、宽容和友谊，使所有的人能平等地参与自由社会，进一步促进世界和平，促进人权国际化。另外，还包括了解政府对教育的立法是否与人权标准相一致，处理好违反人权行为的申诉等。面对全球化环境，各国人民交流加快，移民变得简单，人的权利问题作为公民教育的主题之一也开始被讨论。

20世纪80年代的澳大利亚"个体公民"更凸显了人权问题的重要价值。1997年澳大利亚开始实施"发现民主"计划，把人权教育作为其课程内容的一部分，着重使澳大利亚年轻人为未来的公民做准备，明白自己作为公民的权利与义务，尤其是在多元文化环境下，人们应该尊重差异，将公民身份权利作为平等的起点。2007年10月，澳大利亚出版了《今日人权》课本，规定在9年级和10年级开设"今日人权"的课程，旨在让学生更多地了解童工、澳大利亚土著居民的权利、妇女和女童的权利以及保护

---

① JOAN GERALYN DEJAEGHERE. Citizenship and Citizenship Education in Australia： New Meanings in an Era of Globalization ［D］. Unpublished PhD Dissertation. Minneapolis：University of Minnesota，2003：55-62.

人权的措施。①

在澳大利亚历史上，澳大利亚的"公民概念"和"个人权利"因其社会背景等原因不断变化。虽然在全球化环境下，经济一体化，国家身份逐渐弱化，但国家认同、民族认同、个人认同始终是公民教育的重要部分。如今，澳大利亚人重视公民教育，重视个人作为社会成员的权利和义务，提倡尊重民族差异、文化差异下的人权平等。这种公民教育思想保证了澳大利亚人作为独立个人的权利，也把澳大利亚这个多民族国家的所有人紧密联系起来。

（3）全球教育

在全球化进程下，澳大利亚经济发展加快，亚洲移民增多，致使绝大多数澳大利亚人开始重新思考身为澳大利亚人的意义和他们在全球化事物中的角色问题。

在全球化背景下，国际化意识已成为全世界公民所需的能力之一。在全球化环境下培养的公民不仅是单一民族国家的公民，更是全世界的公民；公民不再是单一民族国家的一员，更是世界公民的一员。对全球化知识的理解、对政治和经济变化的看法、对生态环境和人权的关心都成为全球公民所必须掌握的知识技能。全球化、多维度公民的培养已成为全球公民教育的目标。这些内容与模式成为公民教育、多元文化教育与全球化教育之间的桥梁，为全球化公民教育提供了保证。

全球化教育标志着公民教育开始关注全球化议题。全球化教育不仅关心国家间的政治关系，同时关注国家化内涵和国际化意识。全球化教育包含文化间的研究，旨在改变国际关系，并培养全球化公民。全球化不是一个新的现象，它是一个不断进化的历史过程。在全球化的不断演变中，在过去的十几年，全球化和民主化的动态本质越加凸显了培养全球化公民的重要性与迫切性。

全球化教育是新世纪出现的以培养全球理解、跨文化意识和全球意识为主的教育模式，它致力于培养全球公民，要求公民具备全球化的知识和理解能力，对全球化、民主和多元文化主义有正确的认识；要求公民关心

---

① Amnesty International Australia's "Human Rights Today" [EB/OL]. http：//www. civicsandcitizenship. edu. au/cce/human_rights_today，22177. html. 2008-04-02.

全球环境和生态可持续性[①]；要求公民在个人的维度上能够发展个人的能力和公民伦理，在社会的维度上能够参与公共生活、参与公共事物的讨论，在空间的维度上能够对待自己的多重身份——当地的、区域的、国家的、国家间的，在时间的维度上不仅只关注于当代事务，也关注过去和未来。

全球公民是 21 世纪各国公民教育的共同目标，也是全球化环境下公民教育的发展趋势。

20 世纪八九十年代，受全球化趋势，尤其是在经济全球化的影响下，澳大利亚开始重新思考澳大利亚公民的民族国家身份。自此，全球公民的思想和价值观开始渗透到澳大利亚公民教育中，澳大利亚不仅开始重新定义澳大利亚人的民族身份和民主参与能力，更致力于培养全球环境下保护民主、坚持社会正义、关心生态环境、关注人权、积极参与、有帮助他人的共同善的全球公民。

全球教育促使年轻人参与塑造一个更好的、共享的世界未来。关于全球教育，已有专门网站加以介绍。该网站为教师提供了关于一系列全球问题的资源，如人权、环境，包括案例研究、国家政策、教学活动等。一个专业的信息模块也可以获得，为教师介绍了全球教育的概念、视角和过程。[②] 澳大利亚的全球教育内容很丰富，如贫困与安全、中学教师的专业学习模块、我们正在变化的世界。再如澳大利亚的"全球河流环境教育网络"（1983）现已覆盖全球 120 多个国家，澳大利亚的"清洁澳大利亚"运动（1989）现已发展成为"清洁世界运动"。

全球教育是遍及澳大利亚各学校的一系列的课程整合。尽管有很多不甚协调的课程也被描述为全球教育，但在澳大利亚国家的声明和描述中，全球教育仍是以一个全球化的视角在进行的教育模式。"全球视角"包括学习其他社会的文化和自然环境，强调互相依赖和事物的系统学习。同时，它强调澳大利亚在世界大环境中的位置，尤其是关于文化相互作用和经济交流方面的地位。

在澳大利亚，全球教育计划作为一项研究，首先在格里菲斯大学展开。之后的全球学习中心和昆士兰科技大学承担着在澳大利亚社会与环境

① MURRAY PRINT. The New Civics Education: An Integrated Approach for Australian Schools [J]. Social Education，1996，60（7）.

② 该网站网址为：http：//www. globaleducation. edu. au/.

研究课程和其他关键学习领域中整合全球教育的任务。全球教育计划展示了如何将全球教育整合进入社会与环境研究课程和其他关键领域，为全球教育在学校课程中的有效纳入提供了典范。①

三、澳大利亚公民教育的若干模式

1. "社会与环境研究"（SOSE）课程

"社会与环境研究"（Studies of Society and Environment）② 课程是对传统的"社会学习"课程的复兴。

在澳大利亚，社会与环境研究（SOSE）课程承担着公民教育的任务。1989年，澳大利亚教育理事会发布的《霍巴特宣言》，将澳大利亚社会科命名为"社会与环境研究"，从学前教育阶段就开设社会与环境教育课程，并将其作为全国中小学中8个关键学习领域（Key Learning Areas）之一。之后的"发现民主"计划也不断地充实社会与环境课程的公民教育资料。

1994年，澳大利亚教育理事会制定了《澳大利亚中小学社会与环境研究说明》。该"说明"将社会公正、民主过程和生态可持续性作为三组核心价值观，认为这些是让学生成为积极、知情和负责的公民所应具备且至关重要的价值观。该"说明"将学习领域分为六个板块——时间、连续与变化，地点与空间，文化，资源，自然与社会系统，调查、交流与参与，并描述了学生应取得的学习进展，概述了每个板块8个水平的学习结果，为指导教学和汇报学生成绩提供框架。更值得关注的是，当时澳大利亚公民学专家小组建议将公民教育整合到社会与环境研究课程中，认为，"社会与环境研究"与英语和数学同等重要，都是学校教育的重点。这标志着"社会与环境研究"继续承担起了公民教育的任务，也标志着澳大利亚

---

① 全球教育的施行方法基于Frierian教学法［通常有许多人不喜欢在团队面前表达自己的意见。本活动的做法是请所有成员将自己对某一个议题的意见写在一张纸条上（不具名）。然后将所有的纸条放在一顶帽子里，学员依序由帽子中抽出一张纸条，先解释纸条上的说法再响应以自己的看法］，为了畅行公平，旨在授权学生自己参与和改变。这种方法与以往不同，它倡导对全球视角的理解，具备了解其他区域的知识，而不只是仅仅具有全球化世界中公民应有的技能和态度。此外，全球教育计划建议全球教育应该将发展中的事物，如力量、差异和变化，以及其他全球事物，如生态退化和国际冲突，联系起来。

② 这里采用了一般的译法"社会与环境研究"，而非以前按照"社会学习"来对应。

"社会学习"的教育目的的回归。

作为一门综合课程，社会与环境研究课程反映了针对移民和多元文化的教学已进入澳大利亚的课堂中。澳大利亚环境教育的学习主要向学生介绍自然环境和人文环境的构成，以及人们在不同的地方和不同的时间如何改变环境。环境教育为学生提供机会，使他们更多地理解自己所在社会和环境的知识，并且知道自身所在的环境具有什么特色。澳大利亚的环境教育也为学生理解人们与环境如何相互关联奠定了基础。在低年级阶段，学生只需要初步了解环境知识和技能。在中年级和高年级阶段，澳大利亚环境教育的内容更为详细、复杂。学生需要能够认识人们利用各种不同的自然和人文环境的方式，比较人们利用和影响不同环境的方式，说明环境的变化怎样影响人类生活。8 年级结束的时候，学生要学会就人类对自然和人文环境的利用进行分类，描述人们对自然和人文环境的观念的变化，懂得评价自然过程和人类活动改变环境的程度。在 10 年级结束的时候，学生要选择一个自然和人文环境预测资源发展和利用带来的影响。[①]

社会与环境研究课程的主旨之一是促进对"澳大利亚及其他社会的历史、文化的理解，包括对原住民、托雷斯海峡岛民和其他澳大利亚移民的理解"[②]。据此，社会与环境研究课程要求学生应理解：

· 澳大利亚过去和现在的文化和语言多样性；

· 对种族多样性和文化多样性的理解，了解他们对澳大利亚社会、文化和经济发展的贡献；

· 了解澳大利亚移民史，认识到澳大利亚是由多文化人民组成的国家；

· 了解澳大利亚的语言和种族多样性背景，并以澳大利亚是一个多元文化社会而骄傲；

· 了解种族主义和歧视的存在，并思考对其加以反对对自己的启示；

· 了解在社会公平的前提下，社会机构如何运行和发展；

· 了解异社会和文化对澳大利亚文化和人民的影响；

---

①　任春荣. 澳大利亚一所普通公立小学的道德教育观察［J］. 中国德育，2006（9）.

②　Australian Education Council. Studies of Society and Environment：A Curriculum Profile for Australia Schools［Z］. Canberra：Curriculum Corporation，1994：3.

•对当今澳大利亚社会问题的争论持自己的观点。①

这些课程要求为澳大利亚国家和地区的公民教育奠定了好的基础，鲜明地体现了多元文化公民教育的培养目的。下表是澳大利亚昆士兰州针对《澳大利亚中小学社会与环境研究说明》六个学习领域板块中的一个制定的课程大纲：

表 6 - 4　澳大利亚昆士兰州社会与环境研究课程大纲之"时间、连续性和变化"的内容

单元目标	核心知识点	延伸知识点
学生应该懂得澳大利亚历史发展的因果，并能够分析澳大利亚殖民和移民人口的影响。学生应该懂得各个事件的发生有不同的认知观点，能够通过个人及群体等不同出发点分辨各事件的利弊。	学生应该懂得澳大利亚特殊时期发展的主要因果，包括战争、殖民、移民和环境变化；并能够正确认识澳大利亚社会公平、和平、民主发展、生态和经济可持续发展。学生能够在小学和初中通过分析利弊（包括偏见）认识社区、地区和国家，包括原住民、托雷斯海峡居民、妇女和移民的性质。	学生能够通过宗谱分析自身生活方式的文化、政策和社会原因。学生能够通过对过去不同种群的人的认识分析特定时期的社会和环境发展。

从立新、章燕编译的《澳大利亚课程标准》（人民教育出版社 2005 年版）在介绍社会与环境教育课程中，将公民和公民教育作为其中一个重要的知识概念领域加以简要阐述。

总之，SOSE 课程是综合社会科课程，是澳大利亚公民教育回归的标志。这一课程强调了多元文化公民的培养目的。同时，这一课程已经具有了世界公民教育的意味了，这是全球化的必然要求，因为环境问题正是世界公民教育的主要内容和价值所在。

2. 发现民主计划中的多元文化公民教育

在 1989 年至 1996 年公民教育发展的基础上，澳大利亚于 1997 年至 2004 年间进行了为期 8 年的全国性公民教育课程改革计划——"发现民

---

① Australian Education Council. Studies of Society and Environment：A Curriculum Profile for Australia Schools ［Z］. Canberra：Curriculum Corporation，1994：5-7.

主"计划。

"发现民主"计划是澳大利亚公民教育发展历程中最为人熟知的全国性课程改革计划，也是冷战结束后澳大利亚在公民教育课程研究上的一项重要计划。

为什么称为"发现民主"呢？这主要是指澳大利亚公民身份从基于血缘、地缘转向强调个体的权利，根据杜威的民主定义，民主就是超越不同族群、阶层、宗教，自由平等地交流与毫无障碍地沟通。"归属"是民族国家国民身份的传统内容。归属的标志包括语言、宗教等。其中，民族语言是公民身份的根本。民族认同曾经是通过解构少数族群语言和文化来建构的，以及通过强迫获得官方语言来建立与民族国家的有效联系。在同化政策实施时期，民族语言就是公民教育的重要内容。成为澳大利亚公民他们不仅将获得盎格鲁—澳大利亚生活方式和英语语言，而且他们将抛弃他们自己的语言和文化。[①] 但是，在多元文化社会，民族语言不再被视为公民参与的根本。在多元文化主义时期，也允许使用英语以外的语言，如在法庭中使用，甚至可以聘请翻译。更重要的是澳大利亚公民身份意味着获得最高层级的民主和人权。公民身份与澳大利亚社会里的每个人、任何人的尊严相一致，因此不再被任何文化传统限定。[②] 这实际是指公民身份去除了血缘和地缘的歧视，其实已经是在一种基于个体平等独立的角度来对其加以理解。这是一种现代公民观。澳大利亚的"发现民主"计划则是基于这种新的公民身份观来实施公民教育。

另外，发现民主也是指信息化和经济全球化下重新理解传统意义上的民主。这种理解在官方就是强调积极公民的培养。发现民主在于成为"积极公民"。积极的含义在于抵制"民族认同"的强迫给予，通过维持差异来捍卫尊严。民主体现在一人一票的平等投票权上。现代社会里的公民身份问题比过去复杂，不仅有多元文化差异带来的公民身份的复杂性，还有超越国家界限的问题，如环境问题带来的公民身份的复杂性。经济全球化带来的贫富差距问题[③]，会在文化差异增大的情况下，对民主带来更糟糕

① ALASTAIR DAVIDSON. From Subject to Citizen：Australian Citizenship in the Twentieth Century [M]. Cambridge：Cambridge University Press，1997：122.
② ALASTAIR DAVIDSON. From Subject to Citizen：Australian Citizenship in the Twentieth Century [M]. Cambridge：Cambridge University Press，1997：114.
③ ALASTAIR DAVIDSON. From Subject to Citizen：Australian Citizenship in the Twentieth Century [M]. Cambridge：Cambridge University Press，1997：286.

的影响。

　　"发现民主"计划由自由党主政的霍德华政府提出并实施。该计划分为 1997—2000 年和 2000—2004 年两个阶段，其中，第一个阶段致力于开发公民教育教材，并将"发现民主"计划推广到澳大利亚所有学校中，第二个阶段致力于加强教师的专业化发展及巩固该政策的实施。① 两个阶段分别得到澳大利亚联邦资助 1 800 万澳元和 1 360 万澳元。② "发现民主"计划是澳大利亚有史以来开展过的规模最大的一项课程制定计划。③ 计划的具体实施包括成立公民学教育小组（Civics Education Group），开发公民教育课程资料，实施教师专业发展培训，开展后续阶段性评估四个方面。其中，计划的核心内容是由课程委员会（Curriculum Corporation）为澳大利亚各个学校（包括公立和私立教育机构）编制教材。

　　（1）成立公民学教育小组

　　公民学教育小组是在之前的公民学专家小组的基础上重组而成的。除了包含公民学专家小组的 3 位成员，公民学教育小组新增了另外两名成员——拉筹伯大学历史学高级讲师约翰·赫斯特（John Hirst）和法学专家圣母大学法律学教授格莱高·克莱温（G. Craven）。虽然这些成员代表着多方观点，但在"发现民主"计划上，他们意见高度一致。

　　公民学教育小组决定将研发的教材并入之前的"社会与环境研究课程"。该课程是涵盖历史、地理、政治、社会、经济和贸易等的综合课程。其中，针对的教育对象主要是小学中高年级和初中中高年级的学生。值得一提的是，澳大利亚公民学教育小组直至今天仍在行使它的职能。

　　（2）开发公民教育课程资料

　　在"发现民主"计划中，开发的课程材料必须适用于遍及整个澳大利亚地区的 11 000 多所学校，包括将英语作为第二语言的北昆士兰地区，有 60% 以上拥有其他文化背景学生的学校，当然包括大多数盎格鲁—凯尔特文化背景的学校。基于此，课程委员会在全局范围考虑之后制定了四个编写主题。每个阶段的教材都围绕这四个主题展开，并根据小学中高年级、中学中高年级的不同阶段逐一加强与深化。四个主题分别为：

----

① About Civics and Citizenship Background ［EB/OL］ http：//www. civicsandcitizenship. edu. au/ cce/background，8985. html，2010-05-02.

② 韩芳. 从臣民到公民：澳大利亚公民教育发展研究 ［M］. 北京：光明日报出版社，2011：145.

③ JOHN HOLT. Discovering Democracy in Australia ［J］. Prospect，2001，31（3）.

“谁在治国？”——聚焦国家主权、公民和权利；

“法律和权利”——探讨法治，立法程序，法律的重要原则，高等法院和人权；

“澳大利亚国家”——了解澳大利亚联邦政府的基本制度，以及澳大利亚国民身份；

“公民和公共生活”——理解公民社会中个人和群体的作用，以及他们如何推动变革。

教材的内容包括18个教学单元。教材为小学中高年级、中学中高年级这四个阶段的学生准备，每个阶段都有一本教材，其中，小学中高年级和初中各有4个单元，高中有6个单元，每个阶段的教材中都至少有一个对应四个主题之一的单元。

例如，以“谁在治国”这一主题为例：

小学中年级的教材单元围绕这一主题，设立了“人民与统治者”这一单元。主要讲述了“权力、统治方式，以及在古雅典、古埃及和现代澳大利亚三种不同政体下的公民权利与义务”。

小学高年级的教材单元围绕这一主题，设立了“议会与王权的争夺”这一单元。主要阐述了英国国王和议会之间的权利争夺史，引导学生认识当代澳大利亚的议会制度。

初中的教材单元围绕这一主题，设立了“是否应该由人民治国”这一单元。教材将古代雅典与斯巴达做比较，以探讨政治制度和文化之间的关系，同时讨论了澳大利亚代议制民主和古代雅典及当今其他直接民主国家之间的差异。教材还组织学生通过讨论全民公决的利弊，分析澳大利亚是否应该实施直接民主。

高中的最后一个单元，设立了“被破坏的民主”这一单元。这一单元涉及了“谁在治国”和“法律与权利”两个主题，研究了1933年后的德国政局。

表6-5 澳大利亚"发现民主"计划教材单元之"国家是什么、国家的种类"的内容

单元目标	核心知识点
学生能够通过人口、经济、福利政策和澳大利亚人身份的变化准确认识澳大利亚公民社会的性质。学生能够识别他们理想中的国家模式，并分辨不同可能性下的经济和社会模式。	学生能够认识和分辨澳大利亚发生的变化： · 1901年的"白澳政策"和"同化政策"； · 澳大利亚多元文化社会的转变； · 澳大利亚人公民身份的改变； · 澳大利亚过去和现在澳大利亚移民政策，经济，文化政策的改变； · 20世纪移民潮； · 多元文化主义的支持和批判； · 平等、互相尊重的价值观和多元主义； · 澳大利亚是一个亚洲国家，澳大利亚与英国、美国及亚洲各国家的关系。

（3）教师专业发展培训

在澳大利亚联邦的资金资助下，"发现民主"计划顺利进行。澳大利亚各州对教师专业发展的培训也顺利进行。例如，新南威尔士州制订了为期3年（1998—2000）的"发现民主专业发展计划"，计划中为教师提供的专业发展计划包括：举行地方研讨班，讨论和认识"发现民主"资料与相关的新南威尔士州大纲之间的课程联系；资助学校将"发现民主"教材应用到学校教学中；与专业教师协会和大学合作开设高级专业发展课程；开设网站以促进合作性的学校计划的开展和思想、资源的交流；提供研讨论文以用于新南威尔士州中小学公民教育教师之间的讨论；举行会议讨论校本课程计划的成果。[1]

（4）开展后续阶段性评估

在"发现民主"计划的实施过程中，澳大利亚政府教育、科学与培训部相继于1998、1999和2003年支持开展了3次对"发现民主"计划实施进展的调查，前两次调查的结果为"发现民主"计划提供了即时的信息和反馈，后一个调查是对计划的总结性调查。[2]

[1] Overview of the Project: Professional Development [EB/OL]. http://www.abc.net.au/civics/democracy/about.html, 2000.
[2] 韩芳. 从臣民到公民：澳大利亚公民教育发展研究 [M]. 北京：光明日报出版社，2011：150.

　　评估对澳大利亚"发现民主"计划的顺利实施提供了很大帮助。例如，在"发现民主"计划开始实施阶段，学校课程内容的变化备受教师的质疑。教师常问："在没有为我们提供民主学校和教室环境之下，我们如何教授民主呢?"

　　但在1999年的评估调查中发现，"发现民主"计划已经得到广大教师的热烈支持。尽管仍然有些人对计划持批评态度，但1999年的评价小组指出："人们对计划表现出的截然不同的反应，其原因更多的是由于被调查者的个人背景、对教育学的爱好以及学校环境，而不是出于对教材质量的批判。"①

　　为期8年的"发现民主"计划为澳大利亚开发了有效的公民教育资料，为澳大利亚公民教育的发展奠定了好的基础；开展教师专业发展训练，为澳大利亚公民教育师资提供了充足的资源；实行阶段性评估，为"发现民主"计划每个阶段的实施效果做出即时的反馈。尤其在公民教育课程设置上，"发现民主"计划不仅提高了历史科目在澳大利亚课程中的地位，将历史意识渗透到公民教育课程中，以便使学生更加了解澳大利亚的历史背景，能够更好地了解澳大利亚当前的社会形态，更好地懂得自己作为澳大利亚公民的责任和义务，更强调了人们应该关注价值观的形成。

　　价值观的学习贯穿"发现民主"计划中教材编写的始终。例如，在《人权》这一教学单元中，学生们要设想自己乘坐热气球飞行，公民权利就犹如随身携带的重物，如果不抛掉一项，气球就会坠落；如果扔掉一项权利还不足以挽回气球不断下坠的局面，就得再抛弃另一项权利。教师还要让学生设想，如果自己生活在另一种文化背景下（例如生活在儒家价值观下），会先扔掉哪一种权利?

　　公民教育小组总结了培育价值观的重要意义:②

　　我们希望把一些价值观传递给学生，让他们在公民生活中始终恪守这些道德准则，但我们应该怎样教授价值观呢? 应该让学生对触目惊心的不公平现象感到愤怒，应该让学生敬仰致力于消除不公平的社会活动家，应该让学生认识到那些不公平的现象和对不公平的斗争就发生在这个国家，

---

①　JOHN HOLT. Learning to Live Together: Discovering Democracy in Australia [J]. Prospect，2001，31 (3)：316-317.

②　JOHN HOLT. Learning to Live Together: Discovering Democracy in Australia [J]. Prospect，2001，31 (3)：315.

应该让学生理解自己肩负的责任。例如，向学生讲述新南威尔士州内陆地区实行种族隔离制度的小镇，禁止土著儿童进入游泳池。

"发现民主"计划是一项周全的公民教育研究计划，它致力于培养未来的澳大利亚公民掌握必备的知识和能力，让新一代年轻人了解澳大利亚政府的民主运作方式，对澳大利亚历史、法律及公民权有正确的认识，形成正确的价值观。这项计划是澳大利亚在总结过去几十年关于公民教育经验的基础上实施的，对澳大利亚公民教育的顺利开展、民主社会的构建具有重要的理论价值和实践价值。

"发现民主"计划的批评者则认为，其过于强调民族国家中心，关注传统的公民学主题，如澳大利亚历史，没有全球化意识，趋于保守。这如下表的内容所示[①]。

表 6 - 6　教材《澳大利亚的读者：发现民主》

小学中年级教材各章的题目和主题	小学高年级教材各章的题目和主题
好的支持者、坏的支配者 主题：谁来统治 规则、法与生活 主题：法与权力 我们是澳大利亚人 主题：澳大利亚的"国家" 我们的记忆 主题：澳大利亚的"国家" 好邻居 主题：公民与公共生活	自由、平等、同胞爱 主题：谁来统治 这就是我的祖国 主题：澳大利亚的"国家" 真正的爱国精神 主题：澳大利亚这个"民族" 以小见大 主题：公民与公共生活 公正 主题：法与权力

3. 价值观教育

早在 20 世纪 80 年代末 90 年代初，价值观教育已经得到了南澳大利亚州和新南威尔士州教育部的重视。

到了 20 世纪 90 年代，澳大利亚意识到了价值观教育在公民教育中的

---

① 岭井明子，主编. 全球化时代的公民教育 [M]. 姜英敏，编译. 广州：广东教育出版社，2012：104.

重要性，在公民学专家小组报告和"发现民主"计划里，价值观教育成为公民教育的重要内容。这体现了澳大利亚进入多元文化社会之后一体化的政治需要。1994 年的公民学专家小组报告《鉴于每一个人：公民学和公民教育》在"社会和环境研究"课程声明中提出了在学校公民教育中需整合的公民价值观范围，包括：致力于个人自由和民主参与的权利和责任；对法律的尊重和合法权威，尊重不同的选择、观点和生活方式；道德行为，承诺公平参与决策；社会正义的价值观，如关心福利、关心权利和人的尊严，关心来自不同文化和社会的人们；公平；承诺重新定义劣势和改变歧视及暴力行为；保护生态的可持续性，涉及环境治理与保护，承诺保持生物多样性，识别自然环境的内在价值。保护民主、社会正义及生态的可持续性开始成为公民学专家小组倡导的价值观教育基础，学生应该在此基础上了解诸如人民主权原则、政府问责原则和法治的重要性，以形成宽容、尊重他人言论及宗教自由等价值观。[1] 1997 年开始实施的"发现民主"计划旨在帮助学生了解澳大利亚的民主传统，并巩固平等、自由、公平等传统价值观念。这一时期的价值观反映并加强了多元化背景下澳大利亚的社会本质，帮助巩固了澳大利亚的民主生活方式。这些价值观包括：关心民主进程和自由（如言论自由和宗教自由）、了解政府问责、对法律的尊重、宽容和尊重他人、社会正义、接受文化多样性。[2]

20 世纪 90 年代末，澳大利亚逐步确立了政府在价值观教育中的引导作用。2002 年 7 月 19 日，在澳教育科学与培训部部长布兰登·尼尔森博士的倡导下，在各州和地区政府教育部长的大力支持下，一项名为"价值观教育研究"的调查活动开始在澳大利亚全国范围内展开。[3] 2004 年初，澳大利亚教育科学与培训部发表了《价值观教育研究总结报告》的调查报告，总结了澳大利亚公立及私立学校中广泛实施且效果良好的价值观教育方法，并且指出，价值观教育对于学生德、智、体、美的发展发挥着不可替代的作用。该报告对澳大利亚中小学价值观教育进行了深入的分析和探

---

① PRINT，M，GRAY，M. Civics and Citizenship Education：An Australian Perspective [EB/OL]. http：//www. abc. net. au/civics/democracy/ccanded. html，2006-06-12.

② PRINT，M，GRAY，M. Civics and Citizenship Education：An Australian Perspective [EB/OL]. http：//www. abc. net. au/civics/democracy/ccanded. html，2006-06-12.

③ Common wealth of Australia. National Framework for Values Education in Australian Schools [Z]. http：//www. valueseducation. edu. au/verve/_ resources/Framework_ PDF _ version _ for _ the _ web. pdf，2005.

究。澳大利亚教育科学与培训部拿出 2 970 万澳元来协助开展价值观教育实践活动，推动价值观教育成为澳大利亚学校教育的核心部分。这些活动包括：每所学校开展的价值观教育研讨会，反毒品教育研讨会，优秀试点学校计划的开展，促进价值观教育的课程和评估资料的研究等。① 这项计划从 2004 年开始，到 2008 年结束，为期四年。该报告也特别澄清了澳大利亚对价值观教育的理解应该放在一种更为广阔的眼界中。该报告还强调："价值观教育不仅是一种有明确目的、有意识地教授价值观的教育，它还需要以一种含蓄的、无意识的形式去渗透价值观，它是一种广义的价值观教育，通过显性和隐性的学校活动来帮助学生理解价值观的知识和内涵，同时形成他们实践这些价值观的能力和倾向，使他们具备作为个体在公共社会中必备的价值观思想。"②

2005 年，澳大利亚教育部制定实施了《澳大利亚学校价值观教育框架》文件，呼吁全国各学校实施价值观教育。这是澳大利亚价值观教育的第一个国家框架。《澳大利亚学校价值观教育框架》指出，价值观教育的成功必须要依赖于一致性的价值观教育环境，各学校开展价值观教育要因地制宜，尊重社区所倡导的价值观，充分利用社区价值观教育资源，与社区共建共同的价值观文化。可见，《澳大利亚国家价值观教育框架》开始非常重视建立学校与学生家长和社区之间的合作关系，同时规定："在所有实施价值观教育的学校里，学校的政策计划都必须反映学生家长、教职工、社区以及学生的思想观点，这样才能保证学校的价值观是以学校的团体生活为基础，来源于学校团体，被团体接受。"③

目前，为了更好地发展价值观教育，澳大利亚鼓励开展各种价值观教育实践活动，鼓励学生作为教育主体参与教育活动；同时，澳大利亚鼓励学校价值观教育与家长和社区之间的合作。许多学校开展了各种不同的价值观教育社区合作活动。价值观教育已成为澳大利亚学校教育的重心，并得到澳大利亚全社会的认可。

当前澳大利亚中小学价值观教育的教学内容依照的是 2003 年价值观教

① 闫宁宁. 澳大利亚学校价值观教育研究 [D]. 南京：南京师范大学，2008：18.

② 闫宁宁. 澳大利亚学校价值观教育研究 [D]. 南京：南京师范大学，2008：6.

③ COMMON WEALTH OF AUSTRALIA. National Framework for Values Education in Australian Schools [Z]. http：//www. valueseducation. edu. au/verve/_ resources/ Framework _ PDF _ version _ for _ the _ web. pdf，2005.

育研究结果。该框架中确定了九条学生核心价值观——关心和同情、尽己所能、公平、自由、诚实守信、正直、尊重、责任、理解与宽容，这九项内容是基于学生如何成为一名合格公民所需要的道德品质、公民责任感、能力素质等方面设计的，其基本精神始终围绕着学生成长成才的客观需求，同时这也是澳大利亚公民所共同认可的社会价值。这些价值观基本上是超越各民族文化、宗教信仰的局限，被社会各个层面广泛接受的。具体内容分别为①：

关心和同情：有兴趣关心自己和他人，在学校里表现为通过精神方面的关心活动确保每个学生心系学校并参与学校各个方面。

竭力：尽最大的努力去做好有价值的事情，在学校里每个学习领域都有明确的教学标准和相关的评估手段，对学生的学习表现定期提供具体指导，及时向学生反馈并提供建议。

平等：追求和保护所有人应有的公平待遇，学校里所有学生都能享有高质量的教育。

自由：享受所有澳大利亚公民的权利和自由，不受任何干扰和控制，支持他人权利，确保权利与义务平衡。

诚实：表现为真实和诚挚，发现并表达真理，要求彼此之间互相忠诚，确保言行一致。

正直：依照道德和伦理行事，言行一致。

尊重：尊重他人的观点，礼貌待人，在学校里表现为推行尊重性语言，提倡团队精神。

责任：对自己的行为负责任，以非暴力、和平的方式解决冲突，为社会和市民生活奉献，关心环境。

理解、宽容：理解他国的文化，理解民主社会中的多样性，包容他人也让他人包容，接受他人的意见，注意他人的存在。

价值观教育是澳大利亚一次全国性的教育运动，在澳大利亚，其价值观教育经历了对传统价值观的适应、质疑与对多元文化价值观的不适及倡导。作为一个从英属殖民地到执行多元文化政策已 40 年的国家，澳大利亚的多元文化政策旨在保护各民族传统文化的发展，并鼓励不同价值观的共存。历史上，澳大利亚经历了"白人主义"价值观与价值观迷茫时期，在

---

① MITCHELL, JULIE. Teaching About Worldviews and Values [J]. Council for Christian Education in Schools, 2004 (5).

新旧的冲突与不适中，澳大利亚认识到多元文化环境本身就是多种价值观的大熔炉，人们无法在这些价值观中决定哪一种价值观是最优的，人们只能从这些价值观中找出一些共有的部分，并建立一个高层次的、跨越种族与文化的、全体人民都能接受且对国家、对人民有利的共有的价值观。只有在这种价值观的倡导下，各个不同的文化团体才能实现真正的民主与平等，各民族才能获得真正的公民身份。

澳大利亚的学校价值观教育便是建立在这样的宗旨下，其显著特点就是非常重视学生在价值观教育中的主体性，只有让新一代的学生认识到他们所身处的多元文化环境，了解澳大利亚多种族、多文化的存在，要求学生正确看待多元文化的差异，了解差异，承认差异，他们才能真正做到尊重每一个民族、尊重每一种文化，才能彻底消灭种族主义，才会使新的价值观真正形成，才能真正培养学生的公民身份，才能形成真正的民主、平等。①

四、当代澳大利亚公民教育实践中的理论争论

1. 经济理性主义与激进民主主义的争论

公民教育的特征取决于它潜在的世界观。20 世纪 80 年代以来的澳大利亚公民教育虽然没有明确地说致力于一个民主公民身份的愿景，但是它也被时代的主流意识形态即新自由主义塑造。

科斯莫·霍华德（Cosmo Howard）和斯蒂文·帕滕（Steve Patten）认为，比较新旧公民学是揭示公民教育计划的政治倾向和价值取向的有用起点。旧公民学尽管植根于自由宪政主义的价值观，但是它也是非常保守的，即强调维护现状，培养一种被动的、静止的公民身份。旧公民学教育更强调公民的责任和义务，而不是权利。旧公民学有自由的一面，就是在强调民主制度中的积极参与。公民身份的权利包含的范围局限于能够确保

---

① PRINT，M，GRAY，M. Civics and Citizenship Education：An Australian Perspective [EB/OL]. http：//www. abc. net. au/civics/democracy/ccanded. html，2006-06-12. 又见：闫宁宁. 澳大利亚学校价值观教育研究 [D]. 南京：南京师范大学，2008：18.

言论和政治活动自由的公民权利和政治权利，很少提及社会和文化权利。^①

科斯莫·霍华德和斯蒂文·帕滕指出，新公民学背后潜在的意识形态或世界观存在着激进民主和新自由主义这一相互对立的争论。新自由主义在澳大利亚被称为经济理性主义。"激进主义者强调平等、边缘化公民的能动性。积极公民身份的本质就是社会参与及其能力，以协商、影响权力建构的社会关系。民主的公民身份具有扩展性的社会公民身份和文化公民身份。公民不是天生自由的和自主的。他们是嵌入社会的、受到约束的主体。公民的社会权利是与作为积极公民身份和政治能动性的手段的公共教育和福利国家资格相联系的。文化公民身份关注的是被看到、听到的权利，拥有归属于政治共同体的社会地位。包容性就是民主公民身份的本质。公民教育必须包括多样性和差异性，促进文化公民身份权利。"^② 这一理解与对公民身份的通常理解是一致的，而公民教育就是为民主的教育。"而新自由主义强调选举民主，强调公民作为自我管理、自主个体的行为能力。新自由主义者认为公民社会是非政治的。因为它通常超越了国家权威的范围。公民社会是生活范围，其中个人的自由选择和自我依赖应该具有至上的地位。赋能公民，促进个人自我发展，本质上是保护自立个体的自主。"^③

从澳大利亚的现实来看，澳大利亚置身于全球化的国际竞争环境，新自由主义无疑是主流意识形态，而新自由主义无疑与经济全球化联系非常紧密。公民身份必须为国际竞争做好准备。而从新公民学的教育目标拓展到情感、能力和价值观等内容，这已经说明新公民学更趋向于新自由主义。

"发现民主"计划趋向于新自由主义。澳大利亚最初反对英国，是出于共和运动的考虑。科斯莫·霍华德和斯蒂文·帕滕指出，基廷政府缺乏

① COSMO HOWARD, STEVE PATTEN. Valuing Civics: Political Commitment and the New Citizenship Education in Australia [J]. Canadian Journal of Education, 2006, 29 (2).

② COSMO HOWARD, STEVE PATTEN. Valuing Civics: Political Commitment and the New Citizenship Education in Australia [J]. Canadian Journal of Education, 2006, 29 (2).

③ COSMO HOWARD, STEVE PATTEN. Valuing Civics: Political Commitment and the New Citizenship Education in Australia [J]. Canadian Journal of Education, 2006, 29 (2).

摆脱在心理上和经济上对英国的依赖的成熟，他们想把认同锚在经济全球化的理解上，锚在发展与其他亚太地区国家的联系上。① 强调经济贸易还是强调社会和谐凝聚，这是钟摆活动。但明显的是，新自由主义缺乏新保守主义的支持或联盟，注定是跛足的。而新保守主义在多元文化社会的澳大利亚是相互冲突的。

因此，"发现民主"计划由霍华德政府提出，就毫不奇怪了。在自由党政府治理下，"发现民主"计划能有多元文化主义的特点吗？

不过，一些社会事件更让霍华德政府提出的价值观教育框架强调社会的凝聚。2003 年，巴黎爆炸等事件让澳大利亚政府关注社会和谐凝聚而非文化多元。霍华德政府认为，学生需要建构一种基础性的个人价值观和社会价值观，以建构他们的品格和避免诸如自杀和滥用违禁毒品的破坏性行为。科斯莫·霍华德和斯蒂文·帕滕认为："这也是有助于新自由主义的，但是对激进民主主义则不利。发现民主是以竞争和自利来考虑人性的。因此强调的公民自然倾向于经济上独立自主的个体。"②这也是"个体公民"的体现。

新自由主义的问题在于，新自由主义持一种关于人类能动性的狭隘理解。它拒绝了有意义的集体政治能动性的可能性，关掉了关于可能途径的公共讨论。③

国家主义无疑是社会凝聚的特殊形式。"发现民主"计划也被人评价为国家主义立场。"发现民主"计划评价项目的负责人赛尔扎尼罗·墨脱（Slzanile Meltor）在 2004 年的评价中认为，"发现民主"计划所有的教育实践是国家主义的，而且都是由国家来主导所有教育阶段的④。霍华德政府追求的是注重历史，以"发现民主"计划为主轴，从国家主义的角度推进公民教育，由多样化的个人而不是多样化的集体来形成一个统一的澳大利亚，并强调通过澳大利亚式民主主义的推行来培养积极参与的公民。在

① COSMO HOWARD，STEVE PATTEN. Valuing Civics：Political Commitment and the New Citizenship Education in Australia [J]. Canadian Journal of Education，2006，29（2）.

② COSMO HOWARD，STEVE PATTEN. Valuing Civics：Political Commitment and the New Citizenship Education in Australia [J]. Canadian Journal of Education，2006，29（2）.

③ COSMO HOWARD，STEVE PATTEN. Valuing Civics：Political Commitment and the New Citizenship Education in Australia [J]. Canadian Journal of Education，2006，29（2）.

④ 岭井明子，主编. 全球化时代的公民教育 [M]. 姜英敏，编译. 广州：广东教育出版社，2012：106.

这种理念下，由澳大利亚联邦政府主导的"发现民主"的公民教育实践状况来看，过去曾在澳大利亚盛极一时的多元文化主义似乎销声匿迹了。

不过，值得关注的是，即使是在联邦政府层面，也不都是主张推行注重历史教育的、国家主义视角的公民教育，对公民教育的观点也并非完全一致。例如，2005 年召开的全国公民教育论坛的主题就是"社区、地域、全球"，强调从不同的视角考察公民身份、公民生活的权利和责任，而不只是从国家角度。该会议的声明强调今后公民教育的课程方针中有关多元文化主义的内容包括：肯定澳大利亚原住民的经验及他们的文化遗产，创造机会让学生肯定和发展多样性与独立性，建设多元文化社会的澳大利亚。[①] 从这个意义上来说，激进民主主义与经济理性主义之争其实就是多元文化主义与新自由主义和国家主义之争。

因此，在复兴澳大利亚公民教育实践中，存在着国家主义、激进民主主义、经济理性主义的原则冲突。就国家建构的现代化而言，经济理性主义轻视平等，激进民主主义强调社会弱势群体的维权，而国家主义强调个人权益的集合。自 20 世纪 90 年代以来，新自由主义仍是主导澳大利亚政治、经济与社会的强大主流意识形态。这种产生于个体公民、反公民、经济公民的意识形态更可能削弱澳大利亚国家的力量，澳大利亚公民教育的复兴就成了一种倒退。

2. 多元文化主义与自由主义之争

这一争论的内容主要为澳大利亚多元文化公民教育所涉及的相关理论争论。在多元文化研究中，关于多元文化主义与自由主义的争论是多元文化研究的核心后设问题或者说哲学基础问题，如关于认同政治与差异政治、关于多元文化与公民身份的讨论都被视为多元文化主义对自由主义的挑战。一般认为，多元文化论是后殖民理论，它摆脱文化帝国主义的信念系统，以差异政治（politics of difference）来取代普世价值为准的相同政治（politics of the same）。根据这一根本差异，自由主义作为文化帝国主义的代表性政治理念自然是和多元文化论格格不入的。前者以个人权利为主导，后者以文化或族群权利为主导。

多元文化主义与自由主义的争论大致围绕族群文化与个人公民权之间的取舍问题展开。具体表现为个人公民权利与群体文化权利之间如何取

---

① 岭井明子，主编. 全球化时代的公民教育［M］. 姜英敏，编译. 广州：广东教育出版社，2012：106.

舍、权衡的问题。这涉及多元文化研究价值立场的争论。钱德兰·库卡萨斯（Chandran Kukathas）认为："在现代社会，尤其是在现代西方自由民主社会，文化多样性不仅对政府的政策制定者提出了挑战，也对哲学家提出了挑战，因为哲学家关注的是如何让具有不同生活方式的人在原则上能够生活在一起。说社会制度遭受严重的挑战，是因为不同文化群体的成员要求得到'承认'（recognition）。他们不仅仅是要求（公正地）分享社会成果，更重要的是，他们要求社会承认他们的独特认同，作为社会中独特文化共同体成员所具有的认同。……然而在自由主义社会，这样做立即就会出现两种要求之间的冲突：一方面，个人尊严必须予以承认（通过尊重某些基本权利）；另一方面，个人所归属的群体或文化共同体的要求也得到承认。"① 台湾学者张建成认为，若多元文化主义一味以群体为权利的载体，不免压迫个人的权益与发展，比如，一些少数族群基于自己的文化或宗教信仰，为了维持自己的传统生活，逃避所处社会的制度规范，他们以自己的方式教育子女，拒绝国家安排的正规教育，或排斥特定的学校课程，这样做对于弱势群体是一种权利的彰显，但是对于年幼无法脱离家庭独立且无力免于社群影响的子女而言，是一种强势的剥夺，往往抹杀了孩子生涯发展的自主性与可能性。② 我们赞同这样一种立场：多元文化主义与自由主义是相容的，多元文化主义并没有给自由主义提难题。自由主义的中立性原则要求它关注共同的东西，如共同文化。而且只有在自由主义国家，多元文化才有可能，而自由主义国家至少能够在社会当中创造一种和谐与凝聚力。

　　西方多元文化研究的价值基础是社会正义与关心伦理。多元文化研究的一个核心问题是在多元文化背景下如何实现社会正义。就多元文化教育与多元文化主义而言，都是以文化差异为名，为所关心的弱势群体伸张社会正义。社会正义作为多元文化主义的理想这是没有疑义的，但是社会正义落实的对象有群体与个人之分，由于多元文化研究是一种结构性思维，落实群体权利可能会产生压迫个人权益与发展；而且社会不公不义原因很多，基于文化差异形成的社会不公不义可以通过"肯定差异"来促进平等

① 钱德兰·库卡萨斯. 自由主义与多元文化主义：冷漠的政治 [A]. 李丽红，译//李丽红，编. 多元文化主义 [C]. 杭州：浙江大学出版社，2011：267-268.
② 张建成. 独石与巨伞：多元文化主义的过与不及 [J]. 教育研究集刊，2007，53（2）：111-112.

对待，而基于政治与经济上的社会不公不义却需要"消除差异"来实现社会公平①，于是有人则以"关心伦理"作为多元文化主义的另外一个重要价值，即许多社会群体都有着一份单纯的心愿，就是要被关怀、被承认，这也是人性的需求。②

但是这种价值基础只是一种理想。这也是多元文化主义的理想。多元文化的理想是弱势群体的平等权，但最终是群体中个人的平等权。这两者很难截然划分，尤其是对弱势群体而言，这涉及认同问题。不过，群体的尊严和权利不等于个人的尊严和权利。当个人的尊严和权利遭到所属群体的损害时，自由主义的合理性就体现出来了。

笔者认为，多元文化主义与自由主义的争论虽然是一种政策的社会效果的评价，但也是一种理想与现实的关系。社会对弱势群体及其个人的不公不义，是社会和文化的价值现实，多元文化现象则是一种客观的现实。当两者重合或者联合起来，那么多元文化现象就成了多元文化问题。如前所述，多元文化研究具有强烈的实践性，体现了一种批判的态度，以及理论与政治实践联结的一种"尚未被穷尽"的可能性。这种"可能性"体现了多元文化研究的一种未来指向。这样最终综合的理想就是"通过文化多样性促进社会的发展与人的全面发展"。③莫纳什大学政治学教授阿拉斯代尔·戴维逊（Alastair Davidson）认为，现代世界逐渐成为多族群国家的世界，约30%的人都是外来者。这些外来者共同拥有一个现在。如果他们待的时间足够长，他们还共同拥有一个未来。但是他们永远不能共享一个过去。因为他们没有共同的历史或者文化记忆，如没有共同的语言或宗教。④我们的现实是我们拥有不同的文化，但是我们的理想是可能拥有共同的、值得我们过的未来生活，而人类社会在自由平等地交流与共同生活中走向美好的未来。这是一种理想的公民社会。

3. 关于公民教育实践效果的争论

澳大利亚自20世纪90年代以来复兴的公民教育实践，其成效如何呢？

---

① 陈丽华. 走出多元文化主义的困境：评《独石与巨伞——多元文化主义的过与不及》[J].
教育研究集刊, 2007, 53 (2)：140-141.

② 陈丽华. 走出多元文化主义的困境：评《独石与巨伞——多元文化主义的过与不及》[J].
教育研究集刊, 2007, 53 (2)：141.

③ 联合国教科文组织世界文化与发展委员会. 文化多样性与人类全面发展：世界文化与发展
委员会报告 [J]. 张玉国, 译. 广州：广东人民出版社, 2006.

④ ALASTAIR DAVIDSON. From Subject to Citizen：Australian Citizenship in the Twentieth
Century [M]. Cambridge：Cambridge University Press, 1997：6.

2002 年的一项评估表明，已有的公民教育实践具有积极效果。

但是也有研究表明，澳大利亚公民教育实践的成效有限。这主要是针对澳大利亚政府所追求的"多元一体"的教育目标而言。澳大利亚学校实施文化之间的理解教育以及包容性的课程，鼓励学生跨越族群边界相互交往。但是大多数学生的交往其实并没有跨越文化界限，基本上限定在主流群体的范围里。盎格鲁—澳大利亚群体分为两个群体，即一个是转变了一元论态度、持文化多样性立场的群体，一个是没有变化的群体。而对于非英语少数族群来说，他们跨越了文化界限，广泛参与了澳大利亚的文化。虽然他们是多重文化或双重文化，通过共享的价值观进入澳大利亚文化，但是他们没有放弃自己的母文化。[①] 社会学家和教育学者斯摩利茨（J. Smolicz）也认为，澳大利亚的教育体系比较滞后，没有培养学生的文化交往，只停留在一种表面的或宣传的层面。一项关于阿德莱德的盎格鲁—澳大利亚的大多数和少数族群的研究运用一些大学生写的回忆录。这些大学生接受了 20 世纪 60 年代和 20 世纪 70 年代的学校教育，他们对文化多元主义的经验和态度是不同的。这取决于他们的背景。盎格鲁—澳大利亚的大学毕业生的态度表明，只有约三分之一的人被卷入了文化交往。[②] 这说明核心价值观教育难以奏效。

德育评价一直是一个世界难题。澳大利亚公民教育的成效如何？我们难以判断成效与措施之间的因果联系。不过，澳大利亚的"新公民学"与"发现民主"计划存在着深刻的内在矛盾。我们可以从中推导出，这些内在矛盾使澳大利亚公民教育实践的效果恐不乐观。

---

① JOSEPH ZAJDA，HOLGER DAUN，LAWRENCE J SAHA. Nation-building, identity and citizenship education ：cross-cultural perspectives ［M］. Dordrecht，London：Springer，2009：89-90.

② JOSEPH ZAJDA，HOLGER DAUN，LAWRENCE J SAHA. Nation-building, identity and citizenship education ：cross-cultural perspectives ［M］. Dordrecht，London：Springer，2009：89-90.

第七章 结 语

　　在全球化时代、多元文化社会里如何实施公民教育，这对传统意义上的公民教育是一种挑战。澳大利亚公民身份的对象群体经历了只限于白人群体，自二战后逐步拓展到对内纳入土著人群体与托雷斯海峡岛民，对外则纳入非英语移民群体，从而产生了多元文化公民身份。同时，澳大利亚公民身份的内涵也逐步扩展，从政治、法律维度方面强调政治权利、国家认同拓展到社会权利、社会责任与参与。在澳大利亚公民身份的文化基础方面，从英国文化转变为澳大利亚生活方式，再到承认土著文化和移民文化的多元文化。澳大利亚公民教育实践也经历了从传统到现代、从简单到多样、从机械—灌输到人文—自由的变化。具体而言，澳大利亚公民身份的教育目标从强调知识到关注能力，再到情感、态度、价值观的综合，澳大利亚公民身份的课程从旧公民学到社会学到新公民学、社会科综合课程如 SOSE、"发现民主" 计划以及价值教育，教育方法则从单一知识灌输到开展间接教育活动、回归生活以及综合实施。

　　在澳大利亚公民教育的整个发展历程中，公民身份是国家建构的重要内容。从殖民地时期到建国时期，单一文化或者文化单一化、英国化形成了英国臣民的二等公民身份。二战后，澳大利亚公民身份的独立自主促进了澳大利亚摆脱英国依赖走向成熟国家。苏联解体后，在亚美之间采取平衡外交，澳大利亚再次重建国家意识，多元文化公民身份促进了澳大利亚多元文化国家的形成。

　　总之，澳大利亚公民身份的内涵和范围随着澳大利亚的国家建构过程与多元文化状况而不断深化和拓宽，公民身份愈加复杂，而公民教育实践也随之走向综合和深化。

第一节　澳大利亚的多元公民身份

一、公民身份的拓展

培养何种公民，澳大利亚公民教育的发展历程揭示了这一问题在不同时期具有不同的公民形象或公民素质要求。

1. 文化群体拓展

文化往往是以族群来界定的。族群曾是界定澳大利亚公民身份的重要指标，如"白澳政策"把公民身份限定在白人群体。随着澳大利亚成为一个多元文化社会，澳大利亚政府逐渐认可社会的多元性，族群文化在公民身份认同中的重要性逐渐降低。澳大利亚的公民身份所指称的对象群体不断扩大。

澳大利亚最初只有男性白人具有公民资格。因为澳大利亚联邦认为自己是英国国家家族的一个分支，爱尔兰人也逐渐融入了盎格鲁—凯尔特国家实体（national entity）中。经过斯彭斯等澳大利亚女权主义者的努力，白人女性也获得了选举权。而土著人、非英语移民一直被排除在外，澳大利亚宪法不承认他们的公民身份。1967 年，澳大利亚宪法修正案才授予土著人以公民权，而直到 1996 年才认可土著人的土地权。二战以后，来自欧洲大陆的移民浪潮，以及在"白澳政策"废除之后亚洲移民涌入，也意味着澳大利亚的公民身份扩展到了这些文化群体。

公民身份的扩张、涵盖着所有群体意味着公民权利从早期某一社会阶层的特权成为具有该国国籍的人都拥有的权利，这也是世界各国公民身份发展的共同趋势和特点，是国家现代化的结果。人为地隔离社会不同阶层或文化群体，以及对公民划分等级，这是前现代国家公民身份的特点。

多元文化公民身份成为当前澳大利亚公民身份的重要特征。适用文化群体的拓展也让澳大利亚公民身份的文化基础从单一的盎格鲁—凯尔特文化扩展到多族群文化。因此，作为一个典型的多元文化主义国家，如何利用教育培养新一代的公民，使他们更好地适应与融入国家的生活，一直是澳大利亚公民教育要解决与优化的问题。澳大利亚政府将 21 世纪学校公民教育的目标阐述为："教育学生理解他们在澳大利亚民主社会中的角色（在离开学校后，学生应该成为一个积极的有知识修养的公民），能够理解并赏识澳大利亚的政府体系和公民生活，并且期望学生具备'关于道德、种族及社会公正事务进行判断及行动的能力，赋予世界意义的能力，思考事务何以成为其本身的能力，对自己的生活做出明智与有见识及为自己的行为负责任的能力'。"① 这就提出了一个国家概念的表达困境。这一概念延伸到了非盎格鲁—凯尔特背景。多元文化理想为保持族群认同以及相应的文化继承开辟了一条道路。

2. 地理空间的拓展

地理因素是澳大利亚公民身份的一个重要因素，尤其是置身于全球化时代，澳大利亚公民身份从空间上经历了从单一国际视野到国内、再到多极国际视野的变化过程。但是，在这一过程之中，国际视野与国内关注的对立并存始终不变。

在殖民地时期，澳大利亚的公民教育培养的是英国臣民，也就是英国海外殖民地的二等公民。但是它的六个殖民地也是具有各自的利益和差异的。公民身份的理解自然也是各异。澳大利亚联邦成立后，内部的地理空间隔阂消除了，澳大利亚英国人成为早期澳大利亚公民的形象。英国文化成为澳大利亚国家认同的文化基础部分。这里存在一个地理空间的因素。澳大利亚本土人与英国的公民关系体现了国际与国内两个空间的并置。而"白澳政策"让澳大利亚公民身份的空间相对单一和固定，消除了两个空间的冲突。

二战后，澳大利亚公民身份具有了国际拓展的内化与内部差异增加的特征。随着澳大利亚对英国的失望与自主意识觉醒，"澳大利亚人"成为澳大利亚公民身份的新的文化基础。由于澳大利亚关注国家重建，这也让公民身份限定在国家及其内部。同时，20 世纪 60 年代末与 70 年代以来的土著人政策意味着澳大利亚公民身份开始关注自己国内的差异群体的文化认同。但是，关于非英语移民的多元文化政策，仍然让澳大利亚的公民身份脱离不开国际视野。只是这种国际视野从英国转向非英语国家，尤其是亚洲国家。移民尤其是非英语移民让早期的澳大利亚本土人与英国的空间

---

① 何晓芳. 澳大利亚公民教育概观 [J]. 外国教育研究，2004 (7).

并置转变为国际地理空间在澳大利亚内化——来自不同国家的人携带着不同的国家意识进入澳大利亚,从而把这种国际空间问题转换为一种国内空间问题。移民群体的公民身份就是澳大利亚公民身份国际化的体现。这样,摆脱母国情结与国际空间拓展内化的并存使澳大利亚的公民身份具有了地理空间争夺的特点。

20世纪80年代以后,尤其是冷战结束后,经济全球化让澳大利亚卷入了全球化的新进程。澳大利亚在亚美之间的摇摆不定使其公民身份的设计与想象的国际视野更加突出明显,但也更加复杂多样。"明显"在于全球公民教育的提出,"复杂"在于国家利益、内部多元文化群体之间的民主和谐与全球化、国际化趋势之间如何平衡。不同的移民代表了不同地区和国家。因此,全球化时代的澳大利亚公民身份既保存了公民身份国际拓展的内化,更要求澳大利亚公民身份突破国家界限,走向世界公民身份。

3. 从知识、技能到完整的人的拓展

澳大利亚公民教育的内容经历了从旧公民学、社会学习、社会科学、新公民学到综合实践的历程。这一变化既受世界教育思潮如欧洲新教育运动与美国进步主义教育运动的影响,也是澳大利亚公民教育目标变化的体现。具体而言,公民身份作为教育的目标和对象,其载体也存在从知识到人的变化过程。旧公民学强调知识的学习,这些知识指向国家的政治、法律、经济制度、公民的权利和义务、政府功能等,相应地其教学方法就是澳大利亚人在20世纪60年代所批评的机械灌输记忆等教学。而社会学习秉承进步主义教育理念,关注儿童本身,强调儿童的经验、兴趣和需要,以及能力的培养,但是这些理念在实践中仍未贯彻,学术中心的教育终究让社会学习被社会科学取代。20世纪90年代的新公民学和发现民主计划的综合学习体现了对知识与儿童的联系,而在公民身份的理解上不仅强调知识,也强调参与的能力、责任感、价值观等方面的要求。至少从政策设想上来看,这已近于一种合理的教育实践。

二、多元公民身份立方体

澳大利亚公民教育发展历程中公民身份的拓展揭示了公民身份的复杂性。反过来说,这也反映了我们对公民身份的认识比较单一片面。认识到

这一点对我国公民教育的研究非常重要。

我国关于公民的认识主要来自西方。西方传统的公民理论认为：“公民身份是一个单一的概念，是国家与个人之间的双边关系，这种假设已经深深地扎根于我们对公民身份的理解中。”① 而且，公民身份的两大传统，即强调责任的公民共和主义传统，强调权利的自由主义传统，都强调现代的公民性由权利、义务、参与、认同四个要素组成。

传统的公民身份是一种法律—政治上的概念和地位，但是，在当代社会呈现出复杂的形态和特征。从澳大利亚多元文化公民身份来看，公民具有了多种属性。有研究者概括了四类：“一是形式角度的、国家主义的，强调法律、选举、国家认同等；二是实质角度的、参与民主主义行动、建设公正社会，具有作为共同体的归属意识和责任心；三是理想的公民性，作为社会之成员、行为之主体的公民，对所属集团抱有归属意识，主动参与管理；四是后国家主义公民性，即全球化和文化多样化的结果，对超国家集团中的公民性（跨国公民、全球公民）及国家内部的地理、文化集团中的公民性（地域公民性）的关注变得更加普遍，即不仅培养爱国精神，也注重培养跨国主义、地域主义的公民性。”② 其中，“归属”成为一个关键词。即使在全球化时代和个体化社会，公民身份的两大传统本身相互对立，“归属”也不能从公民身份中排除掉。在多元公民身份认同如城市的、地区/州的、国家的、双重的、欧盟的、世界的影响下，这种传统的公民身份只是其中很小的一种类别了。不同层次的规则、权利、义务和忠诚都处于张力之中。③ “归属”因地理层次不同而呈现出多元化的特点。这是多元文化公民的重要特点。

但是，今日大多数所谓的民族国家实际上都是多元文化的社会，因此现代国家的公民身份已经不仅仅局限于个人与国家的关系。英国学者德里克·希特通过研究公民身份的历史认为：“社会与国家不再被看作同质性的，公民身份也必须相应被看作由各种认同、义务和权利组合而成的概念，而不是单一的概念。”④ 他也提出了一种“多元公民身份”的理解

---

① 希特. 何谓公民身份 [M]. 郭忠华，译. 长春：吉林出版集团有限责任公司，2007：118.
② 岭井明子，主编. 全球化时代的公民教育 [M]. 姜英敏，编译. 广州：广东教育出版社，2012：8.
③ 希特. 何谓公民身份 [M]. 郭忠华，译. 长春：吉林出版集团有限责任公司，2007：162.
④ 希特. 何谓公民身份 [M]. 郭忠华，译. 长春：吉林出版集团有限责任公司，2007：117.

框架。

在引言中，我们叙述了英国学者德里克·希特提出的《公民身份的立方体结构图》。① 这一立方体分为三个维度：教育学维度、公民身份要素、地理空间。我们根据澳大利亚公民身份变化的历史以及有关心理学、政治学的理论对这一分析框架做进一步的阐释或者说修订式的拓展。

第一，公民身份要素是关于公民身份的传统理解，即一种政治—法律视角的理解。关于公民身份，以前一直以权利的持有来界定。关于公民权利，比较典型的是 T. H. 马歇尔的分类，即市民权利、政治权利和社会权利。这是一种自由主义的公民身份。马歇尔认为，只有在自由民族的福利国家中，公民身份才能得到最完整的体现。② 二战后，这种正统的公民权观念受到越来越多的批评。金里卡（Will Kymlicka）认为，第一种批评认为，有必要以责任与德行来补充或代替对公民权的消极接受，这包括经济自立、政治参与，甚至文明品质。第二种批评主张差异公民。③ 我们用被动—主动、权利—参与两个维度来概括金里卡提到的几种公民身份（见表7-1）。因此，就公民身份的内涵来说，权利、责任、参与、德行，这些公民品质成为对传统公民身份的拓展。

表 7-1   "主动—被动"维度的公民及其教育类型

公民的类型	被动—权利		主动—参与		
	自由主义公民	多元文化公民	参与民主主义公民	共和主义公民	社群主义公民
特征	个人权利	少数族群权利	公共利益	公众利益	社群公益
公民教育的重点	公民意识	文化自觉冲突处理能力	参与能力 公民责任	参与能力 公民德行	社群认同 公民德行
范围	个人与政府	边缘群体与主流群体	个人与社会	个人与国家	个人与社区

---

① 希特. 公民身份：世界史、政治学与教育学中的公民理想 [M]. 郭台辉，余慧元，译. 长春：吉林出版集团有限责任公司，2010：456.

② 许纪霖，主编. 共和、社群与公民 [M]. 南京：江苏人民出版社，2004：239.

③ 许纪霖，主编. 共和、社群与公民 [M]. 南京：江苏人民出版社，2004：263-264.

第二，地理层次的理解，这是公民身份的文化—空间维度。如世界公民与多元文化公民都涉及了公民身份超越国家空间的地理因素。世界公民强调的是超越国家和国家主义的公民身份，而多元文化公民是肯定国家内部地域、族群的公民身份。

世界公民是主要针对全球化时代民族国家的界限遭到了质疑而产生的。近代启蒙运动以来，一些超越狭隘的民族主义、国家主义的思想家，如康德提出了"世界公民"；黑格尔提出了"世界历史个人"；马克思在19世纪中叶敏锐地意识到"民族历史向世界历史"转变的趋势，也提出了"世界历史性的个人"。但公民身份的形成是需要外部社会条件的，在民族国家壁垒森严、国际交往贫乏的时代，世界公民只能是一个美好的愿望。但现代社会则不同了。全球化时代的世界已经变成了"地球村"，人类也面临着诸如全球生态危机、气候变暖、恐怖主义等共同问题，为了人类自身的生存发展，世界各国必须协调统一起来，共同解决全球性问题。因此，各国之间联系日益紧密，这也使国家与国家之间从传统的竞争走向合作与竞争意识并存的复杂状态，人类利益的共同性日益增强。因此，关于公民的认识，也必须超越传统的民族国家身份，具有一种全球视野、人类视野。根据英国非政府组织乐施会的定义，世界公民就是将"世界视为一个全球社区并承认在这个社区内的公民所具有的权利与义务的人"。①

正因为如此，我国关于公民的认识存在的第二个误区是只把公民看作国家公民。这也是传统的看法。国家公民固然是公民身份的重要形式，但公民不只是国家公民，尤其是全球化时代，必须确立世界公民的意识。传统的国家公民强调对国家的认同，强调国家利益至上，对国家利益的服从。这种认识不仅容易走向狭隘的国家主义，而且容易忽视公民的个人权利。关于多元文化公民，首先要明确何谓多元文化。多元文化研究的具体

---

① 世界公民的素质体现在：（1）认识世界地理、历史、文化，了解全球化的发展，明白全球的相互依存关系；（2）树立全人类的整体意识，具备为地球上人们更好地生活负责的价值关怀；（3）尊重国际公约和规则，具有和平意识并致力于国际和平与发展；（4）尊重并欣赏他国的文化，具有多元的文化意识和文化交流的能力；（5）认识全球化与本土的关系，具有本土文化的自觉意识和对异文化的开放意识；（6）关注落后国家和地区的贫穷与世界的不平等和不正义，并愿意承担责任，有效地参与，积极帮助弱势国家和地区的发展，具有关心国际事务的热情、有效参与国际事务的能力；（7）了解世界的生态危机，树立可持续发展的理念，具有保护地球家园的行动。

内容，大致包括族群、阶级、性别、身心、年龄、语言、移民、地域等文化主题的多样性及其相互之间的关系。

公民身份即成员资格问题和归属问题是当代西方公民理论关注的焦点。"文化公民"成为一个重要概念。他们认为，"从权利、民主参与责任这些方面来构想公民身份既重要又极端狭隘。人种和种族、性别和性、残疾和其他等的社会运动都设法中止优势主导文化的建构。这些运动都设法挑战广泛存在的，并曾渗入公民社会的符号文化中的陈规。解构与'正常'公民相关的观念，在为差异和他性创造空间的同时，也拓宽了共同体'包容的'构造。因此，'文化'公民身份的问题试图重新思考形象、假定和代表，这些看上去被排除在外的、边缘化的东西。"①

在后现代化、全球化和分裂的时代，文化的维度为人们揭开了公民身份研究永远无法忽视的一些重要问题。其中最重要的是今日公民身份面临的文化归属与社会正义的关系问题。

第三个维度教育学维度是以往谈公民身份很少谈及的。众所周知，我国颁布的《基础教育课程改革纲要（试行）》最显著的变化是教育的目标与重心发生了根本性的变化：由原来的侧重于学生认知发展水平、单纯强调知识和技能转向同时关注学生学习过程与方法、情感、态度、价值观，全面体现知识与技能、过程与方法、情感与态度价值观三位一体的课程功能。因此，我们从知识与技能、过程与方法、情感与态度价值观这三个维度对公民身份进行了教育学解释。这将在下一节加以讨论。

综上所述，笔者把多元文化公民身份结构图修订如下（见图 7 - 1）。澳大利亚公民教育发展历程中，公民身份的拓展恰恰证明了多元公民身份立方体呈现的公民身份的复杂性。这是当代公民教育目标多元化的体现。

---

① 许纪霖，主编. 共和、社群与公民 [M]. 南京：江苏人民出版社，2004：5-6.

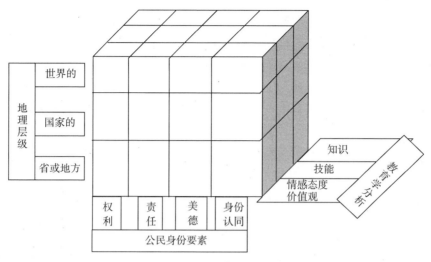

图 7 - 1 多元公民身份立方体

第二节 当代澳大利亚公民教育模式的深度综合

一、公民教育的地位变迁：从目的到手段

从澳大利亚公民教育发展历程来看，专门的公民教育以澳大利亚建国后的 1905 年新南威尔士的小学教学大纲中规定的"公民学与道德"课程为标志。但是，早在公民殖民地时期，公民教育就已存在，只不过是作为教育目的而存在，即培养公民是当时学校教育的目的，而且这个公民仍是二等公民，或者说英国臣民。但是之后公民教育的地位一再下降，到了 20 世纪七八十年代，让位于学术科目和学术教育，连内容和手段都谈不上了。

这里引申出来的一个问题就是，作为教育目的的公民教育与作为教育内容的公民教育之区别。公民教育从目的转变为手段或途径，这是现代德育变迁的重要特点。黄向阳认为，德育曾经在教育中有着极其特殊的地位，但是随着教育的发展，德育的地位不断下降，甚至它的性质都在悄悄地发生变化：从古代是"教育的唯一目的"到近代以来是"教育的最高目的",然后到"教育的普通目的",而现在成为学校教育的一项工作,与教育目的无关了。① 澳大利亚公民教育的地位也是如此。即使在 20 世纪 90 年代复兴以来,澳大利亚公民教育仍是学校工作的一部分,目的意识消失在现代社会的专业分工之中。

在我国,当前公民教育连德育工作都不是,只是作为一些知识教育零散地存在于历史、政治等课程之中,以及作为一种学校特色活动存在于学校管理之中。提到公民教育作为教育目的还是教育手段,我们已经触及评价中国公民教育当代价值的一个重要观点,如檀传宝认为:"公民教育是全部教育的转型。"② 因为在德育实践中,人们常常只将公民教育看作学校德育或者学校教育的一个组成部分。这样一种思路虽有利于学校公民教育任务的落实,却看低了公民教育的意义,窄化了公民教育实施的可能空间。公民教育并非只有工具性的一面,就目的性而言,公民教育乃是全部现代教育的终极目标,公民教育的倡导意味着教育性质的改变。这样,公民教育实际上应该是、也必须是全部教育的转型乃至整体社会的改造。"公民教育是全部教育的转型",这的确是一个重要的教育理念。十八大报告和《国家中长期教育改革和发展规划纲要》已经明确把国家教育目的表述为"社会主义合格公民"。因此,公民教育的目的与手段的侧重,决定了学校公民教育的实践逻辑。

二、教育思维与公民身份的教育学理解

公民教育作为目的和手段之别,也反映出一种教育思维的阙如。无论是目的也好,手段也罢,教育都要着眼于人。教育思维是人(个体与人类)与知识之间的关系思维。知识作为材料是服务于人的发展(即社会发展与个体发展)的。就公民教育而言,公民身份方面的知识是其教育内容,但服务于个体的政治性发展以及社会性发展。教育者根据现时代社会发展和个体发展的目的从人类积累的思想政治法律方面的知识资源库中选择部分来作为教育素材。人是目的,公民知识是手段。教育思维既不是只

---

① 黄向阳. 德育原理 [M]. 上海:华东师范大学出版社,2000:37.
② 檀传宝. 论公民教育是全部教育的转型:公民教育意义的现代化视角分析 [J]. 安徽师范大学学报:人文社会科学学报,2010 (5).

关心学科知识，也不是只关心人自身的发展，而是考虑人通过知识来获得自身的发展，实现知识逻辑与心理逻辑、社会规则的统整。

根据多元公民身份立方体，公民教育最终培养公民的知识、技能、情感态度价值观。公民教育者只有具备教育思维，才能同时达至三个目标。而能够同时兼顾三个目标，这也是教育思维的体现。从这个意义上说，澳大利亚的公民学传统课程与社会学习课程或许失之于对知识与人（技能和态度）的各自侧重。而其 20 世纪 90 年代以后的综合发展是对两者的平衡。总之，公民教育需要教育思维，实现目的—手段、知识—人的融合。

从教育思维来审视公民教育的目的和手段，自然得出只有公民学知识是不够的，与之相关的技能、情感、态度、价值观也是公民教育的重要目标。

（1）关于公民知识体系的建构。公民知识体系是支撑公民教育的根基。公民应该对权利、自由、平等、民主、正义等有一个比较清楚的认识。这样的认识基于系统的知识学习，公民知识体系依赖丰富的课程支持，包括不同领域的知识覆盖，诸如社会、历史、政治、经济、法学、民俗地理、国际文化等领域，从知识内容上，包括对公民的权利与义务的认识，对家庭、社区、国家概念与文化习俗的获得，对自己国家政治生活的组织机构和工作程序的了解，对国家法律与社会规范的知晓，对当前全球化背景下国际政治与经济形势变化的了解。今天的公民还要拥有全球的视野和胸襟，适应迅速发展的知识世界，这些内容都构成公民知识体系的重要部分。

（2）能力培养是公民教育的核心。公民教育要培养的核心能力有很多方面，基础教育要重点关注如下三方面的核心能力：①理性能力。这就是公民处理公共生活的普遍问题的各种理性能力。公民意识在某种意义上更多依赖其是否有合理的常识概念，是否有合乎逻辑的分析与判断思维，对数据和结论是否有科学的分析方法，这些都是关乎公民教育的重要能力。在欧美国家公民教育实践中，批判性思维是一个重要的教育内容。②信息收集与处理能力。公民要能够有效地、理性地使用所提供的信息和知识。社会公民能根据这些信息和知识进行判断，采取明智的行动。即使提供了数量众多、内容正确、观点公允的信息，但是对于仅有理性，而没有学会如何消化与运用这些材料的人，以及缺乏必要技能来处理共同问题的人，都毫无用处。这种教育包括学习历史、欣赏伟大的文学作品、从事与评论艺术、了解哲理探讨,所有这些都是人们管理好自己的事务时所必须具备的智力方面的条件。③发展交流和协商的艺术。就是一种表达自己和别人思想的能力,必须要能表达自己的关心与观点。民主社会是一个重视表达交流的社会,一个摆事实讲道理的社会。因此,把最能体现民主特性的机构称为议会是非常恰当的。议会不议怎么能称作议会呢?这个词表明议会本身就是谈话、相互交谈的地方。民主国家成员主要通过听说读写辩论一切与社会有关的事务。如西方国家传统的语法、修辞、逻辑方面的训练。

关于公民技能,美国学者杰拉林·迪加克里(Geralyn DeJaeghere)概括了几种,大多数教育者都认可批判思维是最基本的技能,还有问题解决和决策能力,政治技能(如投票和社会服务),反思性思维,慎思明辨与质疑,参与技能等。另外针对多重公民身份,科根和戴瑞考特(Cogan & Derricott)提出一套在全球化时代公民身份必需的技能、价值观和知识:①以合作方式与他人工作的能力,理解、接受、欣赏和容忍文化差异的能力;②对人权敏感,并捍卫人权的能力;③参与地区、国家和国际层面的政治事务的能力。[1] 这些列举出的能力都是我国学校教育里非常缺乏的。

(3)公民情感态度价值观是公民教育的重要基础。公民态度和智慧是指公民坚持民主的生活方式必须具有的性格和思想特点。这意味着公民的行为、道德、习惯、性格、态度等方面的表现必须具有民主的智慧。美国学者科恩的一些观点值得我们注意。他认为,民主社会公民应该具有的情感态度包括:①宽容的气质——“相信错误难免”。②参与实践的态度。公民的思想和意见都表达在理性的社会行动中,通过多样化地参与实践来改良社会,这是民主社会的公民理性的、务实的态度,而不是玩世不恭或者犬儒主义的态度。③批判的态度。民主国家的公民应该具有理性的批判反思态度。虽然理想的情况是社会成员与选出的官员之间存在着互相信任与互相忠诚关系,但民主要求公民在信任之中运用批判精神,即对政府存在一定程度的不信任。在民主国家中,忠诚并不意味着同意,更不是口是心非地同意。④灵活处理事务的态度。民主要求公民具有灵活性,不仅仅是指他们对各种改变应做好容忍的思想准备,而且更愿意看到社会处于不断改变之中,乐于使自己的生活与之协调和适应。⑤ 愿意妥协的态度。妥

① JOAN GERALYN DEJAEGHERE. Citizenship and Citizenship Education in Australia: New Meanings in an Era of Globalization [D]. Unpublished PhD Dissertation. Minneapolis: University of Minnesota,2003:12.

协其实就是互惠和尊重。没有妥协就没有民主，任何社会中，人与人之间利益的冲突是无法避免的，没有大家都完全满意的解决办法。⑥容忍的态度。公民必须容忍。首先，最基本的是要容忍不守成规。不守成规的行为在社会中是十分宝贵的。人类社会许多重要的进步都是大胆地违反成规的结果，不守常规无疑是值得维护的，它也是民主取得成效的条件之一。其次，公民有必要乐于让他人过他们自己的生活而不加任意干涉，也有必要容忍别人直接反对自己的信念与原则。再次，民主国家的公民必须容忍甚至是怀有恶意或出于愚蠢的反对。① 关于民主价值观，美国学者杰拉林·迪加克里认为，非常宽泛，包括道德的价值观、民主的价值观、人文主义价值观以及社会的和政治的态度。② 列举的这些情感态度是与多元文化主义的原则相一致的。

三、公民教育的课程与教学反思

1. 从旧公民学到新公民学

一般认为，澳大利亚公民教育的发展是从旧公民学走向新公民学的历程。这一转变的标志是公民学专家小组发布的报告《鉴于每一个人：公民学和公民教育》。

关于新旧公民学的区别已在前面论及。澳大利亚公民教育从旧公民学到新公民学的转变是对公民身份理解的逐渐完善的体现。公民学的新旧转换，不仅是教育内容的变化，更是公民身份理解的变化。新旧公民学的内容差异是时代的差异，聚焦于此并无意义，同时时代的发展肯定会发生内容的变化。重要的是新公民学在教育目标、课程内容、教学方法上体现出来的内涵比旧公民学更加丰富，在立场和态度上更加开放和包容，因为新公民学知识与旧公民学知识相比，在广度与深度上提高了，如跨学科知识，更重视情感态度价值观和技能，比如正确评价所需的态度和价值观，以及参与能力。

---

① 科恩. 论民主 [M]. 聂崇信，朱秀贤，译. 北京：商务印书馆，2004：237-247.

② JOAN GERALYN DEJAEGHERE. Citizenship and Citizenship Education in Australia：New Meanings in an Era of Globalization [D]. Unpublished PhD Dissertation. Minneapolis：University of Minnesota，2003：11.

　　同时，在地理维度方面，新公民学也超越了传统的民族国家意识，对外拓展到全球层面的环境问题，文化之间的相互理解、人权等问题，对内也拓展到家庭、地区的问题。许多人认为，公民学教育对于培养民族国家相关的认同感有作用，这是以一种极端的爱国主义形式来让学生社会化。[①]因此，在民主社会，尤其在一个多元文化社会、全球化时代，这样一种公民教育形式往往被主流群体支配，形成了文化霸权与文化上的不民主。这种"开放和包容"也是一种应时之需的改革。

2. 社会科：从社会学习到社会科学再到综合课程

　　社会科是欧美国家实施公民教育的主要课程。就澳大利亚而言，这一公民教育科目发生了诸多变化，经历了从社会学习到社会科学，再到社会与环境研究的过程。澳大利亚公民教育课程的这一变化是澳大利亚社会矛盾与国家焦虑的反映。

　　从 20 世纪 30 年代末到 60 年代，澳大利亚的社会学习源自美国，自然携带了进步主义教育的特点，强调课程的综合性。但是这一美式课程到了澳大利亚，发生了变化，就是强调学术性，与历史学科关系密切，公民教育的目的性反而丢失了。到了 20 世纪七八十年代，澳大利亚社会内部的多元文化现状使传统的社会学习课程趋于价值中立，同时随着进步主义教育思潮的退潮而渐失影响力，转变为社会科学，成了一门学术科目，实际上已经与公民教育没有关系了。1989 澳大利亚教育理事会的《霍巴特宣言》将"社会与环境研究"命名为全国统一的社会科名称，才使这一传统的公民教育课程类型得以回归。

　　一般而言，社会科课程本身是综合课程，尤其是小学社会科课程。但是，对于初中阶段的社会科课程性质，不同学者有着不同的看法。有学者认为它应该是综合性质的，也有学者认为它应该是分科性质的，还有一些学者提出模块理论，把分科学习和综合学习相结合。其实，从澳大利亚社会科的上述历史遭遇来看，的确也是如此。在 20 世纪五六十年代，社会学习只在澳大利亚的职业学校和小学存在，而在中学基本上不存在。所以，从社会学习到社会与环境研究，澳大利亚公民教育从偏重学术性和分科特

---

① KENNEDY, KERRY. Conflicting Conceptions of Citizenship and their Relevance to the School Curriculum [A] //PRINT, MURRAY. Civics and Citizenship Education: Issues from Practice and Research [C]. Canberra: Australian Curriculum Studies Association, 1995: 17-18.

征发展到了综合课程实施。早期的社会学习课程虽然融合了历史、地理和公民学，但是历史是社会科中的核心和综合的学科。SOSE 作为一门综合课程，包括历史、地理、经济与社会、商务等。

对于社会科课程，能否达至公民教育的目的与是否真正体现其课程的综合性质，是密切相关的。从澳大利亚公民教育发展的历程和教育思维来看，一般而言，如果社会科课程的实施具有了学术性，就更强调其知识的教学，其结果是不仅与公民教育的目的相差甚远，而且与技能、情感态度价值观的教育目标相去甚远，对人的忽视则凸显了教育的工具性。如何让社会科课程真正具有综合性，而且聚焦于人的教育，这是发挥社会科课程的公民教育价值的关键。

3. 生活模式与文化公民

当代澳大利亚的公民教育，无论是新公民学，还是 SOSE、"发现民主"计划等，趋向综合，意味着回归生活。澳大利亚公民教育的社会科课程具有综合性，需要让社会科课程更重视与学生的日常社会生活相联系。新公民学扩展了其教育目标，开始重视培养学生的发现、思考、解决问题的能力，有助于提高学生参与的意识和能力，这也要在生活之中进行教育。因此，当代澳大利亚公民教育需要走出课堂，进入学生的生活。

这一趋势是与世界道德教育的发展趋势一致的。当代西方学校道德教育的一个重要特征就是从主知主义的重视道德判断能力发展向言语本位的交往实践（如对话、交谈、叙事）的转向，也批评了理性主义道德教育方法的缺陷，倡导一种重视道德发展的背景和特殊性的叙事道德教育途径，如关心伦理和美德伦理主导的道德教育，同时对主流的理性道德教育模式做了修订与补充。生活世界与校外教育（或者说社会教育）自然进入了道德教育的视野。

澳大利亚公民教育的发展也是如此。SOSE 课程的实施必然要走出学校，到社区里去，到学校外面去，才能完全、真切地了解环境问题的性质与根源。战争、殖民、移民和环境变化等问题不是在书本里了解到的。以公民身份的教育学三个维度来看，公民知识、公民技能、公民的情感、态度与价值观的获得都需要介入生活、进入社会、进行实践。公民知识通过生活与实践才能从浅知转向深知，从假知转向真知。公民技能通过社会、生活与实践才能真正地掌握。而在自己的亲身实践中，公民的情感、态度和价值观也才能被激发出来。

更为重要的是，多元文化背景下的公民教育需要一种不同文化群体之间的相互理解与尊重。尼克·克罗斯利认为："我们是而且能够成为公民，因为我们能够'采取别人的态度'，超越我们个人的特殊性，坚持一个共同的立场。这就是为何必须从生活世界和主体间性的视角出发，观察公民身份的最根本原因之一。公民必须是一个相互的主题。"① 例如澳大利亚在二战期间，不同种族的人同仇敌忾，相互了解，逐渐为以后的民族和解、多元文化政策实施奠定了社会情感基础。当然，这种共同生活需要一种民主制度做保障，生活民主与制度民主的相互配合才能形成这种具有教育意义的共同生活。杜威的"民主与教育"的经典思想仍然具有重要价值。

第三节　澳大利亚公民教育发展的因素分析

一、全球化：文化与空间的关系塑造了公民身份

澳大利亚公民身份与公民教育的变迁，重要的影响因素就是澳大利亚现代化与全球化进程。社会与个体的现代化必然要求个体公民身份去除血缘、地缘的限制，逐步走向现代民主上的权利平等。

澳大利亚公民身份的重要因素"地理空间"的内外拓展是全球化的结果。一般认为，全球化过程初始于 16 世纪，以新航路的开辟、殖民扩张、文艺复兴以及宗教改革为主要标志的种种运动开启了人类全球一体化的进程。从第二次工业革命到战后的全球化既有政治意义上的空间拓展，也有经济意义上的空间拓展。就澳大利亚历史而言，移民的涌入本身就是资本驱动下的全球化的结果。澳大利亚最初以盎格鲁—凯尔特来界定澳大利亚人的公民身份，逐渐被多元文化人口构成的变化而改变，最后走向超越文化族群的公民身份。

澳大利亚公民身份的地理空间拓展让公民身份的文化问题浮出水面，进入人们的视野。空间意味着不同的文化群体，无论是国家内部的差异，

---

① 尼克·史蒂文森. 文化与公民身份［M］. 陈志杰，译. 长春：吉林出版集团有限责任公司，2007：53.

还是国家外部的差异，都对强调同质化的、国家认同的传统公民身份提出了挑战。就澳大利亚公民教育的发展历程来看，全球化以及内部文化差异的相互呼应，自然使其公民身份突破了地理界限。"在全球化背景下公民身份教育需要不断地重新定义，世界公民身份教育使年轻人认识到，自己是在地方、国家和全球范围内同时拥有权利与责任的公民。"① 因此，在全球化时代，地理因素、空间因素成为规定公民身份范围的重要因素，也是公民身份产生争议的缘由，进而对公民教育实践提出了新的要求。

二、国家建构对公民身份的影响

国家建构是塑造澳大利亚公民教育发展的第二个重要因素。国家建构是构建文化意义上的国家。约翰·本迪克斯（John Bendix）认为，关于国家建构，一般是先有国家，但是国家建设是不断的。也就是说，先有外部独立，然后再寻求内部和谐。其中，构建文化意义上的国家，形成一个统一的、具有凝聚力的民族，是国家建构的重要含义。国家建构可以理解为传统、文化、社会组织和物质标准的断裂（非连续性）。国家建构就是要重续这种连续性。②

从政治层面来看，人类社会的现代化进程实际上也是一个民族国家建构的过程。伴随着人类社会的现代化进程，"现代民族国家建构运动自西向东次第展开，蔚为时代主纲，构成了最为宏大的历史进程，裹挟并决定了其他一切社会历史运动与政治法律进程"③。按照《布莱克威尔政治学百科全书》的界定，现代民族国家是"两种不同的结构和原则的融合，一种是政治的和领土的，另一种是历史的和文化的"④。

---

① 奥德丽·奥斯勒，休·斯塔基. 变革中的公民身份：教育中的民主与包容 [M]. 王啸，黄玮珊，译. 北京：教育科学出版社，2012：112.

② JOHN BENDIX. Nation-building & citizenship：studies of our changing social order [M]. New Brunswick：Transaction Publishers，1996：XV.

③ 许章润. 国家理性 [M]. 北京：法律出版社，2010. 转引自：王宗礼. 国家建构、族际政治整合与公民教育 [J]. 西北师大学报：社会科学版，2013（3）.

④ 戴维·米勒，韦农·波格·丹诺. 布拉克维尔政治学百科全书 [M]. 邓正来，等编译. 北京：中国政法大学出版社，2002. 转引自：王宗礼. 国家建构、族际政治整合与公民教育 [J]. 西北师大学报：社会科学版，2013（3）.

但是，笔者主张：现代民族国家建构应具有开放性，在强调民主层面的一致性或平等的同时，维持多元文化的和而不同，更进一步说，两者应该是不矛盾的：文化多样要在制度层面得到保障，而共同的追求和共同的将来成为民主一致的文化基础。这里的文化指生活方式和价值观念。现代化应该是多元文化的消亡，但是澳大利亚的公民教育仍然限于归属与多元文化，没有完全消除文化的多样性。

国际的力量与国内的抗争遥相呼应，抵制着现代化的同化力量。

公民身份不是天生的、自然的，而是后天建构的产物，即国家建构的结果。因此，公民身份是国家建构的重要问题。国家建构是一个不断建构和解构的过程。其中公民身份是国家建构的重要内容。国家建构就是形成国家认同。这种解构与建构，既与未来相联系，也与国家构成变化如移民有关。认同有前与后的关系。前是未来，后是传统。公民身份要处理好解构与建构、本地与全球的关系平衡。多元文化涉及国内，而文化之间涉及国际。对现代化来说，多元文化社会里的国家认同是一种反现代化情况。

国家建构通过民族主义和国家认同赋予公民一种文化身份。"现代国家典型的是民族国家。公民身份来源于个体诞生于其中的民族共同体所形成的成员资格，公民身份的权利典型的是从父母那里继承而来的。"[①] "虽然公民身份是一种形式上的法律地位，但是，作为民族主义和爱国主义情感的产物，它与作为共同体成员的情感和情怀密切相关；最后，这种关系的集合（法律地位、资源、共同体成员和认同），形成了特定道德行为、社会实践和文化信仰的范围。这些东西统称为公民美德，因为它们明确了构成'好公民'的道德内容。"[②] 这在斯巴达模式中得到了证明。斯巴达模式是国家主导教育的模式，其公民身份得到了很多近现代学者的支持，这些观点对于理解国家建构对于公民身份的塑造有重要的启示。卢梭是其中的代表人物。他认为，国家可以净化社会的各种腐败。只有通过公民教育调和个人与国家之间的各种利益才能获得一种理想的状态。因此，年轻人应该接受教育以便在整体上整合其个人利益、具有普遍意志的意愿以及共

---

① 尼克·史蒂文森. 文化与公民身份 [M]. 陈志杰，译. 长春：吉林出版集团有限责任公司，2007：15.

② 尼克·史蒂文森. 文化与公民身份 [M]. 陈志杰，译. 长春：吉林出版集团有限责任公司，2007：15.

同体的各种利益。① 卢梭在其《对波兰政府的思考》中，最为全面地表达了关于公民教育的思想。他呼吁，儿童应该从小就接受教育，以适应对社会非常有益的各种价值和程序，比如平等、爱国主义。"他相信，教育对于巩固恰当的民族性和民族自豪感起到至关重要的作用。教育将确保的是，'教年轻公民把他们所有的热情都汇聚到对其祖国的热爱上。'"② 他非常强调民族认同感的灌输。"卢梭强烈诉诸爱国主义和民族主义，这自然使他倾向于对世界公民身份充满敌意。"他认为，"自幼通过作为一个公民的生活，一个人才能发展出一种正义感和道德、理性的良知。因为一个真正的公民寻求实现的是公意和公共善而不是他个人私人利益的满足。"③ 民族主义作为一种替代性宗教，成为公民身份的文化基础。因此，国家主义塑造现代民族国家的公民身份，尤其是公民身份的文化基础，国家认同是公民身份的重要内容。

但是，这种国家主义塑造的公民身份具有排斥性、强制性的特点。民族主义在现代国家的形成中有着重要作用。英国学者德里克·希特说："从臣民的身份和观念向公民的身份和观念逐渐转变的过程中，民族主义的观念有着非常重要的历史意义。民族主义巩固了大众主权的原则，削弱了君主专制的权威，并且相当程度地加速了变迁的步伐。在一种共生关系中，爱国的和排外的公民要求其政府实施更为公开的民族主义政策，而政府要求并逐渐巩固公民对国家的忠诚。在实践方面，公民被迫要求通过言说和行动来展示其对民族的责任。"④ 如前所述，澳大利亚的土著居民长期被殖民者排除在国家之外，通过在民族共同体内部征服和排斥土著共同体，土著人的多样性和差异性也被消除了。

---

① 希特. 公民身份：世界史、政治学与教育学中的公民理想 [M]. 郭台辉，余慧元，译. 长春：吉林出版集团有限责任公司，2010：60.

② 希特. 公民身份：世界史、政治学与教育学中的公民理想 [M]. 郭台辉，余慧元，译. 长春：吉林出版集团有限责任公司，2010：61. 卢梭是最早阐释民族主义概念的理论家之一。

③ 希特. 公民身份：世界史、政治学与教育学中的公民理想 [M]. 郭台辉，余慧元，译. 长春：吉林出版集团有限责任公司，2010：62.

④ 希特. 公民身份：世界史、政治学与教育学中的公民理想 [M]. 郭台辉，余慧元，译. 长春：吉林出版集团有限责任公司，2010：97.

三、多元文化对公民身份的扩展

移民是全球化的重要标志。澳大利亚的国家建构是在多元文化的基础上进行的，按有些学者的说法，这是一种移民驱动的公民身份获得模式，不同于一般的基于祖先英国和基于文化（如德国）的模式。① 澳大利亚公民身份的文化拓展，促成了澳大利亚人的多元文化公民身份。

全球化引发了一个国家内外的文化差异，以及各种与个人认同相关的新问题，因而也使多元文化的成员资格与通过拥有公民身份地位而获得的文化权力问题显得突出。澳大利亚公民教育学者卡斯尔（Stephen Castles）认为，在全球化的时代，确立公民身份的基础不仅仅是以国家体系为基础的过程，国家的重要性在一些基本层面上已让位于其他全球性力量，这些力量包括大众传媒、一些社会运动、全球化经济以及全球化文化等。造成这种局面的因素包括跨国界迁移的增加，临时性、经常性和循环性的移民的增加，廉价而方便的旅行以及通过新的信息科技可进行的长期沟通。社会出现了所谓的"跨国的群体"，他们的身份并不主要附着于特殊的领土。全球性的变迁必然导致国家理论的重建，国家观与民族观的脱钩，这是从现代向后现代转变的最重要方面之一。②

这也自然引发了对民族国家的批评，认为民族国家破坏了公民身份。英国学者奥斯勒和斯塔基说："仇外的政治集团利用了国家主义情感，强化了我们和他们、本国公民和外国人之间的矛盾，并且使之变得尖锐。这种国家主义的观点，建立在地位和特权要依附于国家公民身份这一观点的基础上。"③ 班克斯认为："成为一个国家的合法公民，并不必然意味着这个人能够融入主流社会及其机构，或者被国家统治阶层的大多数成员看成一个公民。公民的种族、文化、语言和宗教特征往往会对他能否被看成其

---

① JOSEPH ZAJDA, HOLGER DAUN, LAWRENCE J SAHA. Nation-building, identity and citizenship education : cross-cultural perspectives [M]. London: Springer, 2009: 6.

② 王文岚. 社会科课程中的公民教育研究 [D]. 兰州: 西北师范大学, 2004: 13-14.

③ 奥德丽·奥斯勒, 休·斯塔基. 变革中的公民身份: 教育中的民主与包容 [M]. 王啸, 黄玮珊, 译. 北京: 教育科学出版社, 2012: 9.

所处社会中的公民产生重大影响。"① 平等、公平或者正义成为公民身份的标志。

公民身份重要的是归属感，忽略公民身份的个体性和文化性就是忽视其归属感。② 培养具有国家认同感的文化公民身份最初被看作文化赋权。

这些批评解构了对公民身份和公民教育的传统看法。一般人认为，多元文化与公民教育没有联系。在现代多元文化国家，多元文化政策和多元文化公民教育被视为控制国家内部文化差异的一种方法。一般认为，承认多元文化主义意味着放弃了那种认为民族国家必须保持同质和只有一种文化的想法。这一矛盾的情况自然让许多研究者感到把多元文化与公民教育联系起来很奇怪。那么，这种看似矛盾的东西却偏偏存在，乃是因为这两者都是国家建构的内容。简单地说，国家建构就是基于多元文化创造一种共同的意识，创造一个超越族群、地域文化差异的自由、民主、正义的国家。"多元一体"的国家建设思路就是让人们超越各自的特殊文化，在自由平等地交流与共同生活中走向美好的未来，过上一种可能的美好生活。

因此，多元文化政策、多元文化公民，都是在国家范围内来实施的。通过民族国家建立的符合正义的民主制度，可以沟通多元文化与公民教育之间的差异。多元文化公民教育就是在多元文化的现实中建构共同的国家意识的重要手段。

第四节　现代性、多元文化与当代中国公民教育

一、关于我国公民教育的文化思考

当前我国公民教育话语对于公民的理解缺乏文化维度的思考。在公民教育理论的探讨中，西方公民教育理论如何中国化成为理论界关注的问

---

① 奥德丽·奥斯勒，休·斯塔基. 变革中的公民身份：教育中的民主与包容 [M]. 王啸，黄玮珊，译. 北京：教育科学出版社，2012：12.

② 奥德丽·奥斯勒，休·斯塔基. 变革中的公民身份：教育中的民主与包容 [M]. 王啸，黄玮珊，译. 北京：教育科学出版社，2012：111.

题。如檀传宝指出："中国人当然应当在吸收国外先进经验的同时，基于中国社会的实际考虑自己的公民教育设计。我们既不能制造一个让别人完全不懂的公民教育概念，但是我们也要反对公民教育上可能存在的'文化殖民'。"① 很多人都主张，公民教育不能离开中国传统文化，尤其是不能脱离中华民族优良传统和基本精神，要求在公民教育过程中做到公民教育理论与中国传统文化和传统美德的承接。有人根据西方多元文化教育思想，也从多元文化教育理论的角度思考少数民族公民教育模式，探索多元文化基础上的公民培养机制。②

在公民教育实践中，如何培养年轻人的文化认同也逐渐成为公民教育的重要目标。如1996年香港《学校公民教育指引》就指出改变香港原有的殖民教育，培养民族、国家认同，并将其作为首要内容。③ 的确，虽然公民教育具有一定的中立性或普遍性趋向，但是无根的公民教育还是对"公民"的教育吗？中国现代公民教育首先意味着公民的身份是中国人，是在中国这一文化共同体里实施的。文化认同是对自己民族文化的形式和价值观的接受和归属。这种文化认同是中国现代公民教育的民族性的表现。

因此，我国公民教育的研究与实践要关注文化视角的思考。公民教育的文化思考就是要求培养公民表达自己文化权利的意识和能力。这种表达既是个体的表达，如对于个体文化身份的自我抉择；也是群体的表达，在中西文化之间、社会阶层之间、文化族群之间的文化冲突中表达自己的权利。

在全球化时代我国公民教育遭遇了三种文化问题。这些文化问题意味着当代我国公民教育的一种文化转向。只有正视这些文化问题，才能形成适合我国文化与国情的公民教育的理论与实践。

1. 西方霸权文化与中国文化认同

在对待中国传统文化在当代公民教育中的价值和作用上，我国公民教育的话语存在一种批判与肯定的矛盾。许多学者认为，中国几千年来的君主专制统治，使我们的国民严重地缺乏公民意识。他们批判过去的教育是臣民教育，主张公民教育就是让学生习得自由、平等、人权、民主、法治等公民价值观，这也是一种"普适性价值"。这些话语对传统文化和传统

---

① 檀传宝. 当前公民教育应当关切的三个重要命题 [J]. 人民教育，2007，(15-16).
② 张英魁. 多元文化教育视角下的少数民族公民教育 [J]. 广西民族研究，2005 (1).
③ 朱白薇，孟庆顺. 香港公民教育与文化认同 [J]. 郑州大学学报：哲学社会科学版，2005 (1).

国民教育持一种批判态度。他们批判的依据就是西方公民教育的话语。与此同时有许多学者指出，西方公民教育理论必须与中国传统文化相结合，找到在中国根植于中国思想文化的切入点，才能使公民教育具有可能性和实效性。

这种对于传统文化和西方公民文化关系的矛盾态度是我国公民教育面临的第一个文化问题。这也是所有非西方国家公民教育研究与实践面临的共同问题。对于西方公民文化中宣扬的自由、平等、民主、人权、法治等价值，以及对于内容和方法的一套做法，我们一般都认为具有普适性。这些公民价值观是西方文化的深层次内容。而文化深层次的价值观、思维模式等因素是一种文化特殊性的决定因素，也是很难被借鉴和移植的。

更重要的是，在全球化时代，"文化霸权"使非西方国家对这些标榜为普适价值的公民价值观持一种审慎甚至是警惕的态度。美国学者罗伯特·赖克认为，在全球化时代，现代民族国家面临的主要任务"将是对付割断公民联系纽带的全球经济的离心力，赋予最有技能和洞察力的人更多财富，而使技能欠佳的人陷入日趋下降的生活水平"①。经济全球化产生的"离心力"就是指经济全球化使民族国家的公民没有对自己的民族文化身份的认识，没有对自己国家的归属感，即国家认同感的缺乏。不少学者都认为，经济全球化实质是资本主义生产体系的全球扩张过程，一种西方主导的国际经济秩序的扩张。经济全球化的逻辑即是市场逻辑，信奉自由价值观。它要把世界变成一个统一的世界市场。在市场逻辑下，一切事物都以市场的接受程度为标准。为此，经济全球化需要铲除一切文化传统的特殊性，抹杀各个民族文化自身的特性。如罗斯·普尔所言，"资本主义市场用武力来消灭前现代社会在文化上孤立的和异质的共同体的存在。"② 同时，伴随经济全球化，西方文化（从形式到价值观）也逐渐成为强势文化和霸权文化。这包括一种全球性的消费文化。经济全球化不仅带来全球性生产，也必然要求全球性的消费。全球消费主义带来了消费文化的产生，如已成为庞大的跨国工业的娱乐业和旅游业，改变了个别民族国家的生活方式并使之趋同化。全球性的消费文化改变了青少年对其所在国家形象的认识和接受。西方文化的这种冲击是在"现代化"的名义下进行的。非西

① 罗伯特·赖克. 国家的作用：21 世纪的资本主义前景 [M]. 上海：上海译文出版社，1994：1.
② ROSS POOLE. Morality and Modernity [M]. New York：Routledge，1991：100.

方国家面临的传统文化的现代性困境问题使我国公民教育要考虑当代青少年的文化认同危机。

2. 少数民族地区公民教育中的文化认同问题

作为一个多民族国家，我国公民教育的文化问题还要处理共同文化与少数民族文化的关系问题。少数民族文化在公民教育中的文化地位如何界定，这是我国公民教育面临的第二个文化问题。

由一系列权利与责任规定出来的公民资格不仅仅是一种地位，它也是一种身份认同，表明了一个人是一定政治共同体的成员。[①] 这种身份认同包括对群体或制度（现代民族国家）的认同。当然，这是基于地位平等和政治自由下的认同。这种认同既包括政治认同[②]，更包括文化认同。因此，少数民族地区的学校公民教育实践面临着一种双重文化认同的矛盾：一是国家层面的共同文化的认同与本民族文化认同之间的关系问题；二是现代化冲击下对本民族传统文化归属的问题。

现代公民教育是民族国家内部进行的，是国家整合的重要工具。[③] 因此，这种整合往往强调一种对"共同文化"的认同。但是在多民族国家里，情况有所不同。少数民族地区这一话语本身就意味着民族差异和文化差异，即与共同文化和其他民族的差异。按照西方社群主义的观点，历史记忆、文化传统是个体自我认同的重要源泉。如果对民族国家的认同涉及国家政治和民族文化两个方面的特性，因而其认同的资源也来自这两个方面，那么民族地区的公民教育就会遇到文化冲突的问题。如果多民族国家里的公民教育也强调社会整合和"共同文化"的认同，那么，少数民族如何保持对自己民族传统文化的认同呢？在现代民族国家的合法性遭到质疑的当代，这些少数民族地区公民教育的问题是我国公民教育不能忽视的文化问题。因此，在少数民族地区，公民教育还面临着个人如何处理民族文化和国家层面的共同文化之间的认同问题。这是少数民族地区实施公民教育的特殊性所在。

公民教育需要民族文化传统作为依据，而且多元文化的素质和态度成

---

① 威尔·吉姆利卡，威尼·诺曼. 公民的回归：公民理论近作综述 [A]. 毛兴贵，译//许纪霖，主编. 共和、社群与公民 [C]. 南京：江苏人民出版社，2004：262.

② 这不是像思想品德教育那样强调个人对国家、社会的服从和责任，公民教育中的政治认同则以公民的权利和义务相统一为基础，去理解个体与国家、社会的关系和责任。

③ 刘大明. 民族再生的期望：法国大革命时期的公民教育 [M]. 北京：中国社会科学出版社，2005.

为现代公民教育的重要内容。但是作为少数民族地区的文化认同问题不仅会遇到与国家层面的共同文化的关系问题，而且与非西方国家和民族面临的普遍问题一样，面临着传统文化的现代困境问题。例如，一项调查表明："在藏区城市及周边地区，藏族的'现代'都市化生活方式越是突出，其族群自身的独特传统就体现得越少。在阿坝州府马尔康，代表着都市时尚的都市风景不亚于四川其他城市，除了规模较小数量较少之外，从茶楼、KTV 到网吧，从火锅连锁店、名牌时装店到美容店，那里一应俱全，人们对于时尚文化的敏感程度比起四川的其他城市已经相差无几。在调查中，一个康定的时装店老板甚至很自豪地告诉我们，在四川的省会成都流行什么时装样式，在康定不出半月就可以看到。"① 我们对于四川藏区某藏文中学的一项调查表明，当代藏族学生虽然有很强的民族认同感，但是已逐渐趋于灵活和变通。很强的文化认同感反映在宗教意识、民族服饰与节日等对待传统文化形式的态度上。藏族学生对待自己的传统文化的态度与汉族地区学生都是差不多的，这反映出藏族学生的文化认同也逐渐受到西方文化主导的现代化的影响。

3. 社会弱势群体公民教育中的文化资本问题

近年来，不同社会阶层之间的分化与排斥成为影响社会和谐的重要因素，理性思考、冷静对话往往代之于歧视排斥、攻击谩骂，甚至趋于用暴力来解决冲突。宽容、理性、平等、尊重等公民品质成为不同群体之间和谐共处的重要基础。因此，从多元文化角度探讨公民教育的生活模式，对促进整个社会的和谐，对中国社会的现代化发展具有十分重要的意义。

众所周知，现代公民不是附属于他人的臣民，而是人格平等的"公民"。公民对于现代民族国家的认同和归属的先决条件是社会成员的地位平等和政治自由。② 在一个国家内部，这种社会地位平等往往很难获得，因为他们是属于不同社会阶层的群体。尽管他们也拥有共同的公民资格，但是由于缺乏教育与经济资源而被排除在"共同文化"之外。这些群体的成员之所以感到排斥，不仅仅由于他们的社会经济地位，而且因为他们的社会文化身份，即他们的"差异性"。③

---

① 刘俊哲，等. 四川藏族价值观研究 [M]. 北京：民族出版社，2005：222.
② 徐贲. 文化讨论与公民意识 [J]. 读书，1996 (7).
③ 威尔·吉姆利卡，威尼·诺曼. 公民的回归：公民理论近作综述 [A]. 毛兴贵，译//许纪霖，主编. 共和、社群与公民 [C]. 南京：江苏人民出版社，2004：262.

　　比较典型的就是农民工及其子女这一群体。农民工属于城市的弱势群体。当前国内对农民工的公民权利问题关注也很多。而人们关注的一般是其社会政治权利和经济权利。一项调查表明，许多农民工都认为自己是二等公民。文化权利平等是人格自由平等的表现。比如，社会政治权利中，言论、出版、结社等政治自由对农民工来说是一句空话，因为农民工由于群体文化知识的匮乏，缺乏以书面形式表达意见和愿望的能力。而城市媒体对他们的关注很少。另外，农民工对城市管理的参与程度很低，因为农民工的公民身份问题，受学历和知识水平的影响，农民工在公务员考试、职称评定和入党、提干等方面基本上没有机会，从而也就失去了参与社会管理的根本权利。这些权利的拥有都与农民工的文化资本缺乏密切相关。

　　如前所述，现代公民社会意味着人与人之间地位平等和政治自由。但是社会分层的客观现象造成了一个国家里人们的社会地位不平等。根据韦伯的三位一体阶层观点，社会分层不仅具有经济标准和政治标准，还有着文化标准。社会地位的不平等不仅仅是政治的和经济的不平等，还有文化上的不平等。文化不平等也是社会不平等的重要原因。文化上的不平等表现为文化资本拥有多寡的不同。特纳将布迪厄（Bourdieu）的文化资本定义为"那些非正式的人际交往技巧、习惯、态度、语言风格、教育素质、品位与生活方式"。[①] 文化资本在一定条件下可以转化为经济资本，并以教育证书的形式被制度化。文化资本是作为一种理论假设被用以解释儿童由于来自不同社会阶层取得不平等的社会成就。[②] 文化资本的多少决定着现代公民政治权利和经济权利的获得。某一群体或个体的文化资本贫弱往往就意味着他们处于一种文化的边缘和被忽视的地位，意味着他们不能平等地参与国家的政治与社会事务。因此，社会弱势群体的文化资本问题成为现代公民教育面临的又一重要挑战。

二、中国式公民形象

　　我国的公民教育应该培养什么样的公民？这是一个复杂的问题。逐渐

---

①　乔纳森·特纳. 社会学理论的结构 [M]. 北京：华夏出版社，2001：192.

②　PIERRE BOURDIEU. The Forms of Capital [A] //A H HALSEY. Education：Culture，Economy，and Society [C]. Oxford：Oxford University Press，1997：47.

崛起的中国以什么面貌屹立于世界，取决于中国人以怎样的公民形象屹立于世界。

在全球化时代西方文化成为霸权文化的情况下，我国公民教育的研究和实践面临着如何处理西方公民文化与我国传统文化的关系问题。公民的文化身份要求公民教育应培养公民对民族的传统和文化的归属感。我国现代公民教育的话语不仅要谈论培养年轻人具有公民道德、公民价值观、公民知识和公民参与技能等具体的目标，更要关注文化意义上的公民形象：未来的中国人应该成为什么样的国民？我们今天怎样做中国人？只有这样，我们的公民教育才能具有其民族性和现代性，只有具有现代性和民族性的公民教育才能培养出具有传统根基的现代中国公民。

国家教育目的是一个国家的主导教育目的，通常被写入国家的教育法律法规，是政府颁行的"指令性教育目的"，具有较强的约束力。在现代民族国家，国家教育目的往往意味着一个国家对该国国民未来形象的一种共同预期，而教育改革也往往伴随着这种国家教育目的的变革。诚如《学会生存》一书所指出的那样：教育是形成未来的一个主要因素，在目前尤其如此，因为归根结底，教育必须培养人类去适应变化，教育必须为变化做好准备，这是我们时代的显著特征。在经济—文化全球化的今日，国际竞争日趋激烈，教育是民族国家竞争的基础。这意味着处于全球化时代的我国应该更加重视我们的教育应该培养什么样的新一代国民的问题。这是与中国民族国家形成及国民身份塑造有关的重要问题，如中国究竟应该成为什么样的民族，怎样的国家，中国人应当成为怎样的国民和公民。

1995 年，我国《教育法》明确规定，我国的教育目的是"培养德、智、体等方面全面发展的社会主义事业的建设者和接班人"。这是我国社会主义现代化建设时期的国家教育目的。党的十七大第一次明确提出我国教育是培养社会主义合格公民。现代民族国家的教育目的制定包括两个层面：一是具有普遍性的世界性理念，二是具有特殊性的民族性内容。我国的国家教育目的民族性没有得到强调，没有得到明确表述。通常的表述"有中国特色的社会主义"本身就蕴含了民族文化和国家主义的特色，只不过社会主义的世界性、经济性或普遍主义因素限制了民族性在国家教育目的中的地位和作用。大国崛起、民族复兴、经济全球化、公共教育市场化与民营化改革都要求我国国家教育目的表述强化民族传统方面的要求，强化对青少年、对民族传统的认同，这是国家认同的文化基础，要把两个方面统一于"在新世纪我们应该培养什么样的中国人"这一问题上。因此，"社会主义合格公民"的具体内涵还有待进一步明确。

西方公民概念如何与中国的传统对接？社会主义合格公民如何体现中国文化特质？已有研究不是很多，有也大都是经验式的随意概括。有学者提出了中国式公民是一种关系式公民。李荣安阐发了金耀基提出的关系主义概念，并认为关系主义对于理解东方的政治特点下的公民权责十分适用，并进一步提出中国文化中的"自我"概念既非个体主义，也非个体化，而是个体性。这种个体性很好地体现在修身、自省、自律、自得、自谦等等汉语词组中。与西方建立在个体权责和个体化基础之上的个体主义不同，东方文化则强调个体性的发展——这决定了东方文化中公民权责意识的发展迥异于西方的特点。前者具备政治性和官僚性，后者则具有了非政治性，重视可能导致也可能不导致政治结果的自我成长。这就解释了东方国家总是侧重讲道德教育而不是公民教育的原因，同时解释了为什么许多亚洲国家在公民教育中非常重视个体性和关系性①。李荣安的思考只是从中西文化比较的角度来分析中国式公民的关系主义特征。

还有人说，我国中小学生公民教育的目标应该是培养认同、理解、遵守与维护国家宪法，关心及参与公共事务，具有独立思考能力与敢于承担责任的公民，对民族的传统和文化有归属感的现代公民，即具有权利意识、义务意识、自主意识、程序规则意识、法治意识、纳税人意识、道德意识、生态意识、科学理性精神的现代公民。② 这一描述只是重视了公民身份的政治法律因素，对于教育学维度和文化维度思考较少。

因此，当前人们对中国式公民身份的理解在教育学维度上只涉及意识层次，而在文化维度上缺乏多元文化意识，对于不同社会阶层和不同族群的文化差异之间的关系很少谈及。中国式公民身份问题需要解决多元文化问题，具体所指就是上述三种文化问题，而不仅仅是一般认为的权利问题。

中国式公民是什么形象，这是一个一言难尽的问题。至少以下几个要

---

① LEE WNG ON. Conceptualizing Citizenship and Citizenship Education in Asia [J]. Pacific Asian Education, 2003, 15 (2): 8-26. 转引自：李军. 公民教育研究的理论架构：探索一个儒家文化的本土模式 [J]. 中国德育, 2010 (2).

② 何悦委员：应加强我国中小学生公民教育的建议 [DB/OL]. http：//www. china. com. cn/2008lianghui/2008-03/15/content_12721502. html, 2008-03-15.

素应该具备：立足具有现代价值的中国优秀传统文化，了解人类文明与国家政治法律常识，具有包容、尊重、参与、责任的公民品格，以及理性能力、社会生存能力等公民能力。中国式公民应该是自由公民、国家公民、社会公民、世界公民、文化公民的复合体。这也是中国和合文化的体现。

三、生活、制度与公民教育

1. 公民教育：直接间接都是问题

当前我国的公民教育实践还处于零星自发状态，与其他教育领域的全国划一、家校一致形成鲜明对比。大部分的公民教育实践大多是课题式研究项目。那些课题都是强调学术目的，服务于只是教学和应试目的，而非公民教育目的。部分零星存在于思想品德课、历史地理、语文课本中。

关于这些零星自发的公民教育存在的突出问题，有人概括了三点：中国公民教育应重直接教育还是间接教育、应重自治模式还是服务模式、如何获得内在建构与外部支撑的平衡。[①] 其中，重直接教育还是间接教育尤为具体和重要。这既与我国学校德育传统（即重说教）有关，也是前述学校教育重学术倾向的表现。

"所谓'直接教育'，是指直接教给学生有关公民的知识，以唤醒他们的公民意识。所谓'间接教育'，是通过创设'像公民那样生活'的教育环境，让学生在生活中体验和感悟公民的内涵，在实际操练中获得技能，形成品格。'直接教育'着重于获得认知，'间接教育'着重于公民技能的训练和公民人格的培养，两者结合起来才是完整的公民教育。"[②]

从澳大利亚公民教育的历史经验来看，直接教育的效果很差，而间接教育在制度化的学校教育里又难以真正实施。这也得到了我国实践者的证实。

目前的问题是，"直接教育"主要涉及德育学科教师，这些教师具有相应的专业背景，对公民教育的理解比较全面和深入。"间接教育"涉及学校的全体教师，需要他们共同为学生创设公民教育的环境。我国没有公民教育的文化传统，公民教育面临师生两代"同起点"的现实。无论是直

---

① 马兰霞. 中国公民教育面临的问题与现实选择 [J]. 思想理论教育, 2012, (2 下).
② 马兰霞. 中国公民教育面临的问题与现实选择 [J]. 思想理论教育, 2012, (2 下).

接教育还是间接教育，我国公民教育实践都存在准备不足的问题。至于德育学科教师，他们也没有接受过公民教育方面的训练，也没有见过公民教育的实践，没有公民教育的意识和能力，因此，直接德育没有合格教师。对于间接教育而言，问题更多，不仅所有教师没有公民教育的意识和能力，而且学校内外环境都不支持。因此，中小学公民教育既要进行直接教育，更要进行间接教育，更重要的是对教师的公民教育。

2. 生活模式与文化公民

生活化的公民教育模式成为当前学术界和中小学关注的问题。"通过公民生活实现公民教育"并不是一个新的发现，而是一个被教育家们反复陈述、论证过的教育理念的应用。"公民教育实践活动"生活化已成为不少小学公民意识教育的重要方式。学术界的研究更强调学校公民教育要通过公民生活尤其是公共生活来完成，学生们应该在学校过一种能够体现公民意识的生活。英国学者希特认为，从实践活动中学习，如参加学校的理事会、委员会或者参与社区工作，这些通过参与实际事务的公民教育方式会让人成为更加有理性的公民。[①] 正是在"生活德育""公共生活"理念的影响下，公民教育的思考才逐渐强调公民生活的重要性。

强调公民教育的生活化，也是当前我国社会中多元文化冲突的要求。中国改革虽然取得了惊人的成绩，但是离建成富裕、民主、文明国家的目标还有很长的路要走，特别是近年来由于一些重要经济和政治领域的改革迟滞，一些社会矛盾变得尖锐起来。不同社会群体之间、不同地区之间的贫富分化越来越大。相应地，一些民族关系问题也愈益突出，西方国家的遏制也扩展到了文化层面。不同社会群体之间、不同地区之间、不同民族之间，出现了一些非理性言行。生活方式和价值观上的差异，形成了社会的分化与区隔。在不同价值观点的碰撞和交锋中，言之成理、持之有故的理性思考和冷静对话往往被歧视排斥、攻击谩骂乃至造谣污蔑取代，群体与群体之间趋于用语言甚至行为上的暴力来解决冲突与分歧。公民教育一般被视为解决统一性与多样性问题的重要工具。宽容、理性、平等、尊重等公民品质，以及共同的公民意识成为不同群体之间和谐共处的重要基础。因此，从多元文化角度探讨公民教育的生活模式对于促进整个社会的和谐具有十分重要的意义。

---

① 希特. 公民身份：世界史、政治学与教育学中的公民理想 [M]. 郭台辉，余慧元，译. 长春：吉林出版集团有限责任公司，2010：176.

中国传统社会的家国同构特征使"家"的结构随地域、民族等文化维度的不同有着巨大的差异，而且在现代社会"多元一体"的政治结构遇到了很多问题。这不仅影响当代人们的公民意识的形成与公共生活的展开，也使借鉴西方的公共领域来设计公民教育模式有着难以逾越的障碍。同时，这也需要公民教育来增强不同社会群体之间的契合程度。在多元文化冲突的社会条件下获得社会的凝聚有序，这是当代中国公民教育的重要目标，而国家内部不同社会群体的相互孤立与排斥是当前公民教育的重要障碍。

未来公民教育的研究与实践要关注多元文化与公民文化的冲突与契合。公民应该具有平等理性地在中西文化、阶层文化、族群文化之间的文化差异与冲突中表达自己文化权利的意识和能力，以及尊重与宽容等公民品质，从而实现多元文化与公民文化的契合。公民意识的培育要从文化交融入手。公民意识在不同文化的差异与冲突中形成。不同文化群体置身于民族国家和世界丛林之中，如何独立、平等、宽容地共存共生，成为当代学校公民教育的重要内容。多元文化社会里的学校公民教育生活模式就是基于多元文化的差异与冲突，让学生形成处理多元生活文化与学校公共生活之关系的智慧，让学生为将来不同文化群体和谐共存地生活做准备。

3. 学校制度改革与公民教育的体制问题

当前，我国学校组织的私利性、个体化特征非常突出，这恰恰是与公民教育所要求具备的伦理性质相冲突的。这是我国公民教育的学校实践所面临的组织困境。"构建学校公共生活，为学生创造公民成长的环境，是学校的'内部建构'；而学校所属的行政管理系统和社会环境提供的相应支持是一种'外部支撑'。目前，中小学公民教育面临的直接环境很不理想。但是这两方面都是问题，即内外交困。"[①]

因此，学校公民教育实践的重点在于学校的改造，即把学校改造为民主的共同体。培养公民教育的责任与德行需要学校的远见。这种远见就在于超越当前对于学校公民教育的悲观看法。我们认识学校组织的伦理性质，目的在于确定学校改造和公民教育的起点。而在个体化社会、公民权利教育缺乏的情况下，公民教育又指向了一种社会的理想状态。学校公民教育成为从当前有缺陷的社会现实到社会理想状态的路径或过程。

---

① 马兰霞. 中国公民教育面临的问题与现实选择 [J]. 思想理论教育，2012，(2 下).

这种学校公民教育本身就具有了一种社会改造的功用。学校改造本身就是一种学校公民教育实践，而这种改造由于教育的未来性本身又成为社会改造的一部分。现代学校教育的公共性本身就意味着学校是公民教育的重要场所，许多国家已经或正在进行旨在使学校生活民主化并促进学生积极参与学校民主生活的"民主学校"的实践，亦被称作"学校民主精神模式"。

日本学者佐藤学针对当前的教育市场化改革，提出以"公共性"和"民主主义"这样两条作为从内部支撑公共教育制度的原理。这是对杜威的"民主与教育"观点的继承与具体化。他提出一些学校改造的建议也正是我们如何实施公民教育的重要建议。[①] 从中我们可以看出，这也正是当前学校公民教育所需要的，即公民教育所需要的学校组织是一种民主的共同体。在这种作为民主共同体的学校组织里，学生在学校的生活就是一种公民的道德实践。公民教育的结果就是创造了一个民主、自由、平等、开放的公共空间。

为公民教育而改造的学校组织是一个开放的公共性教育空间。那种认为"现代学校制度确立，政府职能将发生变化，学校及其他教育机构必将是自主经营、自我发展、自我约束的法人实体，教育管理者的角色也会由此而逐渐转变"的观点值得怀疑。因为这是一种传统的、封闭的学校观。英国学者希特也指出，"公民身份教育是（而且应当是）一种成人的、终生的过程，教育的内容、方法和目标随着人们发挥其公民职能的政体和社会的不同而有差异，否认这样一种观点是不明智的。而且，今天所关注的首要问题是，在自由民主国家或者将要实现自由民主的国家，学校应当如

---

① 佐藤学. 转折期的学校改革：关于学习共同体的构想 [J]. 沈晓敏，译. 全球教育展望，2005 (5). "公共性"原理就是指要构筑相互开放门窗的、异质文化相互交流的空间。"民主主义"原理就是指儿童、教师、家长每一个人都成为主人公，实践"多种多样的人共同生活的生存方式"。具体建议为：（1）将 21 世纪的学校建成为一个"学习共同体"。学校是孩子们相互学习、共同成长的地方，是教师作为专家在一起相互学习的场所，是家长和市民参与教育实践并相互联系、相互学习的场所。（2）为构筑作为"学习共同体"的学校，所有教师都要相互开放课堂，通过对教学的案例研究，构筑相互学习的同事关系。（3）为了在教室里构筑相互学习的关系、在教职员办公室构筑教师作为专家相互学习的同事关系，就要先构筑相互倾听的关系以及由此关系中产生的对话关系。倾听关系为对话的话语做准备，对话的话语为建立相互学习关系和民主主义的实践做准备。（4）作为"学习共同体"的学校依靠家长和市民对学校教育活动的参与和关切。为此，要组织开展家长和市民参与教学、协助教师共同培育儿童的"参与学习"的实践。

何教育学生，使之成为新一代的公民。因此，我们必须认识潜藏在这一责任后面的根本问题，并且审视近期提出的学校在实践中如何才能以合理的效率使学生转化成为公民的建议。学校的基本问题本质上建立在民主公民身份的基础之上。"① 学校教育的道德使命就是要在更广阔的当代社会的挑战与学校工作之间建立联系。因此，走出当代学校公民教育的组织困境，就需要把学校组织改造为一个民主的道德学习共同体。

---

① 希特. 公民身份：世界史、政治学与教育学中的公民理想 [M]. 郭台辉，余慧元，译. 长春：吉林出版集团有限责任公司，2010：178.

主要参考文献

一、专著

[1] 艾瑞克·罗斯. 澳大利亚华人史：1888—1995 [M]. 张威，译. 中山：中山大学出版社，2009.

[2] 奥德丽·奥斯勒，休·斯塔基. 变革中的公民身份：教育中的民主与包容 [M]. 王啸，黄玮珊，译. 北京：教育科学出版社，2012.

[3] ANNE BARTLETT. 澳大利亚的土著人 [M]. 北京：中国水利水电出版社，2004.

[4] 陈弱水. 公共意识与中国文化 [M]. 北京：新星出版社，2006.

[5] 西蒙·马金森. 现代澳大利亚教育史：1960 年以来的政府、经济与公民 [M]. 沈雅雯，周心红，蒋欣，译. 杭州：浙江大学出版社，2007：中文版序.

[6] 戈登·格林伍德，编著. 澳大利亚政治社会史 [M]. 北京：商务印书馆，1960.

[7] 韩芳. 从臣民到公民：澳大利亚公民教育发展研究 [M]. 北京：光明日报出版社，2011.

[8] 韩隽. 澳大利亚工党研究 [M]. 乌鲁木齐：新疆大学出版社，2003.

[9] 萨缪尔·亨廷顿. 文明的冲突与世界秩序的重建 [M]. 周琪，张立平，等译. 北京：新华出版社，2010.

[10] 里查德·怀特. 创造澳大利亚 [M]. 杨岸青，译. 昆明：云南人民出版社，2000.

[11] 安东尼·吉登斯. 现代性的后果 [M]. 田禾，译. 南京：译林出

版社，2000.

[12] 姜天明. 澳大利亚联邦史略 [M]. 沈阳：辽宁大学出版社，2000.

[13] 科恩. 论民主 [M]. 聂崇信，朱秀贤，译. 北京：商务印书馆，2004.

[14] 罗伯特·赖克. 国家的作用：21世纪的资本主义前景 [M]. 上海：上海译文出版社，1994.

[15] 李丽红，编. 多元文化主义 [M]. 杭州：浙江大学出版社，2011.

[16] 联合国教科文组织国际教育发展委员会，编著. 学会生存：教育世界的今天和明天 [M]. 华东师范大学比较教育研究所，译. 北京：教育科学出版社，1996.

[17] 联合国教科文组织世界文化与发展委员会. 文化多样性与人类全面发展：世界文化与发展委员会报告 [J]. 张玉国，译. 广州：广东人民出版社，2006.

[18] 岭井明子，主编. 全球化时代的公民教育 [M]. 姜英敏，编译. 广州：广东教育出版社，2012.

[19] 骆介子. 澳大利亚建国史 [M]. 北京：商务印书馆，1991.

[20] 斯图亚特·麦金太尔. 澳大利亚史 [M]. 上海：东方出版中心，2009.

[21] 吕达，等主编. 当代外国教育改革著名文献：日本、澳大利亚卷 [Z]. 北京：人民教育出版社，2004.

[22] 阮西湖. 澳大利亚民族志 [M]. 北京：民族出版社，2004.

[23] 尼克·史蒂文森. 文化与公民身份 [M]. 陈志杰，译. 长春：吉林出版集团有限责任公司，2007.

[24] 石发林. 澳大利亚的土著人研究 [M]. 成都：四川大学出版社，2010.

[25] 安东尼 D 史密斯. 全球化时代的民族主义 [M]. 龚维斌，良警

宇，译. 北京：中央编译出版社，2002.

[26] 希特. 何谓公民身份 [M]. 郭忠华，译. 长春：吉林出版集团有限责任公司，2007.

[27] 希特. 公民身份：世界史、政治学与教育学中的公民理想 [M]. 郭台辉，余慧元，译. 长春：吉林出版集团有限责任公司，2010.

[28] 唐纳德·肖恩. 澳大利亚：幸运之邦的国民 [M]. 徐维源，译. 上海：上海译文出版社，2000.

[29] 许纪霖，主编. 共和、社群与公民 [M]. 南京：江苏人民出版社，2004.

[30] 汪晖，陈燕谷，主编. 文化与公共性 [M]. 北京：生活·读书·新知三联书店，1998.

[31] 王斌华. 澳大利亚教育 [M]. 上海：华东师范大学出版社，1996.

[32] 王宇博. 澳大利亚：在移植中再造 [M]. 成都：四川人民出版社，2004.

[33] 王宇博. 渐进中的转型：联邦运动与澳大利亚民族国家的形成 [M]. 北京：商务印书馆，2010.

[34] 王宇博，汪诗明，朱建君. 世界现代化历程：大洋洲卷 [M]. 南京：江苏人民出版社，2012.

[35] 吴祯福. 澳大利亚历史（1788—1942）. 北京：北京大学出版社，1992.

[36] 杨洪贵. 澳大利亚的多元文化主义研究 [M]. 成都：西南交通大学出版社，2007.

[37] 殷汝祥. 澳大利亚研究文集 [M]. 天津：天津人民出版社，2000.

[38] 张秋生. 澳大利亚与亚洲发展史 [M]. 北京：北京大学出版社，2002.

[39] 郑寅达，费佩君. 澳大利亚史 [M]. 上海：华东师范大学出版

社，1991.

[40] Asian Development Bank. Asian Development Outlook 1995 and 1996 [M]. Oxford：Oxford University Press，1995.

[41] Australian Education Council. Studies of Society and Environment—A Curriculum Profile for Australia Schools [Z]. Canberra：Curriculum Corporation，1994.

[42] BANKS，JAMES. Educating Citizens in a Multicultural Society [M]. Columbia：Teachers College Press，1997.

[43] BANKS，J A. Diversity and Citizenship Education：Global Perspectives [M]. San Francisco：Jossey － Bass，A Wiley Company，2002.

[44] BARCAN，ALAN. A History of Australia Education [M]. Oxford：Oxford University Press，1980.

[45] BENDIX，JOHN. Nation-building & citizenship：studies of our changing social order [M]. New Brunswick，NJ：Transaction Publishers，1996.

[46] BENNETT，DAVID. Multicultural States：Rethinking Difference and Identity [M]. New York：Routledge，1998.

[47] FERRES，K，MEREDYTH，D. An Articulate Country：Re-Inventing Citizenship in Australia [M]. St Lucia：University of Queensland Press，2001.

[48] PEEL，MARK，TWOMEY，CHRISTINA. A History of Australia [M]. New York：Palgrave Macmillan，2011.

[49] POOLE，ROSS. Morality and Modernity [M]. New York：Routledge，1991.

[50] PRINT，MURRAY. Civics and Citizenship Education：Issues from Practice and Research [C]. Canberra：Australian Curriculum Studies Association，1995.

[51]ZAJDA，JOSEPH，DAUN，HOLGER，SAHA，LAWRENCE J. Nation-building，identity and citizenship education：cross-cultural perspectives [M]. London：Springer，2009.

二、论文

[1] 安钰峰，董子宁. 澳大利亚公民权利与义务教育概况（上）[J]. 基础教育参考，2007（8）.

[2] 安钰峰，董子宁. 澳大利亚公民权利与义务教育概况（下）[J]. 基础教育参考，2007（9）.

[3] 陈驰. 试论澳大利亚国家角色的演变 [D]. 北京：外交学院，2007.

[4] 陈丽华. 走出多元文化主义的困境：评《独石与巨伞——多元文化主义的过与不及》[J]. 教育研究集刊，2007，53（2）.

[5] 丛日云. 古代希腊的公民观念 [J]. 政治学研究，1997（9）.

[6] 丁念亮，王明新. 霍华德政府时期澳大利亚在中美之间的平衡策略 [J]. 太平洋学报，2010（2）.

[7] 冯建军. 全球公民社会与全球公民教育 [J]. 高等教育研究，2014（3）.

[8] 韩芳. 澳大利亚社会科课程与公民教育的嬗变 [J]. 当代教育科学，2012（15）.

[9] 何晓芳. 澳大利亚公民教育概观 [J]. 外国教育研究，2004（7）.

[10] 暨爱民. "公民教育"与"民族国家"诉求：以近代中国知识分子的公民教育观为分析对象 [J]. 教学与研究，2011（1）.

[11] 威尔·吉姆利卡，威尼·诺曼. 公民的回归：公民理论近作综述 [A]. 毛兴贵，译//许纪霖，主编. 共和、社群与公民 [C]. 南京：江苏人民出版社，2004.

[12] 李军. 公民教育研究的理论架构：探索一个儒家文化的本土模式 [J]. 中国德育，2010（2）.

[13] 李丽红. 当代西方多元文化主义思潮的起源和发展［A］//中西政治文化论丛（第四辑）［C］. 天津：天津人民出版社，2004.

[14] 马兰霞. 中国公民教育面临的问题与现实选择［J］. 思想理论教育，2012（2下）.

[15] 吕宏倩，王建梁. 澳大利亚小学公民教育评价及其启示［J］. 外国教育研究，2008（3）.

[16] 吕宏倩. 澳大利亚中小学公民教育研究［D］. 武汉：华中师范大学，2009.

[17] 钱超英. 澳大利亚：移民、多元文化与身份困惑［J］. 深圳大学学报：人文社会科学版，2009（2）.

[18] 任春荣. 澳大利亚一所普通公立小学的道德教育观察［J］. 中国德育，2006（9）.

[19] 单中惠. 欧洲新教育联谊会的沿革［J］. 外国教育资料，1986（2）.

[20] 檀传宝. 当前公民教育应当关切的三个重要命题［J］. 人民教育，2007，（15-16）.

[21] 檀传宝. 论公民教育是全部教育的转型：公民教育意义的现代化视角分析［J］. 安徽师范大学学报：人文社会科学学报，2010（5）.

[22] 檀传宝. 论"公民"概念的特殊性与普适性：兼论公民教育概念的基本内涵［J］. 教育研究，2010（5）.

[23] 陶丽君. 多元文化背景下的澳大利亚中小学公民教育复兴研究［D］. 北京：北京师范大学，2010.

[24] 万明钢，王文岚. 全球化背景中的公民与公民教育［J］. 西北师大学报：社会科学版，2003（1）.

[25] 王希. 多元文化主义的起源、实践与局限性［J］. 美国研究，2000（2）.

[26] 王文岚. 社会科课程中的公民教育研究［D］. 兰州：西北师范大学，2004.

[27] 王宇博. 澳大利亚现代化历史探析［J］. 苏州大学学报：哲学社

会科学版，2004（5）.

　　［28］王宇博. 对澳大利亚公民权利概念与实践的历史考察［J］. 法制现代化研究，2006（11）.

　　［29］文静. 国际教育成就评价协会第二次公民教育研究［D］. 武汉：华中师范大学，2011.

　　［30］吴庆宏. 斯彭斯与澳大利亚现代化［J］. 学海，2010（4）.

　　［31］谢艳. 财产权的神圣起源及其演变：论涂尔干的财产权思想［J］. 社科纵横，2012（10）.

　　［32］许道芝.《我的祖国》：澳大利亚诗歌赏析［DB/OL］. http：//asc. ruc. edu. cn/? show-27-1/，2013-10-09.

　　［33］徐贲. 文化讨论与公民意识［J］. 读书，1996（7）.

　　［34］薛洪涛. 澳洲土著：从动物到人的苦难历史［DB/OL］. 法治周末，http：//www. legaldaily. com. cn/zmbm/content/2010 － 08/05/content＿2222266. html? node＝7578，2010-08-06.

　　［35］闫宁宁. 澳大利亚学校价值观教育研究［D］. 南京：南京师范大学，2008.

　　［36］杨洪贵. 战后澳大利亚政府对非英语移民的同化政策［J］. 南通师范学院学报：哲学社会科学版，2002（2）.

　　［37］杨洪贵. 论澳大利亚土著人的同化政策［J］. 世界民族，2003（6）.

　　［38］袁喜清. 从敌国到友邻［J］. 世界知识，1996（2）.

　　［39］岳书杰. 澳大利亚中小学公民教育评价研究［D］. 武汉：华中师范大学，2011.

　　［40］张建成. 独石与巨伞：多元文化主义的过与不及［J］. 教育研究集刊，2007，53（2）.

　　［41］张建新. 谁是造成塔斯马尼亚人种灭绝的罪魁祸首［J］. 中南民族学院学报：哲社版，1999（4）.

　　［42］张英魁. 多元文化教育视角下的少数民族公民教育［J］. 广西民族研究，2005（1）.

［43］朱白薇，孟庆顺. 香港公民教育与文化认同［J］. 郑州大学学报：哲学社会科学版，2005（1）.

［44］佐藤学. 转折期的学校改革：关于学习共同体的构想［J］. 沈晓敏，译. 全球教育展望，2005（5）.

［45］ATHANASOU, JAMES A. Becoming an Australian citizen: Some dimensions of assessing a citizenship-type literacy amongst［J］. Australian Journal of Adult Learning，2010，50（1）.

［46］AXFORD, BEVERLEY, SEDDON, TERRY. Lifelong learning in a market economy: education, training and the citizen-consumer［J］. Australian Journal of Education，2006，50（2）.

［47］DEJAEGHERE, JOAN GERALYN. Citizenship and Citizenship Education in Australia: New Meanings in an Era of Globalization［D］. Unpublished PhD Dissertation. Minneapolis: University of Minnesota，2003.

［48］DICKSON, JAIME S. How and Why has Civics Education Developed to its Current Situation［EB/OL］. http：//www. abc. net. au/civics/teach/articles/jdickson/currentsit. html，1998.

［49］HOLT, JOHN. Learning to Live Together: Discovering Democracy in Australia［J］. Prospect，2001，31（3）.

［50］HOWARD, COSMO, PATTEN, STEVE. Valuing Civics: Political Commitment and the New Citizenship Education in Australia［J］. Canadian Journal of Education，2006，29（2）.

［51］JUPP, JAMES. The Captive Republic: A History of Republicanism in Australia［J］. The American Political Science Review，1998，92（4）.

［52］KENNEDY, KERRY. Conflicting Conceptions of Citizenship and their Relevance to the School Curriculum［A］//PRINT, MURRAY. Civics and Citizenship Education: Issues from Practice and Research［C］.

Canberra：Australian Curriculum Studies Association，1995.

[53] LEE WNG ON. Conceptualizing Citizenship and Citizenship Education in Asia [J]. Pacific Asian Education，2003，15（2）.

[54] MCLEAN，LORNA. The March to Nation：Citizenship，Education，and the Australian Way of Life in New South Wales，Australia，1940s—1960s [J]. History of Education Review，2008，37（1）.

[55] MCLEOD，JULIE，WRIGHT，KATIE. Education for Citizenship：Transnational Expertise，Curriculum Reform and Psychological Knowledge in 1930s Australia [J]. History of Education Review，2013，42（2）.

[56] PARRY，LINDSAY J. Origins and evolution of elementary social studies in Australia，1930—1970 [J]. The Social Studies，1998，89（2）.

[57] PITMAN，TIM. Selling visions for education：What do Australian politicians believe [J]. Australian Journal of Education，2012，56（3）.

[58] PREISS，BENJAMIN. Language policy will cost nation "billions" [DB/OL]. http：//www. theage. com. au/opinion/political—news/language—policy—will—cost—nation—billions—20121029—28drs. html，2012-10-29.

[59] PRINT，MURRAY. The New Civics Education：An Integrated Approach for Australian Schools [J]. Social Education，1996，60（7）.

[60] PRINT，M，GRAY，M. Civics and Citizenship Education：An Australian Perspective [EB/OL]. http：//www. abc. net. au/civics/democracy/ccanded. htm，2006-06-12.

[61] PRIOR，W. What it Means to be a "Good Citizen" in Australia：Perceptions of Teachers，Students，and Parents [J]. Theory and Research in Social Education，1999，27（2）.

［62］REYNOLDS，RICHARD J. The Education of Australian Aboriginal and Torres Strait Islander Students：Repair or Radical Change ［J］. Childhood Education，2005，82（1）.

［63］TIFFANY MARY JONES. Framing the framework：discourses in Australia's national values education policy ［J］. Education Research Policy Practice，2009（8）.

［64］Overview of the Project：Professional Development ［EB/OL］. http：//www. abc. net. au/civics/democracy/about. html，2000.

三、关于澳大利亚公民教育的网站

http：//parlinfoweb. aph. gov. au/piweb.

http：//www. abc. net. au/civics/democracy/default. html.

http：//www. civicsandcitizenship. edu. au/cce.

http：//www. curriculum. wa. edu. au/pages/framework.

本书人名英汉对照表

A

阿兰·查赞（Alan Charles Chan）

阿拉斯代尔·戴维逊（Alastair Davidson）

维多利亚女王（Alexandrina Victoria）

艾丽斯·杨（Alice Yang）

阿尔弗雷德·迪金（Alfred Deakin）

爱丽丝·霍伊（Alice Hoey）

阿瑟·菲利普（Arthur Phillip）

韦格尔（A. B. Weigall）

艾尔·格拉斯比（Ayr Grassby）

B

贝恩·阿特伍德（Bain Attwood）

巴里·琼斯（Barry Jones）

约翰·本迪克斯（John Bendix）

本尼迪克特·安德森（Benedict Anderson）

贝弗利·埃克斯福特（Beverley Axford）

特纳将布迪厄（Bourdieu）

布兰登·尼尔森（Brandon Nelson）

C

卡姆登（Camden）

凯恩斯（Cairns）

凯瑟琳·海伦·斯彭斯（Catherine Helen Spence）

卡尔威尔（Carl Weir）

钱德兰·库卡萨斯（Chandran Kukathas）

查尔斯·泰勒（Charles Taylor）

托梅（Christina Twomey）

丘吉尔（Churchill）

克里姆·克里斯特（Clem Christesen）

康南特（Conant）

科恩（Cohen）

科根（Cogan ）

科斯莫·霍华德（Cosmo Howard）

D

丹尼尔·贝尔（Daniel Bell）

道金斯（Dawkins）

达尔文（Darwin）

德里克·希特（Derek Hitt）

戴瑞考特（Derricott）

垂伯雷特（D. H. Tribolet）

涂尔干（Durkheim）

E

韦克菲尔德（Edward Gibbon Wakefield）

伊文思（Evans）

G

格莱高·克莱温（G. Craven）

格宝（Georgia）

杰拉林·迪加克里（Geralyn DeJaeghere）

吉登斯（Giddens）

吉拉德（Gillard）

戈夫·惠特拉姆（Gough Whitlam）

格拉斯（Grasse）

格雷格·谢里丹（Greg Sheridan）

H

哈罗德·拉格（Harold Rugg）

霍克（Hawk）

哈耶克（Hayek）

黑格尔（Hegel）

亨利帕克斯（Henry Parkes）

亨廷顿（Huntington）

J

詹姆斯·A. 班克斯（James A. Banks）

詹姆斯·库克（James Cook）

詹姆斯·鲁斯（James Ruth）

约翰·赫斯特（John Hirst）

J. 詹森（J. Jensen）

约翰·奥格霍迪（John Aogehuodi）

约翰·本迪克斯（John Bendix）

约翰·杜威（John Dewey）

约翰·麦克阿瑟（John MacArthur）

约翰·麦克埃文（John Maike Evan）

约翰·墨菲（John Murphy）

约翰·柯廷（John Curtin）

约翰·托马斯·比格（John Thomas Bigge）

约翰·沃恩（John Vaughan）

摩利茨（J. Smolicz）

朱迪思·托尼·蒲达（Judith Torney Purta）

K

康德（Kant）

基廷（Keating）

L

M

麦克阿瑟（MacArthur）

麦夸里（Macquarie）

麦金太尔（MacIntyre）

马尔科姆·弗雷泽（Malcolm Fraser）

马克思（Marx）

马歇尔和霍伊（Marshall and Hoy）

马金森（Marginson）

麦凯勒（McKellar）

孟席斯（Menzies）

米尔顿·弗里德曼（Milton Friedman）

穆雷（Murray）

默里·普林特（Murray Print）

N

尼克·克罗斯利（Nick Crossley）

P

保罗·基廷（Paul Keating）

波琳·汉森（Pauline Hanson）

皮尔（Peel）

裴斯泰洛齐（Pestalozzi）

普瑞特（Print）

休斯（P. W. Hughes）

W

瓦特·默多克（Walter Murdoch）

凯姆利卡（Will Kymlicka）

威尔·金里卡（Will Kimlick）

R

怀特（Richard White）

罗伯特·赖克（Robert Reich）

罗斯福（Roosevelt）

罗斯·普尔（Ross Poole）

芮福·达令（Ralph Darling）

S

桑和瑞格斯（Sang and Riggs）

萨尔瓦立斯（Salva Lisieux）

S. 汉森（S. Hansen）

西蒙·马金森（Simon Marginson）

赛尔扎尼罗·墨脱（Slzanile Meltor）

史密斯（Smith）

苏格拉底（Socrates）

卡斯尔（Stephen Castles）

斯图亚特·麦金太尔（Stuart Macintyre）

苏珊·莱恩（Susan Lyne）

斯蒂文·帕滕（Steve Patten）

T

特里·塞登（Terry Seddon）

T. H. 马歇尔（Thomas Humphrey. Marshall）

W

沃尔特·司各特（Walter Scott）

金里卡（Will Kymlicka）

Y

艾霍威特（Yihuoweite）